西班牙语语言通论

TEORÍA Y PRÁCTICA DE LA LENGUA ESPAÑOLA

（美）弗朗西斯科·马科斯-马林 （美）梁旭华 著

Francisco Marcos-Marín   Xuhua Lucía Liang

上海外语教育出版社
外教社 SHANGHAI FOREIGN LANGUAGE EDUCATION PRESS

图书在版编目（CIP）数据

西班牙语语言通论 /（美）弗朗西斯科·马科斯-马林,（美）梁旭华著. -- 上海：上海外语教育出版社，2022

ISBN 978-7-5446-7267-2

Ⅰ.①西… Ⅱ.①弗… ②梁… Ⅲ.①西班牙语—教材 Ⅳ.①H34

中国版本图书馆CIP数据核字(2022)第117604号

出版发行：**上海外语教育出版社**

（上海外国语大学内）邮编：200083

电　　话：021-65425300（总机）

电子邮箱：bookinfo@sflep.com.cn

网　　址：http://www.sflep.com

责任编辑：许一飞

印　　刷：上海华教印务有限公司

开　　本：787×1092　1/16　印张 39.5　字数 785 千字

版　　次：2022 年 11 月第 1 版　2022 年 11 月第 1 次印刷

书　　号：ISBN 978-7-5446-7267-2

定　　价：108.00 元

本版图书如有印装质量问题，可向本社调换

质量服务热线：4008-213-263　电子邮箱：editorial@sflep.com

TEORÍA Y PRÁCTICA DE LA LENGUA ESPAÑOLA

Francisco Marcos-Marín   Xuhua Lucía Liang

上海外语教育出版社
外教社 SHANGHAI FOREIGN LANGUAGE EDUCATION PRESS

PRÓLOGO DESDE EL ESPAÑOL

Cooperación es la palabra que quizás defina mejor la intención de los autores, porque éste es un libro para participar. Más allá de la cooperación entre quienes lo escribieron, que siempre se ha dado de manera completa, se trata también de la cooperación de los lectores, de los usuarios de este libro, que está concebido para el trabajo y el esfuerzo conjuntos.

Diecisiete capítulos que contribuyen a que los estudiosos y profesionales que ya tienen un buen conocimiento del español lo amplíen y mejoren, porque están capacitados para ello. Cuando se estudia una lengua, sea la propia o una segunda lengua, quien la estudia se abre al reto del conocimiento lingüístico. Una lengua es un constructo mental, es una estructura en su historia. Además de los aspectos gramaticales, del sistema, como tal, de lo estructural, si se quiere, hay multiplicidad de factores que hacen que cada uno se acerque a la lengua objeto de estudio con distintas preguntas, reflexiones, observaciones, inquietudes. Esa aproximación requiere conocimientos que van más allá de las reglas gramaticales o del mero aprendizaje del léxico. Se supone que los lectores de este libro tienen ya esos conocimientos básicos del español.

Las lenguas reflejan culturas, porque mediante ellas los hablantes organizan su conocimiento en categorías. Por eso, tras un capítulo inicial de situación de la lengua española en el universo del significado y del símbolo, ocho capítulos tratan de sistematizar unidades, funciones, valores, para permitir una reorganización, siempre basada en textos auténticos, de los conocimientos previos de cada lector, de cada estudioso, sobre la lengua española.

Los cinco capítulos siguientes se dedican en cada caso a un tipo particular de texto: técnico y científico, jurídico administrativo, periodístico y publicitario, humanístico, literario. De esta manera cada lector podrá comparar su propia percepción de estos textos, en su lengua materna o usual, con la presentación de esos textos en español y, si es un hablante nativo, se enfrentará a textos auténticos, con las pertinentes observaciones para colaborar en su comprensión. A menudo los libros de lingüística presentan y analizan ejemplos inventados por sus autores, ejemplos que se originan ya con una orientación determinada. Trabajar sobre textos auténticos, buscar siempre un uso que corresponda a cada aspecto del estudio es más exigente y más iluminador, porque se trata la realidad de la lengua, más allá de lo que un autor pueda crear para defender una idea peculiar.

En la tradición de la lingüística española e hispanoamericana ha estado vigente el estudio conjunto de lengua y literatura, porque la obra literaria es, en primer lugar, un texto, parte de un sistema que el lector conoce y comprende. Por eso, si bien es cierto que el nivel de análisis literario toma después un sendero que se bifurca, el estudio basado en el comentario de textos proporciona un nivel de detalle que ayuda mucho en el análisis. Cuanto mayor es la amplitud de los textos estudiados, mejores serán los resultados de ese análisis. Además, también hay que tener en cuenta que el uso lingüístico tiene distintos registros y a esa estratificación se dedica un capítulo, seguido de los dedicados a la lengua española en su historia y en su geografía, porque el español es una muestra de unidad en la variedad. Por su número de hablantes, por su extensión geográfica, contigua en su mayor parte y por la enorme riqueza cultural que contiene, el español es una lengua internacional de gran demanda.

Esas grandes dimensiones se sujetan con una cierta flexibilidad a la labor normativa de la Asociación de Academias de la Lengua Española, ASALE. Esta institución coordina la labor de todas las Academias, que se suman al trabajo históricamente desarrollado por la Real Academia Española. El español tiene una ortografía y un diccionario. El léxico común del español es casi el 93%, muy superior al de otras lenguas. Las diferencias léxicas pueden servir para entretener a los amantes de las variedades; pero nunca impiden la intercomunicación entre un hablante de la Ciudad de México y uno de Buenos Aires o entre ellos y un colombiano y un español. Las mínimas discrepancias se solucionan inmediatamente.

Por eso es también oportuno señalar que es confuso hablar de un español de España y un español de América, porque las diferencias son regionales, areales, no nacionales o continentales. Un caribeño está lingüísticamente más cerca de un canario e incluso de un sevillano que de un porteño y un hablante del Río de la Plata puede coincidir en algunos usos más con un hispanohablante de Zaragoza, España, que, con otro de Zaragoza, México. Además, la extraordinaria importancia adquirida por los medios de comunicación contribuye a una mayor visión de las diferencias entre áreas dialectales, ciertamente; pero también a la intercomprensión entre los usos lingüísticos de hablantes de todas ellas. De ahí el éxito de las telenovelas, los culebrones, en todo el mundo hispánico, independientemente de su origen o la capacidad de realizar un cine excelente, con mezcla de actores, actrices y productores.

El español es un idioma muy coherente, coherencia que permite la variedad en la unidad, como es natural en una lengua que se habla en un espacio geográfico tan grande y por un número tan elevado de personas. Los lectores de estas páginas pueden echar a veces en falta alguna variedad o alguna construcción que conozcan, bien de lecturas, bien de oídas. Sería pretencioso e imposible pretender que en un limitado número de páginas quepa toda la variedad del español. En varios lugares, especialmente en los ejercicios, se hacen referencias a que las variantes van más allá de lo que en el libro cabe. Lo que se pretende es recoger sobre todo un español normativo, con más flexibilidad en unos puntos que en otros. El español literario es más flexible que el administrativo, por ejemplo. Un anuncio podrá permitirse libertades lingüísticas y adecuaciones al medio al que se dirige, una carta empleará registros más familiares que un trabajo científico, y así en otros casos. Hay hablantes y autores que prefieren usos regionales y otros que los reducen o los evitan. Por eso es recomendable mirar los hechos lingüísticos como parte de una evolución, de una deriva histórica que se refleja en la Geografía y en la Sociología de las lenguas. Para aprender hay que comprender.

Hasta aquí ha recogido este prólogo una parte conceptual del contenido del libro en manos del lector o en su pantalla. Parecen oportunas unas reflexiones acerca de su empleo, de cómo trabajar con él.

Ya se dijo que todo lo que se expone o explica se basa en textos, más breves o más largos, según corresponda a cada caso. Esa parte requiere comprensión de los lectores, reflexión. Además, se ofrece una amplia serie de ejercicios. A veces en el interior de algún capítulo, si ha parecido más conveniente, normalmente al final de cada capítulo. Ésta es la parte activa y cooperativa del libro. Para ella hay distintos niveles de cooperación. Si se usa como texto, corresponde a cada profesor seleccionar y orientar los ejercicios. Por ello a veces simplemente se orienta sobre el tipo de ejercicio, no se presentan siempre ejercicios concretos. Se valora mucho el trabajo docente. La doble experiencia de los autores lo impone. Además, los docentes en distintos lugares y de distintas procedencias pueden aportar su particular elección de modelos y normas y abrir posibilidades de reflexión y discusión. El libro también puede estudiarse en sí mismo, fuera de una clase o un curso. Puede hacerse en un seminario, más recomendable, o individualmente. Siempre se encontrarán ayuda y comentarios orientados a hacer el mejor uso, a mejorar el conocimiento, la comprensión. Trabajar sobre el libro garantiza una mejora sensible de los conocimientos sobre la lengua española. Permite también sentirse parte de una comunidad de estudiosos, con una ventaja adicional que nuestra sociedad ofrece: la posibilidad de comunicarse a través de las redes sociales. La misma palabra que inició este prólogo lo termina: cooperación.

ÍNDICE
GENERAL

1

I. LENGUAJE Y COMUNICACIÓN

1. Sistemas semiológicos
2. Los medios de comunicación
3. Naturaleza y forma de los mensajes
4. Lenguaje verbal e imagen
5. Ejercicios

12

II. LA LENGUA HABLADA

1. Estructuración de la lengua hablada
2. Sintaxis y semántica en la composición de textos
3. Compatibilidad semántica y estructuración sintáctica
4. Análisis de estos componentes en distintos tipos de textos

27

III. LA ORACIÓN GRAMATICAL

1. La oración gramatical como unidad estructural y como unidad de contenido
2. Constituyentes de la oración: sintagma nominal y sintagma verbal
3. Las modalidades oracionales
4. Lectura y entonación
5. Ejercicios de lectura comprensiva y expresiva de textos en prosa y verso

39

IV. ESTRUCTURA Y FUNCIÓN DEL SINTAGMA NOMINAL

1. Determinantes, núcleo y adyacentes
2. Estilística del sintagma nominal
3. Los valores semánticos del núcleo
4. La supresión u omisión de elementos en el sintagma nominal: valores expresivos
5. El orden de palabras
6. La adjetivación
7. Ejercicios: el adjetivo como elemento básico en la descripción; su uso en distintos tipos de textos literarios y no literarios

V. ESTRUCTURA Y FUNCIÓN DEL SINTAGMA VERBAL   59

1. El núcleo verbal
2. El sistema verbal español
3. Estilística de las formas verbales
4. Distintas posibilidades de expresión del tiempo y el aspecto verbales
5. Ejercicios

VI. ESTRUCTURA DEL PREDICADO   81

1. Las formas de atribución y predicación
2. La naturaleza semántica del núcleo verbal y la estructura del predicado
3. Transitividad e intransitividad
4. Transformaciones en la estructura del predicado y cambios de significación
5. Composición y análisis de diferentes estructuras atributivas y predicativas

VII. ORACIÓN SIMPLE Y ORACIÓN COMPLEJA   96

1. Estudio de las relaciones oracionales como forma de expresión de contenidos lógico-semánticos
2. Tipología de las oraciones complejas
3. Diferentes modos de expresión de los distintos matices de las adverbiales
4. Ejercicios

VIII. VALORES EXPRESIVOS DE LOS DIFERENTES TIPOS DE RELACIÓN ORACIONAL   116

1. Yuxtaposición, coordinación y subordinación
2. Transformaciones posibles
3. Valor de la construcción paratáctica e hipotáctica en la composición de textos
4. Ejercicios

134   **IX. UNIDADES SUPRA ORACIONALES EN LA COMPOSICIÓN DE TEXTOS**

1. Sintaxis del párrafo y del texto
2. La situación y el contexto como factores determinantes del texto
3. La estructura del relato: fuerzas temáticas y "actantes"
4. Ejercicios

147   **X. EL LENGUAJE DE LOS TEXTOS TÉCNICOS Y CIENTÍFICOS**

1. Características del lenguaje técnico y científico
2. El vocabulario científico
3. Creación de terminología científica
4. Exigencias gramaticales y semánticas de la exposición científica
5. Ordenación del contenido en el discurso científico
6. Comprensión y síntesis de textos
7. Ejercicios

165   **XI. TEXTOS JURÍDICOS Y ADMINISTRATIVOS**

1. Rasgos lingüísticos
2. Fórmulas fraseológicas y léxicas
3. Análisis semántico de textos jurídicos y administrativos
4. Ejercicios

187   **XII. TEXTOS PERIODÍSTICOS Y PUBLICITARIOS**

1. Modalidades de la comunicación periodística: información, opinión y propaganda
2. Crítica de los mecanismos lingüísticos y extralingüísticos de la alteración de mensajes informativos
3. Análisis y redacción de distintos tipos de textos periodísticos
4. Los textos publicitarios: sus rasgos icónicos y verbales
5. Procedimientos sintácticos y semánticos de manipulación del lenguaje por la publicidad
6. Ejercicios para el estudio crítico de mensajes publicitarios

XIII. EL USO DEL LENGUAJE EN LAS DISCIPLINAS HUMANÍSTICAS 206

1. El vocabulario abstracto
2. El lenguaje doctrinal y especulativo
3. Argumentación y dialéctica
4. Análisis lingüístico de textos humanísticos
5. El ensayo
6. Redacción de trabajos monográficos
7. Síntesis de textos expositivos
8. Ejercicios: desarrollo de un tema a partir de una idea central

XIV. EL USO LITERARIO DEL LENGUAJE 225

1. Las características del texto literario
2. La técnica literaria
3. Métodos de análisis
4. Creación de textos literarios
5. La sensibilidad literaria
6. Complementos. El comentario
7. Notas para desarrollar ejercicios

XV. ESTRATIFICACIÓN DEL USO LINGÜÍSTICO 244

1. Diversidad de situaciones en el acto de la comunicación oral
2. Niveles socioculturales en el uso lingüístico
3. La transformación oral de textos
4. El lenguaje proverbial
5. Discusión y crítica de errores lingüísticos
6. Realización de ejercicios orales

XVI. LA LENGUA ESPAÑOLA EN SU HISTORIA 261

1. El español en el entorno de las lenguas hispánicas europeas
2. El proceso de formación del español
3. Cambio y contactos
4. La periodización

de sentimientos, modos y actitudes como de la comunicación de información de datos. No puede haber duda de que estos sentidos diferentes de la palabra (si admitimos que sean realmente distintos) están interconectados: se han propuesto varias definiciones que han procurado situarlos bajo algún concepto muy general, pero teórico, definido en términos de interacción social, o respuesta de un organismo a un estímulo. Nosotros seguiremos aquí la aproximación alternativa: dar al término "comunicación" y a los términos emparentados "comunicar" y "comunicativo" una interpretación algo más restringida de la que suelen tener en el uso diario. La restricción consiste en la limitación del término a la transmisión intencionada de información por medio de un *sistema de señales* pre-establecido. Además, al menos en principio, restringiremos el término todavía más, a la transmisión intencionada de información de datos, o proposicional.

Los principales sistemas de señales empleados por los seres humanos para la transmisión de información, aunque no los únicos, son las lenguas.

John Lyons

El texto anterior establece una serie de puntos, que podríamos concretar de la siguiente manera:

Evidencia de la relación entre lenguaje y comunicación; el lenguaje es esencial y constitutivamente comunicativo.

El lenguaje es comunicación porque es transmisor de significados.

Comunicación, en sentido amplio, es relación.

En sentido restringido, que es el que nos interesa, la comunicación es transmisión de información mediante un sistema de señales.

Esa transmisión de información es intencionada.

Hay distintos sistemas de señales que transmiten información, las lenguas son los principales, para los seres humanos.

Hablamos de *lenguas naturales,* las lenguas humanas, y las distinguimos de los *lenguajes formales, artísticos, etc*.

A partir de estas observaciones, que se pueden ampliar y comentar, matizándolas, se llega a la afirmación de que *los sistemas semiológicos son, en sentido amplio, sistemas de señales (sistemas de signos, en sentido restringido).*

En toda comunicación transmitimos un *mensaje* por medio de una *señal*. El mensaje es el elemento significativo, lo que queremos comunicar, la señal es el medio perceptible, físico, del que nos valemos para transmitir el mensaje.

2. Los medios de comunicación

De acuerdo con lo anterior, si yo quiero transmitir el mensaje "peligro", puedo recurrir a diversos medios:

Puedo gritar *¡Peligro!, ¡Cuidado!,* en cuyo caso empleo la lengua, y, dentro de ella, el medio oral. Puedo poner un cartel que diga *Peligro,* en cuyo caso empleo la lengua, en su medio escrito; pero también puedo recurrir a otros procedimientos, como una *bandera roja,* una *luz roja o ámbar,* algo que llame la atención, en suma: **cualquier procedimiento utilizado para transmitir mensajes por medio de señales es un medio de comunicación**.

Se puede, por ello, hablar de medios primarios y secundarios. Si se considera que la lengua hablada es un medio primario, se dirá que la escrita es un medio secundario, en caso de que las consideremos distintas, o que los distintos medios de transmisión de la lengua hablada son medios de comunicación. En este sentido decimos que la radio, la televisión o la prensa son medios de comunicación, pero también lo son el telégrafo, las banderas en la navegación, la lengua de silbidos de distintos grupos étnicos (como los guanches canarios, por poner un ejemplo español), y, en suma, cualquier medio de transmitir un mensaje.

3. Naturaleza y forma de los mensajes

En la comunicación hay, pues, dos aspectos fundamentales, el *contenido* informativo que se transmite: el *significado,* y la *expresión* de ese contenido: el *significante.* Estos dos aspectos se denominan, en sentido amplio y no demasiado preciso, *mensaje y señal.* Todo conjunto de *expresión* y *contenido* es un signo. El signo es la unidad de comunicación. Los signos son *arbitrarios* o *motivados,* cuando la relación entre su *expresión* y su *contenido* es arbitraria o motivada.

No hay, naturalmente, una sola clase de signos; Peirce, su más importante estudioso, ha señalado hasta diez, que, para lo que aquí nos interesa, son demasiadas, por lo que las limitaremos a las tres más importantes: **símbolo**, **icono** e **indicio.**

Los **símbolos** son signos arbitrarios, se definen porque, en ellos, la relación entre la expresión y el contenido es convencional o arbitraria. Por ejemplo, para el contenido o significado "vegetal de tronco con ramas" el español ofrece las formas *á+r+b+o+l,* *á+r+b+o+l+e+s*, el inglés *tree, trees,* y el francés *arbre, arbres.* La relación entre esas formas y el significado dicho arriba no está motivada, de ninguna manera, es convencional y arbitraria. Luego esos signos son *símbolos.*

En general, podemos decir que los signos lingüísticos son símbolos, porque es característico de la lengua que el significante y el significado, la expresión y el contenido, tengan una relación convencional, arbitraria, basada en el acuerdo de los hablantes y en razones históricas, a partir de la necesidad de la intercomprensión.

Precisamente por este carácter, y esto es importante, el símbolo requiere que exista un *intérprete,* es decir, alguien que recomponga la relación arbitraria entre su expresión y su contenido. Si nadie sabe que a *árbol* corresponde el significado de "planta leñosa, etc.", la forma *árbol* dejará de ser un símbolo, porque habrá perdido su contenido. Sólo las onomatopeyas escaparían de esta condición simbólica, y, con todo, aún en ellas habría cuestiones de no fácil solución. Por ejemplo, para el ruido del reloj decimos *tic-tac* y no *tac-tic,* para el rasgado de una tela *ris-ras* y no *ras-ris* o para una serie de golpes *pim-pam-pum* y no *pum-pam-pim, pam-pum-pim* u otra combinación.

Los **iconos** son signos que "poseerían el carácter que los hace significativos, incluso si su objeto no tuviera existencia real, como, por ejemplo, una raya de lápiz que representa una línea geométrica". Son signos motivados.

Esta definición de Peirce que precede no es fácil, por lo que trataremos de aclararla:

– Un icono significa siempre algo, existente o no, y ésa es su principal cualidad. Supongamos que dibujo un león con rayas como los tigres, el dibujo será un *icono,* aunque ese animal no exista. Supongamos que, en vez del dibujo, uso la expresión lingüística *leotigre,* en ese caso, *leotigre* sería un *símbolo,* para entenderlo tendríamos que asignarle arbitrariamente el significado "león que tiene rayas como los tigres".

– El símbolo necesita que exista un intérprete, el icono no. En efecto, nuestro dibujo de un león con rayas, nuestro *icono,* es significativo en sí mismo, en cambio, el símbolo *leotigre* necesita que alguien asocie los significados, convencionales, de *león y tigre,* precisamente de modo que resulte "león rayado", y no "tigre con melena", por ejemplo.

– La iconicidad es una condición compleja. Simplificando, se puede decir que hay una *iconicidad primaria,* que es la que se define en términos de *parecido* (de distintos tipos) entre la forma y el significado. Una forma fónica como *cucú* es icónica en la lengua hablada, porque el sonido se asocia directamente con el animal, llamado así por ese ruido, pero no lo es en la lengua escrita, en la que no hay asociación directa entre *c+u+c+ú* y el sonido típico del pájaro.

– *Icónico* no significa "natural".

La última de las tres clases, la de los **indicios,** es todavía más compleja y difícil de explicar que las otras dos. Lo que no es un símbolo o un icono es un indicio. Se trata de signos que no requieren intérprete, es decir, son independientes de que alguien los interprete o pueda interpretar, pero son dependientes de la situación del objeto al que se refieren: si el objeto cambia de lugar, el indicio cambia. Un blanco con un agujero de bala es un indicio, porque sin tiro no habría habido agujero, bien es cierto que la gente puede atribuir al tiro el agujero, o no. (Por ejemplo si pensamos, que el tirador ha hecho trampa, o su auxiliar situado en la zona de los blancos). Los pronombres demostrativos son indicios, porque llaman la atención del oyente sobre el objeto, estableciendo así una conexión real entre oyente y objeto. Los indicios son signos simplemente indicativos, que llaman la atención.

Lo anterior es el sentido más amplio de *indicio* que se puede obtener. De modo más restringido diríamos que se requiere que haya una conexión conocida entre un signo A y su significado C, de manera que de la existencia de A se desprenda que existe C, pero de manera que se establezca una relación de indicación: el humo puede ser el signo A, y "fuego" su significado C, pero para que sepamos que el humo *indica* la existencia del fuego es necesario que establezcamos la relación entre ambos, porque lo que el humo indica no es la simple existencia del fuego, sino que el fuego es el causante del humo, precisamente (puede haber humo sin fuego y viceversa, entonces, al no haber relación, no habría indicio). Si una persona ha sido apuñalada en una habitación y detenemos a cuantos estaban en la casa, no hay duda de que las manchas de sangre en las manos de uno de estos detenidos son un indicio de que es el asesino; pero si se trata de la cocinera, que acaba de matar un pollo, el valor de indicio se pierde, porque se pierde la conexión entre esa sangre y la del cadáver.

Tras lo anteriormente visto no cabe duda de que, a la hora de expresar un significado, nos servimos de dos medios distintos, *verbales* o *no verbales*. Estas son las dos clases principales de sistemas semiológicos: **sistemas verbales** y **sistemas no verbales**. Si consideramos estos sistemas como un medio de comunicación social los llamamos **lenguajes**, y así, hay **lenguajes verbales** y **lenguajes no verbales**. No todos los sistemas son lenguajes, porque para que exista un lenguaje es necesaria la condición social. Los lenguajes sólo pueden darse en un contexto social. Dentro del *lenguaje verbal* hay un segundo problema: oral y escrito, que se puede discutir a partir del siguiente texto:

E. Buyssens, explícitamente, y otros autores, sobre todo los que estudian especialmente la escritura, explícitamente o no, establecen una clasificación de los códigos que distingue, por una parte, los códigos "directos" y, por otra, los códigos "sustitutivos". Los ejemplos clásicos son la lengua hablada —código directo, y la lengua escrita —código sustitutivo—. Según Buyssens, la lengua escrita sería un código sustitutivo porque "el lazo entre la señal escrita y el sentido es indirecto: cuando leemos sustituimos los caracteres escritos por los sonidos del habla, pasamos a la significación a partir de los sonidos del habla".

No hay duda de que mucha gente, cuando lee, hace como Buyssens, es decir, pasan por los fonemas antes de llegar al sentido, y que cuando escriben recorren el camino inverso e intercalan los fonemas entre el sentido y las letras. Pero también es verdad que hay —o, en todo caso, que puede haber, desde luego— personas que, del mismo modo que al hablar o al oír hablar pasan directamente de los sonidos a los sentidos o a la inversa, al escribir o al leer no necesitan ningún intermediario entre el sentido y las letras; e incluso gentes que al hablar o al escuchar hablar intercalan los grafemas entre los sonidos y el sentido —por ejemplo, quienes hablan u oyen hablar una lengua extranjera que hasta entonces han usado sobre todo en forma escrita. Se deduce que la inserción de los fonemas entre el sentido y las letras, que es el fundamento de la clasificación de la lengua escrita como código sustitutivo, no es de ningún modo condición necesaria para el funcionamiento de ésta, sino sólo una costumbre de ciertos usuarios —la mayoría, es verdad—, que se debe ... a la manera de aprender la lengua escrita. Ello no quiere decir que la clasificación que nos ocupa no sea válida. Aunque con reservas [...], creemos que se puede seguir llamando "sustitutivo" o "directo" un código según se intercalen o no los significantes de otro código entre sus significantes y el sentido.

Luis Prieto

Las principales ideas del texto anterior, que, naturalmente, pueden completarse, y deben discutirse, podrían ser las siguientes:

Los códigos sustitutivos se usan en lugar de los directos. Estos son más inmediatos que aquellos.

La lengua hablada es un código directo y la escrita sustitutivo.

Esta consideración parte del hecho de que para usar el código escrito es necesario

conocer el hablado.

La idea anterior no parece que sea estrictamente necesaria en todos los casos, lo que hace discutible la afirmación del texto.

No obstante, parece que se puede aceptar de algún modo la distinción de códigos.

No cabe duda de que, a lo largo de este libro, se utilizará con mucha frecuencia la escritura como código sustitutivo, por la imposibilidad de hacer un libro hablado (en nuestro caso). Sin embargo, hay que adelantar desde aquí que más adelante nos enfrentaremos con otro problema, que será el carácter de la lengua literaria. Por ello hay que advertir que no toda la lengua escrita es lengua literaria, del mismo modo que no toda lengua literaria es escrita. El folklore de muchos pueblos, por ejemplo, es una expresión literaria que nunca ha sido escrita.

4. Lenguaje verbal e imagen

El lingüista americano Pike relaciona el lenguaje verbal con el no verbal, dentro de sus estudios sobre la conducta lingüística. El juego que describe, en el que el lenguaje verbal y el no verbal se combinan, es conocido, en diversas formas, en toda España, por lo que la discusión del texto puede enriquecerse ampliándola a la forma en la que el juego se practique en la región en la que el texto se discuta, con sus peculiaridades lingüísticas específicas, por supuesto.

EL LENGUAJE COMO CONDUCTA *

Un ejemplo de la necesidad de una teoría unitaria

Hay un cierto tipo de juego de salón en el que los participantes empiezan entonando una canción, cuyo primer verso es *Under the spreading chestnut tree ...* (Bajo el frondoso castaño ....) Luego repiten la estrofa con idéntica melodía, pero reemplazan la palabra *spreading* (frondoso) por el gesto de extender rápidamente los brazos, permaneciendo en silencio durante el lapso que correspondería a la vocalización. A la vuelta siguiente se repite el gesto anterior relativo a *spreading*, pero, además, se omite la sílaba *chest*[1], llenándose la pausa correspondiente con el movimiento de golpearse el pecho. En otra nueva repetición se sustituye la emisión de la sílaba *nut*[2] por el gesto de darse un golpe en la cabeza; y, en otra vuelta, tal vez se extiendan los brazos hacia arriba en un gesto que reemplace a *tree* (árbol). Finalmente, después de *varias* repeticiones y sustituciones, tal vez lo que quede sean unas pocas palabras conectivas del tipo de *the* (el), más una serie de gestos ejecutados siguiendo el ritmo original de la canción.

Este canto gestual constituye una unidad única compleja; es una experiencia global que los participantes perciben que tiene un principio y un fin, y que conciben como un todo unificado —un solo juego—(...)

Después que haya concluido, puede comenzar otra unidad diferente de esa reunión: el juego inmediato. Evidentemente, el juego del canto gestual es en cierto modo una sola unidad de actividad, un acontecimiento que es preciso estudiar como un conjunto coherente de acciones.

Y, sin embargo, un análisis estructural de este acontecimiento, concebido como una sola unidad, sería difícil e incluso imposible con un enfoque fragmentario del análisis de la conducta. Si un analista del lenguaje hubiese preparado su magnetófono y captado los sonidos que se emitieron durante el juego, podría avanzar deprisa en la descripción y el análisis del primer verso, el cual se resuelve en oraciones, cláusulas, palabras, raíces, afijos, sonidos vocálicos y demás. Pero, enfrentado al segundo verso, el puro analista del lenguaje ya no sería capaz de "dar razón" de esos datos (...).

Más aún, cuando el analista del lenguaje llegase al último verso sería incapaz de descubrir ningún tipo de organización: lo único que hay ya son palabras dispersas y alejadas unas de otras, desconectadas, desorganizadas.

Por el contrario, los investigadores que utilizasen teorías y técnicas de campo apropiadas para describir la conducta no lingüística, pero que no tuviesen conexión con la teoría y la práctica lingüísticas, se enfrentarían exactamente con los problemas complementarios de los descritos en el caso del lingüista. Partiendo de una película que se hubiera tomado del juego, y con algunos datos complementarios, el sociólogo o el antropólogo podrían dar una descripción general de la situación social en la que tuvo lugar el juego y describir detalladamente los gestos. Pero, salvo en lo referente a indicaciones generales del tipo de las dadas en el primer párrafo de este capítulo, les sería difícil o imposible proporcionar una descripción unificada del acontecimiento total, en cuanto unidad, con la cual, sin modificar la perspectiva o los procedimientos, pudiesen analizar y describir simultáneamente tanto la conducta no lingüística como los mínimos y más intrincados elementos de la estructura lingüística.

Kenneth L. Pike

* Pike, K. L., 1967: "Language as Behavior", en *Language in relation to a unified theory of the structure of human behavior,* Mouton and Co., La Haya, París: 25–32. Traducción de Violeta Demonte.

[1] *Chest* tiene en inglés, entre otros, el significado d*e pecho. (N. del T.)*

[2] *Nut* (aparte de 'nuez' y, en general, 'fruto aquenio') es, jocosamente, 'cabeza'. *V.* (vulg.) calamorra, coca, calabaza, melón. *(N. del T.)*

El texto que acabamos de leer es un ejemplo de interacción de dos sistemas de comunicación, el lenguaje verbal y el gestual. Podemos advertir una serie de ideas fundamentales:

En determinadas circunstancias el gesto alterna con la expresión oral.

Esta alternancia se produce de manera convencional por acuerdo de los participantes (en el juego, en nuestro ejemplo, como se ve claramente en la división de *chestnut* 'castaño', en *chest*, 'pecho' y *nut*, 'calabaza', de donde 'cabeza').

Para el análisis del juego es necesaria la intervención de analistas de distinto tipo. El análisis del lenguaje por sí solo no sirve para explicar las acciones corporales que se producen fuera del aparato vocal (como los gestos hacia la cabeza y el pecho), ni para explicar la simbolización de los gestos en un lapso de tiempo, ni tampoco la teoría aclaratoria de la sustitución de elementos del **lenguaje verbal** por el gestual.

Sin embargo, todos nosotros somos conscientes de la existencia de una interacción. **Tanto el lenguaje verbal como el gestual son transmisores de mensajes.** Es más, si complicamos progresivamente la transmisión, seremos cada vez más conscientes de que el lenguaje verbal cumple con los requisitos de adecuación y expresividad mejor que cualquier otro tipo de expresión, es decir, es el más adecuado para la transmisión de mensajes (especialmente complejos y abstractos).

El lenguaje verbal se puede, sin embargo, como el texto muestra con evidencia, completar con imágenes o precisar con imágenes. Para que el mensaje sea percibido sin error, la imagen debe reunir dos condiciones, *simplicidad* y *adecuación,* el ejemplo evidente es la calavera como indicación de peligro de muerte: es inmediatamente inteligible. Supongamos que en vez de la calavera, dibujáramos un completo rito funerario, sería necesario conocer que eso es un rito funerario para asociarlo con la idea de la muerte. No habría, en este caso, *simplicidad.*

Lo mismo sucede con los colores, el blanco, que es símbolo de pureza en nuestra cultura, es símbolo de luto en otras muchas: un indio amazónico, que se pinta de blanco en una ceremonia funeraria, no entendería el blanco de las flores o el traje de una novia, y le parecerían signo de desgracia, de fatalidad. En este segundo ejemplo lo que fallaría sería la *adecuación*.

5. Ejercicios

Dada la importancia de la *imagen* en nuestra cultura sería muy conveniente que la exposición anterior se viera reforzada por una serie de discusiones en clase, que podrían versar sobre los siguientes puntos:

– Imágenes utilizadas para la publicidad del mismo tipo de productos, por ejemplo, pasta de dientes o productos de limpieza, coincidencias y diferencias, determinación de la más simple y la más adecuada.
– Expresión verbal que acompaña a las imágenes anteriores, comprobación de en qué medida refuerzan la imagen o si, por el contrario, la hacen confusa, por un exceso de información que reduzca la simplicidad.
– Construcción de un mensaje mediante una imagen y una expresión verbal. Contraste de ambos procedimientos.
– Otros ejercicios similares. - Ejercicios del tipo: "adivinar una película por los gestos".

Comentario

Analícese el siguiente texto de R. Trujillo (*Elementos de Semántica Lingüística*), señalando, como se hizo en el capítulo, las ideas principales y la relación que tienen con las que se han expuesto en el texto.

Un lenguaje no es más que un conjunto de reglas y principios que permiten tratar a una materia o sustancia dada para hacerla portadora de una o varias funciones formales; es decir, capaces de generar signos comprensivos de tales funciones. Caben en este concepto los lenguajes artísticos —escultura, música—, los lenguajes prácticos de señales, los lenguajes lógicos y matemáticos y, por supuesto, el lenguaje por antonomasia. Ha logrado así el hombre formalizar funciones muy diversas, no necesariamente contenidas en el lenguaje natural. La función artística —llamémosla así— ha encontrado, de esta manera, su formalización en la escultura, por ejemplo, utilizando como materia objetiva la piedra o el mármol; pero también en el poema, la tragedia o la novela, empleando como materia objetiva un lenguaje natural. Claro es que en este último caso nos encontramos con la constitución de un lenguaje sobre otro lenguaje. Y ya se presenta aquí un serio interrogante: ¿es una función del lenguaje la de generar otros lenguajes derivados?

II. LA LENGUA HABLADA

1. Estructuración de la lengua hablada
2. Sintaxis y semántica en la composición de textos
3. Compatibilidad semántica y estructuración sintáctica
4. Análisis de estos componentes en distintos tipos de textos

1. Estructuración de la lengua hablada

En el primer capítulo, para aplicar coherentemente un análisis basado en el término *lenguaje,* se utilizó el término *lenguaje verbal,* el cual procede de la lengua de los psicosociólogos. Pero este término debe entenderse en su sentido exacto de *verbal* como "hablado", es decir, lo diferenciador del lenguaje humano. Podría por ello hablarse de *lenguaje humano,* directamente, puesto que se entiende que el concepto de *lenguaje verbal* está determinado por la distinción con *imagen,* de la que se trató al final del capítulo antecedente.

Los lingüistas prefieren, en general, el término *lengua hablada,* que se usará ya a partir de este capítulo. En este sentido conviene advertir, desde ahora, que la *lengua escrita* sería un simple modo de representación de la lengua hablada, sería la lengua hablada puesta sobre el papel u otro soporte (piedra, metal, etc.) con ayuda de los signos gráficos. Con ello se indica que, al exponer sobre lengua hablada o sobre lenguaje verbal, no se entiende exclusivamente el uso oral, la emisión a través de la boca, sino, además, todos los modos de representación de esa emisión, todas las escrituras, diríamos, o todos los sistemas de representación, que son, en algunos casos, los únicos posibles: si se trata de un mudo o de una computadora, por ejemplo.

Considérense estos casos: un mudo no puede emitir sonidos, pero eso no significa que no hable una lengua, sino simplemente que no la articula con los mismos órganos que los otros humanos. Puede servirse de distintos medios de representación de la lengua hablada, pero lo que hará, mediante gestos, generalmente, pertenecerá también a la lengua hablada. Es más, tampoco todo lo que sale por la boca y pasa por los órganos articulatorios pertenece a la lengua hablada: estornudos, bostezos, toses, etc., aunque, a veces, pueden ocupar un lugar en la comunicación: una discreta tos puede servir para indicar a alguien que cambie de conversación, o que se aproxima otro interlocutor, etcétera. En una computadora simplemente se representa la lengua escrita mediante un código binario (0, 1). También se aplica el código binario al *lenguaje formal* con el que se dan instrucciones a la máquina; pero ese lenguaje no es un lenguaje humano, sino un lenguaje computacional. Lo es, por cierto, de un tipo especial, pues se aplica para traducir instrucciones que se basan en el lenguaje humano a aplicaciones de la máquina.

Gracias a la relación entre la lengua hablada y la escrita podemos servirnos de ésta para representar aquélla y observar sus distintos niveles, a partir de un texto.

FORTUNATA Y JACINTA, I, IX, VIII.

– A la señá Nicanora le ha traído un mantón borrego; al tío *Dido,* un sombrero y un chaleco de Bayona, y a Rosa le ha puesto en la mano cinco duros como cinco soles …

– A la baldada del número nueve le ha traído una manta de cama, y a la señá Encarnación, un aquel de franela para la reuma, y al tío *Manjavacas,* un ungüento en un tarro largo, que lo llaman *pitofufito* …, sabe, lo que le di yo a mi niña el año pasado, lo cual no le quitó de morírseme …

– Ya estoy viendo a *Manjavacas* empeñando el tarro o cambiándolo por gotas de aguardiente …

– Oí que le quiere comprar el niño al señó Pepe, y que le da treinta mil duros …, y que le hace gobernaor …

– Paicen bobas …, pues tiene que ser de las caballerizas repoblicanas …

B. Pérez Galdós

El lenguaje, como iremos observando a partir del texto anterior, se estructura en una serie de niveles. Esta estructuración es artificial, metodológica, y responde por ello a un compromiso, a un acuerdo de los investigadores, basado, naturalmente, en unos criterios objetivos, entre los que dominan los de simplicidad y claridad en la determinación de unidades en cada nivel.

Analizando el texto anterior en los niveles *fónico, léxico* y *sintáctico,* obtenemos una serie de peculiaridades.

Nivel fónico

El análisis en el nivel fónico es el análisis de los sonidos y la entonación. La sucesión de sonidos en un texto es lineal, es decir, un sonido sigue a otro, como representamos (imperfectamente) en la lengua escrita: *Se hizo de día* es la sucesión de sonidos

$$s+e+i+\theta+o+d+e+d+i+a,$$

que, como se ve, es lineal, uno detrás de otro, y no dos simultáneamente. Esta sucesión lineal es un *segmento* del enunciado (llamado *grupo fónico* cuando se limita entre dos pausas). Los enunciados o expresiones lineales se componen de *segmentos,* a los que corresponde una *entonación.* Es decir, la sucesión lineal

$$s+e+i+\theta+o+d+e+d+i+a$$

tiene, además de la sucesión lineal de las unidades fónicas que se señalan, que son sus *fonema*s, es decir, las clases o categorías de sonidos, unos rasgos que se superponen, y que son de tipo tonal: la melodía, la modulación del segmento. Esos rasgos que se superponen al segmento se llaman *suprasegmentales* y son el *acento* y *la entonación.*

En el nivel fónico tenemos segmentos o sucesiones de fonemas.

$$s+e+i+\theta+o+d+e+d+i+a$$

A ellos se superponen las unidades suprasegmentales: acento y entonación.

$$s+e+í+\theta+o+d+e+d+í+a$$
$$-\ \ /-\ \ \ \ \ -\ /-\#$$

[- representa tono medio, / tono ascendente, # caída de tono y silencio]

La importancia de las unidades suprasegmentales en español es muy grande, ya que permiten establecer diferencias de sentido: *cántara, cantara* y *cantará* sólo se distinguen por el lugar del acento, ya que el segmento fónico es idéntico en los tres casos:

$$k+a+n+t+a+r+a,$$

y es sólo el lugar del acento el que permite establecer tres signos distintos.

También la entonación permite diferenciar sentidos, como se observa en los ejemplos siguientes:

Lo he dicho yo. Enunciación

¿Lo he dicho yo? Interrogación

¡Lo he dicho yo! Exclamación

Cuando se analiza el nivel fónico de un texto hay que tener en cuenta tres elementos: los fonemas, el acento y la entonación.

Acerca de los fonemas, lo interesante no es sólo hacer el inventario, es decir, poner en una lista todos los fonemas del texto y caracterizarlos después como oclusivos o fricativos, sordos o sonoros, orales o nasales, etc., sino, sobre todo, señalar si el sistema fónico del texto es el mismo de la lengua considerada como correcta, de la *normativa o estándar,* o si, por el contrario, hay diferencias. Una vez establecidas esas posibles diferencias, es necesario valorarlas, es decir, caracterizar por ellas el texto, en la medida de lo posible.

El texto de Galdós, en esta etapa del análisis meramente fonemática, ofrece una serie de puntos que se deben destacar, y que son los siguientes:

– *señá,* por 'señora'.

– *mantón borrego* por 'mantón de borrego'.

– *pitofufito* por 'pirosulfito'.

– *señó* por 'señor'.

– *gobernaor* por gobernador'.

– *paicen* por 'parecen'.

– *repoblicanas* por 'republicanas'.

A veces el autor nos ayuda a diferenciar estos casos mediante la letra cursiva (o bastardilla), como en *pitofufito,* pero otras veces somos nosotros quienes debemos saber qué es lo que supone una *desviación de la norma,* o sea, un uso distinto del considerado normativo.

Los fenómenos que afectan a la fonética del texto, según la lista precedente, son característicos:

– pérdida de la -d- (dental sonora) intervocálica.

– pérdida de -r final.

– pérdida de -r- intervocálica.

– fusión y confusión de vocales.

– adaptación de una palabra desconocida (que el autor destaca, además).

Todos ellos sumados son un *indicio del nivel social* del texto, o, lo que es lo mismo, de los hablantes que intervienen en el diálogo, puesto que este texto es un diálogo. Todos ellos coinciden en señalar la condición socialmente poco elevada de los interlocutores, caracterizados por su descuido lingüístico como poco cultos, es decir, dentro del *nivel vulgar* del español.

Pero, además de todo esto, el autor, Galdós en este caso, se vale de una serie de procedimientos gráficos que nos indican las unidades suprasegmentales:

Para el **acento** casi no hay que señalar diferencias entre el uso del texto y la norma acentual del español: los acentos están marcados como dice la Real Academia, y todos ellos van en los lugares habituales, no hay dislocación acentual, es decir, acentos fuera de su sitio, como serían *pajáro* en vez de *pájaro,* o *arbóles* en vez de *árboles,* con una sola excepción: la acentuación vulgar *reuma* en vez de *reúma.*

Para la **entonación,** en cambio, el texto muestra la utilización de varios procedimientos:

– Diferencia la entonación enunciativa normal, que no lleva ningún signo especial, de la entonación interrogativa, por medio del procedimiento habitual, que es el conocido signo de interrogación: ¿ ...?
– Marca la transición entre un hablante y otro mediante puntos suspensivos, los cuales indican, en general, que la entonación desciende, es decir, que los hablantes alargan el final de las frases (la *cadencia)* al emitirlas. Estas pausas, al final y también en medio de los párrafos, quieren expresar que el diálogo se desarrolla lentamente, como si los hablantes tuvieran que pensar lo que van a decir, lo que los caracteriza como no muy desarrollados intelectualmente, o de edad avanzada y lentitud de reflejos mentales. (Los puntos suspensivos pueden utilizarse también en sustitución de los tacos, en lugar de escribirlos).

En el nivel fónico, por tanto, analizamos los sonidos y fonemas, el acento y la entonación y, a partir de sus peculiaridades, hacemos una primera caracterización del texto.

Nivel léxico

En el nivel léxico estudiamos el vocabulario del texto.

El vocabulario debe entenderse en sentido amplio, pues tanto nos interesan las palabras como las construcciones fijas que llamamos *locuciones* o *modismos,*

Al estudiar el léxico atendemos a varios aspectos:

– Si se trata de léxico culto, elevado, abstracto, o, en cambio, de léxico corriente, ordinario.
– Si aparecen deformaciones en las formas léxicas, es decir, alteraciones formales de

las palabras, con lo que se insiste en datos proporcionados por el nivel fónico y se añaden otros nuevos.

— Si las desviaciones de las formas o la selección del vocabulario caracterizan el texto de algún modo.

Parece claro, desde la primera lectura, que nuestro texto no tiene léxico culto, elevado, sino abundantes formas coloquiales y vulgares, de acuerdo con lo dicho en el nivel fónico. Dentro de este carácter coloquial está el empleo de apodos, como *Manjavacas,* o el uso de los tratamientos *señor + nombre propio* (lo correcto es *señor + apellido), tío, señá,* y del hipocorístico o nombre familiar Pepe por José.

Abundan en el párrafo nombres de objetos de uso cotidiano, de manera que se podría, como trabajo de clase, hacer una lista de todos ellos, como *mantón, sombrero, chaleco,* etcétera.

Dentro de las expresiones, locuciones y modismos, también tiene carácter coloquial la expresión *cinco duros como cinco soles,* para realzar por medio de una comparación hiperbólica o exagerada. [Los *duros,* abreviatura de *peso duro,* fueron las monedas de cinco pesetas, unidad monetaria española anterior al euro.]

Todo ello, como se ve con gran claridad tras la realización de las listas correspondientes, incide en el mismo punto que dieron los resultados del análisis en el nivel fónico: carácter coloquial o vulgar del texto, que es, además, de tipo concreto y que se refiere a aspectos de la vida cotidiana.

En el nivel léxico atendemos al uso de las palabras y sus combinaciones en locuciones, frases hechas o modismos.

Nivel sintáctico

Éste es el nivel de la construcción del texto, el nivel de las oraciones y de los sintagmas. En este lugar lo que interesa decir es si la gramática del texto, es decir, las reglas que han permitido construirlo, ofrece desviaciones importantes en relación con la gramática de la lengua a la que el texto pertenece, en nuestro caso, la española castellana.

En esta segmentación hay algunos aspectos que quedan entre dos niveles, como los morfológicos. En nuestro texto habría que hablar de que *reúma* aparece como femenino y aclarar que este género es el que habitualmente tiene en la lengua vulgar, mientras que la culta prefiere el masculino *el reúma.* Este hecho de la lengua vulgar coincide con lo señalado a propósito del acento de esta palabra, en el nivel fónico.

Como corresponde a un texto de las características apuntadas hasta ahora, la construcción sintáctica es simple, a base de oraciones breves, inicialmente con el esquema *a alguien le ha traído algo,* al que pueden añadirse algunas puntualizaciones, también simples.

Más que hablar ahora del análisis sintáctico, puesto que de ese aspecto se volverá a hablar en otros capítulos, lo que interesa es ir diciendo que uno de los aspectos que más importancia tienen a la hora de estudiar sintácticamente un texto oral o escrito es que se debe considerar que un texto puede no estar bien construido sintácticamente, pero se puede entender. En este sentido hay que distinguir un texto *correcto o gramatical,* un texto *agramatical o incorrecto pero aceptable, y* un texto *incorrecto e inaceptable.* De ello tratará el apartado siguiente.

En el nivel sintáctico atendemos a la construcción del texto, a su acuerdo o desacuerdo con las reglas de la gramática de una lengua.

2. Sintaxis y semántica en la composición de textos

Se iniciará este párrafo precisando lo que se entiende por **gramaticalidad**, **aceptabilidad** e **incorrección**.

La gramaticalidad es la propiedad que un texto tiene de estar construido de acuerdo con las reglas que constituyen la gramática de una lengua. Es decir, un texto *gramatical* es un texto correcto, aceptable por el consenso de los hablantes, formado a partir de las reglas que se consideran propias de la lengua. Es un texto bien construido y de indiscutible corrección. La sintaxis y la semántica van de acuerdo.

La *aceptabilidad* es la propiedad que tiene un texto (que puede siempre constar de una sola oración) de ser aceptado por los hablantes, aunque no todos estén de acuerdo con su construcción, y algunos crean que está mal construido. En general, se puede decir que la sintaxis y la semántica no van de acuerdo en estos textos y que, por regla general, asimismo, quienes critican alguno de ellos le ponen reparos sintácticos. Hay muchos ejemplos de este tipo, que se discutirán al hablar de los errores en el uso de la lengua, como la falta de concordancia del sujeto y el verbo en *se vende botellas (*correcto o gramatical: *se venden botellas),* el uso de *contra* en vez de 'cuanto': *contra más bueno, más lo engañan,* la preposición *de* para introducir (mal) un objeto directo: *pienso de que ...* por el correcto 'pienso que ...', etc. Se trata, por tanto, de usos que oímos y entendemos a diario, pero que no son aceptados por la generalidad, hasta el punto de que algunos hablantes (tal vez la mayoría) no los emplean y otros incluso los rechazan airadamente.

La *incorrección,* por su parte, supone un factor de carácter social más que lingüístico, aunque la base de la consideración de que una forma es incorrecta es su falta de adecuación a las normas gramaticales. El problema de la corrección o incorrección radica en el subjetivismo de la noción: algo es correcto para un hablante pero no para otros, como sucede en los ejemplos que se dieron al hablar de la aceptabilidad. Por este motivo, los lingüistas modernos tienden a prescindir de este concepto y a hablar de frases gramaticales (indiscutiblemente correctas) y de frases más o menos aceptables (con mayor o menor acuerdo sobre su corrección).

En la construcción de un texto se debe procurar la gramaticalidad, especialmente en los casos que salen del mero documento privado, que puede ser una carta familiar o una anotación personal. Hay que tener en cuenta que la gramaticalidad es lo que nos asegura que vamos a ser comprendidos exactamente, puesto que es un lugar común de referencia.

En la situación actual de la lingüística, puede decirse que no se discute el papel central que la semántica ocupa junto a la sintaxis en la base de la gramática de cualquier lengua.

Puesto que en este libro se considerará el problema desde el punto de vista práctico de la síntesis, en la construcción de textos, lo que nos interesa destacar, desde ahora, es que no se discuten las implicaciones teóricas, sino que nos limitamos a señalar aspectos de posible interés en la práctica de la construcción. Este libro no es un libro normativo, es un libro descriptivo que quiere ayudar a una mejor comprensión de la relación entre gramática, léxico y texto y cómo su manejo gramatical ayuda a la comunicación.

La semántica ofrece posibilidades prácticas amplias, puesto que, además de los empleos propios, condiciona a la sintaxis a la aceptabilidad (y gramaticalidad) de los usos metafóricos. Esto es lo que sucede en ejemplos del tipo siguiente:

El conserje abre el museo a las diez.
El museo abre a las diez.

En el segundo caso hay un uso de *abre* con sujeto inanimado, aceptable porque se produce la inversión del punto de vista y se entiende que el museo 'queda abierto'. El significado, para los efectos prácticos del visitante, es el mismo, aunque la construcción sintáctica sea muy distinta: transitiva en la primera oración, con *el museo* como objeto directo, intransitiva en la segunda, con *el museo* como sujeto. Lo mismo sucede en

El conserje abre la puerta con la llave.
Esta llave abrirá la puerta.

donde la relación entre *llave* y *abrir* es semánticamente igual aunque sintácticamente sea muy distinta: *llave* como sujeto en la segunda y como sintagma o frase preposicional en la primera.

Esta relación entre sintaxis y semántica es notoria en las discusiones sobre la pasiva:

El cuadro cuelga de un clavo.
El cuadro es sostenido por un clavo.

ejemplos en los que se capta el significado de que es el clavo el que hace que el cuadro no se caiga, aunque sintácticamente *el cuadro* sea sujeto activo arriba y pasivo abajo. También es importante en la equivalencia de las oraciones atributivas y las predicativas:

es muy hablador / habla mucho
es muy bebedor / bebe mucho
es concursante / concursa

Lo mismo, o similar, sucede en el caso de los instrumentales, circunstanciales que expresan el instrumento con el que se hace algo:

Pedro cortó el pollo con una hoz.
Pedro empleó una hoz para cortar el pollo.

introducido por *con* (preposición) en la primera frase, objeto directo en la segunda, *una hoz* es, en ambas, la expresión del instrumento utilizado.

Esta variedad de ejemplos no debe servir de confusión sino de indicación de la rica variedad de las lenguas, que permiten variados usos sintácticos para la transmisión del mismo significado (y que, por contra, corren también el riesgo inverso, admitir una sola forma de carácter ambiguo, es decir, con más de una significación, piénsese en *el pollo está preparado para comer,* ¿comer él, o que nos lo comamos?, *lo vi paseando* ¿paseaba él, o yo?, etc.).

En la construcción de los textos debemos procurar usar una variedad de formas sintácticas para lograr una mayor riqueza en la expresión de los significados.

3. Compatibilidad semántica y estructuración sintáctica

Pueden reunirse ahora algunas ideas básicas, a partir de lo expuesto a lo largo de este tema. En primer lugar habría que señalar, una vez más, que el establecimiento de distintos niveles es una convención, y que es necesario disponer siempre de flexibilidad para acoplar las distintas categorías intermedias.

Tanto al analizar como al sintetizar (o sea, al construir) textos, consideraremos dos aspectos que, si bien son analizables por separado, tienen una indiscutible interacción: la coherencia semántica y la adecuación sintáctica. De adecuación sintáctica se ha hablado ya en lo referente a la gramaticalidad, si bien, en una versión actual de la gramática, no cabe duda de que el concepto de gramaticalidad es también semántico. Para no ir demasiado lejos, sin embargo, basta con decir aquí que es necesario que la estructura sintáctica esté de acuerdo con las reglas de la gramática y, de no ser así, una de las tareas fundamentales del analista es señalar esa discrepancia. A la hora de construir el texto, en cambio, las alteraciones de la gramaticalidad en la construcción sintáctica deben estar justificadas por intencionalidades que vayan más allá del simple enunciado: caracterización de un personaje, de una sociedad, y no como libertades injustificadas del escritor.

En cuanto a la coherencia semántica, la compatibilidad viene marcada por las reglas de selección de los distintos elementos oracionales: si un verbo exige un sujeto semánticamente caracterizado como animado, no podemos usarlo con un sujeto inanimado. Por ejemplo, en el caso del verbo *llorar,* que tiene ese requisito, podemos decir *el niño llora, el perro llora,* pero no *la piedra llora* o *la mesa llora.* Esta imposibilidad determina compatibilidades e incompatibilidades primarias. Sin embargo, la lengua admite un uso secundario, figurado, en el cual atribuimos rasgos semánticos a elementos que, originariamente, no los tenían, así por hipérbole, podemos decir que "escribe con tantas faltas de ortografía que hasta la mesa llora". Esta posibilidad está en la base de lo que llamamos *tropos,* el más importante de los cuales es la *metáfora,* y es característica del lenguaje literario, del que nos ocuparemos más adelante.

Fuera de estos usos extremos, hay una serie de casos en los que es posible una aparente discordancia: es el caso de los colectivos, por ejemplo, en el que un sustantivo con forma de singular puede construirse con un verbo en plural porque el sustantivo, al expresar colectividad, es, semánticamente, plural; la distancia favorece esta posibilidad: *amotinóse la gente, pero a la primera descarga de la tropa huyeron despavoridos.* Este valor colectivo es especialmente frecuente en los neutros: *aquello eran goles, lo demás son tortas y pan pintado.* Lo mismo sucede en la concordancia *ad sensum* o por el sentido: en la oración *este tipo de pronombres se caracterizan por tener ca*so, el verbo debiera ir en singular, *se caracteriza,* concertando con el sujeto, *tipo;* pero pasa, sin embargo, al plural, para concertar con el vocablo *pronombres,* que no es el sujeto, sino un especificador del sujeto.

Habría que situar aquí la llamada *discordancia deliberada,* como se ve en el *plural de modestia* o en el *sociativo.* En el primero el hablante se refiere a sí mismo en plural, para no tomar el papel de protagonista: *creemos, decimos, hemos averiguado,* en el plural sociativo, en cambio, el hablante se asocia psíquicamente a algo en lo que no ha tenido parte real, como cuando dice *hemos ganado,* sin haber participado realmente en el juego, o pregunta a un enfermo *¿cómo estamos?,* asociándose así a su estado.

4. Análisis de estos componentes en distintos tipos de textos

A continuación incluimos textos de distintos tipos, con objeto de que puedan estudiarse en ellos los elementos fónicos, léxicos y sintácticos:

Texto A

El primer texto quiere reflejar el habla andaluza propiamente dicha, es decir, el andaluz occidental y marca una diferencia de registro que indica una diferencia social entre los hablantes: en los dos se ha perdido la distinción en las sibilantes, es decir, la diferencia que permite diferenciar en el español castellano entre *casa* y *caza, caso* y *cazo*. Pero no lo hace del mismo modo: Santiago *cecea,* es decir, utiliza siempre el sonido de zeta interdental. Candelita *sesea,* utiliza siempre el sonido de la sibilante fricativa. También es significativo el yeísmo, confusión de /ll/ y /y/.

Otras grandes alteraciones afectan a las consonantes en posición implosiva, es decir, al final de sílaba o de palabra: pérdida de *r* o *d* o confusión de *r* y *l.*

Un ejercicio interesante sería reescribir todo el texto en español normativo y marcar las diferencias entre la forma gramatical, correcta, y la forma dialectal.

El estudio sintáctico de este texto puede dejarse para más adelante, cuando se hayan estudiado los capítulos de sintaxis. Nótese, que contra lo que ocurre en la fonética, donde Santiago queda marcado en un registro inferior al de Candelita, la sintaxis de Santiago puede ser bastante compleja. En lo concerniente al léxico pueden estudiarse locuciones o fijarse si se puede hacer una distinción entre los personajes por el carácter preferentemente agrícola o urbano de cada uno.

Santiago: ... totá; que noz han dejao zolos a usté y a mí.

Candelita: Pos tenga usté cuidao no se quee usté solo der to.

Santiago: ¿Es que va usté a zalí quizás?

Candelita: ¡Por peteneras!

Santiago: Je! Ziempre de guazita.

Candelita: ¡Siempre!

Santiago: Pero de veras va usté a zali?

Candelita; Sí, seño: a entregá una farda.

Santiago: ¿A qué hora?

Candelita: ¿Qué hora es?

Santiago: ¿Hora? Verá usté. Yo arranqué de mi caza a las diez y cuarto. De mi caza ar café, que está ayí a la vera, diez minutos. Totá: las diez y veinticinco. Tomé café con leche ... y una copita. Totá: laz once menos cuarto. Fui a la bodega de don Rufino: laz once menos diez. Discutí con é zi ze zurfatan laz viñas o zi no ze zurfatan: laz once y cinco ...

Candelita: *(Estallando.)* Pero, arma mía, ¿no tiene usté reló?

Santiago: Tengo relo; zino que me gusta carculá la hora en el aire.

Candelita: Es que mientras usté carcula suena er de la iglesia!

Santiago: Mejón zi zuena: porque entonces pongo bien er mio.

Candelita: Y ¿qué hora tiene usté en er suyo?

Santiago: *(Después de sacar el reloj y de aplicárselo al oído.)* ¿Por la iglezia o por la estación? *Candelita: (Levantándose.)* ¡Por er demonio que se lo yeve a usté! Deme usté el reló. (*Se lo quita de la mano, lo mira y se lo devuelve furiosa.*) ¡Las dose menos cuarto! ¡Ya salimos de dudas! ¡Jesú con el hombre!

Santiago: ¡Qué viva de genio ez usté!

Candelita: No, hijo mío, es que no pué aguantarse que yeve usté reló y pierda tanto tiempo carculando las horas.

Santiago: Y ¿a que no zabe usté por qué lo hago? To tiene zu porqué. Por zi argún día ze me orvia el reló. Como me acuesto a oscuras toas las noches, por zi arguna vez ze me orvían los fósforos.

Candelita: Y ¿por qué no prueba usté a andá de prisa un día, por si arguna vez se le orvía andá despasio?

Santiago: No ze me orvía, no. Ezo va con mi naturá. Yo zargo a mi padre.

Candelita: ¡Ah! ¿de manera que es herensia? ¿No tiene arreglo?

Santiago: Ni farta. Er pobrecito de mi padre me lo decía: "Er que anda a priza ez er que trompieza. Déjate dí espacio. Espacito; espacito ..."

Hnos. Álvarez Quintero

Texto B

El segundo texto constituye un precioso ejemplo de uso estilístico con valor didáctico de un tipo especial de léxico, los *arabismos* o palabras de origen árabe (u oriental llevadas por los árabes a la Península Ibérica). En este caso resultará útil buscar en el diccionario esas palabras, en cursiva en el texto, para ver su etimología y señalar, según ésta, si se ha producido algún cambio de significado entre la palabra originaria y la española. Un buen diccionario no sólo proporciona información de las acepciones de los vocablos, sino también de su valor gramatical y, en algunos casos, también de su etimología.

La laboriosidad de los moros dio al español el significativo préstamo de *tarea*. De los telares levantinos y andaluces salían tejidos como el *barragán,* de lana impermeable, o e*l tiraz,* ricamente estampado; además se comerciaba con telas de Oriente: egipcio era el *fustán* y chino el a*ceituní* que vestían las hijas del marqués de Santillana. El verbo *recamar* y el antiguo *margomar* 'bordar' dan fe del prestigio que alcanzaron los bordados árabes. El curtido y elaboración de los cueros dejó *badana, guadamacil, tahalí;* los cordobanes fueron usados en toda Europa. *Alfareros* y *alcalleres* fabricaban *tazas* y *jarras* con reflejos dorados o vistosos colores, mientras los joyeros, maestros en el arte de la *ataujía,* hacían *ajorcas, arracadas y alfileres,* preciosas arquetas de *marfil* labrado. Entre los productos minerales que se obtenían en la España mora están el *azufre, almagre, albayalde* y *alumbre;* y el *azogue* se extraía, como hoy, de los yacimientos mineros de *Almadén.*

La actividad del tráfico hacía que los más saneados ingresos del erario fueran los procurados por *aranceles* y *tarifas* de *aduana. Almacén, almoneda, zoco, alhóndiga,* recuerdan el comercio musulmán. El *almotacén* inspeccionaba pesas y medidas, de las que han perdurado muchas: *arroba, arrelde, quintal, fanega, cahiz, azumbre.* La moneda de los moros corrió durante mucho tiempo entre los cristianos; el primitivo *maravedí* era el dinar de oro acuñado en las *cecas* almorávides.

Las casas se agrupaban en *arrabales,* o bien se diseminaban en pequeñas *aldeas.* A la vivienda musulmana pertenecen *zaguán, alcoba, azotea;* la luz exterior penetraba a través d*e ajimeces* o celosías que sobresalían del *alféizar. Alarifes* y *albañiles* decoraban los techos con artesonados y *alfarjes;* levantaban *tabiques,* ponían *azulejos* y resolvían el saneamiento con *alcantarillas* y *albañales.* El *ajuar* de la casa comprendía muebles de *taracea, almohadas, alfombras, jofainas* y utensilios de cocina como *alcuzas* y *almireces.* Entre los manjares figuraban las *albóndigas* y el *alcuzcuz,* y en la repostería entraban el *almíbar, el arrope* y pastas como el *alfeñique* y la *alcorza.* Los moros vestían *aljubas* o *jubones, almejías, albornoces* y *zaragüelles;* calzaban *borceguíes* y *babuchas.* Rezaban cuando el *almuédano,* desde lo alto del *alminar,* tocaba la señal de *zala* u oración. En los ratos libres tañían la *guzla,* el *albogue,* el *adufe* o el *laúd;* se entretenían con el *ajedrez,* y los *tahúres* aventuraban su dinero en juegos de *azar (az-zahr* 'dado'). Los nobles sentían por la caza de altanería igual afición que los señores cristianos; conocían bien los *sacres, borníes, alcaravanes, neblíes, alcotanes* y otras aves rapaces para las cuales disponían *alcándaras* o perchas.

(Historia de la lengua española de *Rafael Lapesa)*

Texto C

El tercer texto se presta a un comentario diferente. Nada hay de especial en él desde el punto de vista fonético o léxico. Puede hacerse un estudio morfológico o sintáctico, desde luego; pero parece preferible dejar esa posibilidad para cuando se hayan estudiados esos capítulos, más adelante.

En esta etapa del estudio de este libro, el texto tercero puede servir para comprender la estructuración del pensamiento en el texto.

Dámaso Alonso, un gran poeta además de un distinguido profesor e investigador, escribió con claridad y cuidado acerca de un tema de gran interés para la lengua española: la diferencia entre el estudio del lenguaje y la dirección del mismo.

El español es una lengua que tiene mecanismos de dirección, como son las Academias, instituciones recientes, porque datan de los siglos XVIII (la Real Academia Española), XIX e incluso XX o XXI; pero antes de que existieran esas instituciones, la historia de la lengua nos muestra cómo existieron momentos de reforma y modernización del español y cómo en la actualidad el español sigue buscando mecanismos de dirección que permitan mantener la intercomprensión entre las variantes y la unidad de la lengua.

En la parte dedicada al estudio del lenguaje, el autor habla de *procedimientos,* de *estructuras.* En la parte dedicada a la dirección del lenguaje se habla de *normatividad.*

El estudio de la lengua es desinteresado, se mueve por razones científicas. La dirección de una lengua es interesada, es de interés para toda la sociedad de los hablantes. Por ello es significativo el momento en el que el Estado interviene en la dirección de la lengua. Repasar el concepto de *norma lingüística,* la historia de las Academias, sus tres objetivos fundamentales: la gramática, la ortografía y el diccionario, puede ser muy útil en este momento.

La inteligencia humana se puede proponer como objeto el lenguaje, con dos fines principales: el de estudiarlo o el de dirigirlo. El estudio desinteresado de la lengua, considerándola como otro objeto más de la curiosidad científica, casi se puede decir que comienza en el siglo XIX; durante ese siglo hace grandes avances en lo que toca a la recolección y recuento de materiales y a su primera ordenación y comparación; y en el siglo presente continúa con generosos intentos de alcanzar verdades más profundas, de llegar al conocimiento de un lenguaje (y del lenguaje) como organismo, en su funcionamiento estructural. La otra perspectiva, la de estudiar el lenguaje para dirigirlo, tiene una enorme antigüedad. La principal preocupación fue primero la de dirigirlo en el individuo (gramáticas normativas). Mezclada con ésta, aparece pronto otra: la de mejorarlo en la sociedad, es decir, la de guiarlo o modificarlo, dirección ya patente entre nosotros en una obra como el *Diálogo de la Lengua,* de Valdés. Lo que es nuevo es que los Estados mismos se ocupen de la dirección lingüística. Este fenómeno empieza, precisamente, con la fundación de las Academias, pero adquiere gran importancia y desarrollo sólo en nuestro siglo.

Dámaso Alonso

III. LA ORACIÓN GRAMATICAL

1. La oración gramatical como unidad estructural y como unidad de contenido
2. Constituyentes de la oración: sintagma nominal y sintagma verbal
3. Las modalidades oracionales
4. Lectura y entonación
5. Ejercicios de lectura comprensiva y expresiva de textos en prosa y verso

GRAMÁTICA PROFUNDA Y GRAMÁTICA SUPERFICIAL (1966)

Convendría plantear la siguiente pregunta metodológica: ¿Es posible estudiar actualmente la gramática de un idioma solo sin estudiar asimismo los universales lingüísticos, o sea, sin estudiar la teoría de la gramática? A mi juicio, la respuesta que hay que dar es que no: todo el que emprende seriamente el estudio de la gramática de un idioma se da cuenta al poco tiempo de que todas las teorías de la gramática que se han propuesto hasta ahora son inadecuadas en varios sentidos (incluidas, desde luego, todas las variaciones actuales de la teoría de la gramática transformatoria; pues aunque son las mejores teorías con que contamos, distan aún mucho de hallarse a la altura de la tarea que deberían cumplir). Así pues, el estudio de los hechos particulares de los distintos idiomas nos exige que enriquezcamos y refinemos continuamente la teoría de la gramática, para que tales hechos puedan adquirir sentido; y esto nos obliga a buscar otros hechos que sean pertinentes para la elección entre varias versiones en conflicto de aquella teoría. De ahí que el estudio de la gramática de

Hemos querido iniciar este capítulo de gramática con un texto en el que se plantean con claridad algunas de las cuestiones que resultan fundamentales, y que se podrían sintetizar en varios puntos:

– El estudio de una lengua supone el estudio de la gramática de esa lengua.

– El estudio de la gramática va unido al de la teoría de la gramática.

– No hay una teoría de la gramática que sea totalmente satisfactoria.

– Para dar sentido a los hechos particulares de una lengua determinada es necesario enriquecer y refinar la teoría de la gramática.

– Esta teoría gramatical arranca de unos universales lingüísticos, o categorías teóricas que pueden existir en cualquier lengua. Serían las categorías básicas de su gramática.

Como la cuestión de los universales lingüísticos es muy debatida y no nos preocupa especialmente en este libro, baste con señalar, a partir del texto, la necesidad de un estudio teórico de las categorías de la lengua española, para conocer con mayor rigor esta lengua. Con ello se quiere decir que, aunque lo más importante de este libro sea el estudio de la lengua española y atender a los aspectos prácticos del mismo, no está de más detenerse en una base de categorías, en una base de teorías y clases, porque cuanto más profunda y rica sea la teoría, mejor conocimiento se tendrá del hecho lingüístico en conjunto.

Dentro de esta teoría vamos a estudiar dos categorías sintácticas básicas: la *oración* y el *sintagma*.

1. La oración gramatical como unidad estructural y como unidad de contenido

"PSICOLOGÍA DE ARGAMASILLA"

Penetremos en la sencilla estancia; acércate, lector; que la emoción no sacuda tus nervios; que tus pies no tropiecen con el astrágalo del umbral; que tus manos no dejen caer el bastón en que se apoyan; que tus ojos, bien abiertos, bien vigilantes, bien escudriñadores, recojan y envíen al cerebro todos los detalles, todos los matices, todos los más insignificantes gestos y los movimientos más ligeros. Don Alonso Quijano el Bueno está sentado ante una recia y oscura mesa de nogal; sus codos puntiagudos, huesudos, se apoyan con energía sobre el duro tablero; sus miradas ávidas se clavan en los blancos folios, llenos de letras pequeñitas, de un inmenso volumen. Y de cuando en cuando el busto amojamado de don Alonso se yergue; suspira hondamente el caballero; se revuelve nervioso y afanoso en el ancho asiento.

Azorín

La oración es una unidad sintáctica (estructural) y una unidad de contenido, porque tiene un significado unitario.

Cuando se repasa el texto anterior se aprecia que las oraciones están separadas unas de otras por puntos y comas o por puntos, las comas separan elementos oracionales. Sólo hay una excepción (que es, por otro lado, aparente o superficial), se trata de

que tus manos no dejen caer el bastón en que se apoyan

y una ocurrencia:

recojan y envíen

en la que *y* separa dos oraciones.

Tomemos alguna de las restantes oraciones del texto, como:
Don Alonso Quijano el Bueno está sentado ante una recia y oscura mesa de nogal.

Esta oración tiene dos partes, un *sujeto* (Don Alonso Quijano el Bueno) y un *predicado* (está sentado ante una recia y oscura mesa de nogal). Del sujeto se predica o dice algo, de *Don Alonso Quijano el Bueno* se dice que *está sentado ante una recia y oscura mesa de nogal*. Al haber un sujeto y decirse algo del sujeto hay una unidad de contenido, una unidad significativa, que permite decir que:

la oración es la menor unidad del habla con sentido completo

Amado Alonso y Henríquez Ureña

Esta definición, sin embargo, es incompleta, porque atiende a la significación y a la realización en el habla, pero olvida los factores estructurales, sintácticos, que hacen de la oración una unidad sintáctica o estructural. La estructura de la oración viene dada por la existencia de sus dos elementos, el *sujeto* y el *predicado,* que tienen una relación especial:

El sujeto sintáctico impone sus marcas, sus rasgos, al núcleo del predicado, que es el verbo: si el sujeto es singular, el verbo es singular, pero si el sujeto es plural, el verbo pasa al plural:

Don Alonso (él)	*está sentado.*
Don Alonso y Don Pedro (ellos)	*están sentados.*

si el sujeto es primera o segunda persona, el verbo está en primera o segunda persona, respectivamente:

Yo estoy sentado.

Tú estás sentado.

(Hay incluso lenguas, como el árabe, en las que el verbo es masculino o femenino si el sujeto es masculino o femenino.)

Reconocemos el sujeto sintáctico porque al variar en número y persona varían también el número y persona del verbo.

Todas las oraciones tienen, por tanto, un sujeto y un predicado, si bien no siempre se expresan, es decir, no siempre aparecen en la realización de la oración:

Penetremos en la sencilla estancia.

es un ejemplo de oración en cuya realización falta el sujeto: este sujeto es la primera persona del plural, que se expresaría como **nosotros** (está claro, porque si fuera, por ejemplo, la segunda persona del singular *(tú)*, la frase sería: *penetra en la sencilla estancia)*. Esto quiere decir que en español no es necesario expresar el sujeto en todos los casos; pero que ese sujeto, expreso o no, existe siempre (con una sola excepción, las oraciones impersonales, *llueve, nieva,* si bien, estructuralmente en realidad son tercio-personales, es decir, sólo de tercera persona).

En otras ocasiones puede faltar el núcleo del predicado, el verbo. En el texto anterior podemos suponer que delante de cada **que** falta un verbo, un verbo como **procura**, por ejemplo:

Procura

que la emoción no sacuda ...

que tus pies no tropiecen ...

que tus manos no dejen caer ...

que tus ojos, ..., recojan y envíen.

La supresión del verbo, en este caso, obedece a la posibilidad de que ante este tipo de **qu**e el verbo no se exprese.

(Hay que tener en cuenta, también, que si el verbo *procura*, u otro equivalente estuviera expreso, la complicación sintáctica sería mayor, puesto que cada oración actual aparecería desdoblada: una tal como está expresa, y otra con *procura*. El sujeto de *procura*, que es tú, tampoco se expresa, de modo que hay toda una oración suprimida antes del *que* en la realización.)

No es necesario que el sujeto y el predicado estén expresos, pero existen.

2. Constituyentes de la oración: sintagma nominal y sintagma verbal

Una combinación de formas lingüísticas (palabras, en sentido amplio), en torno a un núcleo, es un *sintagma*. Si el núcleo es un sustantivo, el sintagma es *nominal: esa* máquina *vieja*. Si el núcleo es un verbo, el sintagma es *verbal:* huyeron *atropelladamente*. Es importante advertir que cada sustantivo de un texto es núcleo de un sintagma nominal, y cada verbo de un sintagma verbal. Un pronombre equivale a un sustantivo y puede ser núcleo.

Un *sintagma verbal* puede incluir varios sintagmas nominales (algunos autores hablan entonces de *sintagma predicativo),* cada uno de los cuales tiene un sustantivo como núcleo. Veámoslo en nuestro texto:

Penetremos en la sencilla estancia: Sintagma Verbal o predicativo (SV), cuyo núcleo es *penetremos,* y que incluye un Sintagma Nominal (SN): *en la sencilla estancia,* cuyo núcleo es es*tancia*. Los sintagmas nominales precedidos de preposición se llaman *sintagmas preposicionales* (S. Prep.).

Acércate: SV, núcleo: *acerca,* con un pronombre (PRO) en lugar de un SN que también consta de sólo el núcleo: *te*.

Lector: SN, sólo consta del sustantivo núcleo.

La emoción: SN, núcleo, *emoción*.

No sacuda tus nervios: SV, núcleo, *sacuda,* más un SN, *tus nervio*s, cuyo núcleo es el sustantivo *nervios*. (Debe advertirse que es discutible que *no* sea elemento del SV, es más probable que se refiera a la oración entera, y así lo trataremos inmediatamente, al ocuparnos de la *modalidad.)*

Sustantivos y pronombres son núcleos de sintagmas nominales, el núcleo del sintagma verbal es el verbo, un sintagma sólo puede tener un núcleo.

Si comparamos el texto con lo analizado arriba, veremos que hay unos elementos como *que*, que no pertenecen a ningún sintagma, son los nexos, partículas que relacionan unos sintagmas con otros o unas oraciones con otras.

Hay un sintagma nominal que no puede formar parte del sintagma verbal o predicativo, es el sujeto.

3. Las modalidades oracionales

En realidad, la estructura de sintagmas que hemos visto configura propiamente una **proposición**. Para que exista oración es necesario añadir a esa proposición una **modalidad.** Hay, pues, algo que se dice y el modo de decirlo, que es su modalidad. Así yo puedo decir:

Viene Juan: modalidad afirmativa o aseverativa, afirmo algo, hago una aseveración.

¿Viene Juan?: modalidad interrogativa, pregunto acerca de la realización o no de lo dicho en la proposición.

No viene Juan: modalidad negativa, niego la realización de lo dicho.

¡Ven, Juan!: modalidad imperativa.

Que venga Juan (por quiero, pido que ...): modalidad optativa o desiderativa, solicito o demando algo que deseo.

La **modalidad**, como se ve, altera la entonación, añade elementos (como el adverbio *no*), u obliga a variar la forma verbal (imperativo en la modalidad imperativa, subjuntivo en la optativa, etc.).

Una oración gramatical se compone de una proposición a la que se agrega una modalidad. Una misma proposición toma diferentes formas, de acuerdo con su modalidad.

4. Lectura y entonación

La sucesión de sonidos que emitimos al hablar está modulada de acuerdo con una línea melódica, que es la de la *entonación*. Esta línea melódica se caracteriza por su elemento final, que puede ascender, descender, o permanecer horizontal. La melodía del discurso contribuye de modo primordial a la expresión de la afectividad del hablante. La curva melódica varía claramente según el contenido que transmite la oración, tampoco es igual que ésta sea simple o compuesta.

Veamos los principales tipos de curvas melódicas en español, de acuerdo con estos aspectos expresivos del lenguaje:

Las frases **enunciativas** o **aseverativas**, tanto *afirmativas* como *negativas*, que no están partidas por una detención, silencio o *pausa,* terminan con un gran descenso de la curva melódica, llamado **cadencia**:

La agricultura es un arte.

Las frases **exclamativas** se caracterizan por un rápido ascenso tonal, seguido de un descenso igualmente rápido:

¡Qué lástima!

Las **interrogativas** tienen dos tipos de curvas. La *interrogación absoluta,* cuando ignoramos todo, tiene una inflexión final ascendente (anticadencia):

¿Vienes?

mientras que la *interrogativa parcial,* en la cual preguntamos sólo acerca de un miembro de la oración, presenta ese ascenso, pero seguido de un ligero descenso:

¿Quién viene?
(sabemos que alguien viene, pero no sabemos quién)

La *suspensión,* marcada por la horizontalidad del elemento final de la curva, que no asciende ni desciende, corresponde a lo que representamos por puntos suspensivos, cuando inmediatamente reanudamos el hilo del discurso:

Se quedó pensativo ..., asustado.

Si cuando hablamos naturalmente respetamos estas curvas que son naturales en nosotros, es lógico que las respetemos también en la lectura, que debe ser natural y nunca forzada. Una lectura expresiva debe modularse con claridad y sin exageración, de acuerdo con una melodía propia de la lengua hablada que permite una importante riqueza de matices. Con atención en las pausas, ascensos y descenso normales, el texto leído adquiere calidades que no se pueden representar adecuadamente por escrito.

5. Ejercicios de lectura comprensiva y expresiva de textos en prosa y verso

(Este ejercicio puede completarse estudiando los aspectos fónicos y léxicos de los mismos, y de los sintácticos, con el análisis de los sintagmas nominales y verbales que constituyen cada oración.)

Los dos primeros textos corresponden a dos finalidades diferentes, la definición de *brisa* en el diccionario corresponde a un texto descriptivo, mientras que en el poema corresponde a un texto literario. Las estructuras sintácticas, en consecuencia, pueden ser diferentes. Al estudiar y analizar los textos en clase se discutirá hasta qué punto es así: puede ser importante, por ejemplo, comparar el uso de los adjetivos o el número y reiteración de los verbos o la presencia y ausencia de sinónimos.

"Brisa": airecillo que en las costas suele tomar dos direcciones opuestas; por el día viene de la mar, y por la noche de la parte de la tierra, a causa de la alternativa rarefacción y condensación del aire sobre el terreno.

Diccionario de la Real Academia Española

BRISA

PARECE que se persiguen
las altas hojas del trigo.
Apretada prisa verde

de limitado dominio
nunca podrá como el agua
desencadenarse en río,

siempre entre cuatro paredes
apretarán su bullicio.
Van y vienen preguntando
sin encontrar lo perdido.
Se dan de codos, se pisan,

van y vienen sin sentido,
contra la pared del aire
sus verdes cuerpos heridos.

Manuel Altolaguirre

Los dos textos siguientes son textos descriptivos, el primero de una obra de carácter expositivo, didáctico, de un historiador, el segundo de una autora literaria. En el segundo la exclamación y la reiteración tienen un valor expresivo peculiar.

Los cerros enfrentados de los Arapiles, una vez repartidos entre ambos ejércitos, fueron sólidamente guarnecidos y se convirtieron en el centro de las líneas inglesa y francesa. Marmont situó a la división Bonnet en el Arapil grande y desplazó bajo su protección al resto de su ejército en dirección al camino de Ciudad Rodrigo con la esperanza de poder cortar la retirada de los aliados hacia esta plaza. La realización del nuevo movimiento de flanqueo dio a Wellington la oportunidad que había de permitirle evitar una nueva retirada y el abandono de Salamanca. Las divisiones francesas que iban en vanguardia se extendieron de tal forma, que llegaron a perder el contacto inmediato con las restantes unidades, momento que aprovechó el inglés, quien mantenía concentrada la mayor parte de su ejército, para lanzar un asalto a las posiciones imperiales del Arapil, al tiempo que ordenaba a Packenham marchase a contener el avance de las divisiones francesas de vanguardia.

La iniciativa británica provocó la detención de la marcha de la división de Thomières, que habiendo descendido de las alturas se encontró asaltada en su flanco izquierdo por la caballería portuguesa de D'Urban y al frente por las divisiones inglesas del mando de Packenham. El asalto de los británicos contra la posición central francesa corrió a cargo de la división Leith, cuyo flanco cubría la caballería. La división francesa, atacada por una fuerza mixta, se organizó en cuadros, disposición que redujo su potencia de fuego ante la infantería y que no le sirvió para defenderse de la caballería, una vez que al entrar en combate próximo con aquélla no pudo sostener su formación inicial. La progresión del resto de la línea inglesa -divisiones Cole y Pack - resultó menos eficaz y fue rechazada ante las posiciones defendidas por los imperiales.

En tanto el ala izquierda francesa se replegaba y buscaba restaurar el contacto con su centro, el duque de Ragusa, herido por la artillería inglesa, se veía obligado a entregar el mando a Bonnet, quien por igual motivo se lo pasaría a Clausel, que logró restablecer la unión entre el ala izquierda y el centro francés que hasta entonces había contenido a las tropas aliadas, al tiempo que llamaba a sí a las divisiones Ferey y Sarrut, que de resultas de la dispersión subsiguiente al movimiento de flanqueo alcanzaban ahora el lugar del combate.

Historia de España dirigida por *R. Menéndez Pidal*

Pocos pueblos del mundo carecen de estas ficciones. La India fue riquísimo venero de ellas, y las comunicó a las comarcas occidentales, donde por ventura las encuentra algún sabio filólogo y se admira de que un pastor le refiera la fábula sánscrita que leyó el día antes en la colección de Pilpay. Árabes, persas, pieles rojas, negros, salvajes de Australia, las razas más inferiores e incivilizadas, poseen sus cuentos. ¡Cosa rara!: el pueblo escaso de semejante género de literatura es el que nos impuso y dio todos los restantes, a saber, Grecia.

Emilia Pardo Bazán, acerca de la difusión de los cuentos

En los textos siguientes, Balmés y Feijoo exponen, de manera diferente, sus argumentos. Balmés utiliza el razonamiento, el texto deriva hacia una conclusión, expresada en una frase final, un epifonema, en el primer texto: *Estos suelen ser grandes proyectistas y charlatanes.* El segundo texto de Balmés, en cambio, parte de una propuesta teórica, de una hipótesis: *Cuando conocemos perfectamente la verdad, nuestro entendimiento se parece a un espejo* ... La dialéctica se construye con una adversativa, introducida por *pero.*

El texto de Feijoo apela más a la sensibilidad del lector y termina con una exhortación, con un cambio de modalidad: *Quédese en la falda ...; mas no pretenda ..., ni acuse* ...

El texto de Ignacio Aldecoa es un texto literario en el que se expresa, de manera breve, una extraordinaria afectividad, recogida al final en el uso del verbo *querer*. Las curvas tonales son mucho más pronunciadas, el ritmo más rápido. Nótese también el paso de los nombres personales, *Pilar, Manuel,* a los hipocorísticos correspondientes: *Pili, Manolo.* Estos cambios son muy habituales en español.

Ciertos hombres tienen el talento de ver mucho en todo; pero les cabe la desgracia de ver todo lo que no hay, y nada de lo que hay. Una noticia, una ocurrencia cualquiera, les suministran abundante materia para discurrir con profusión, formando, como suele decirse, castillos en el aire. Estos suelen ser grandes proyectistas y charlatanes.

J. Balmés

CARTAS ERUDITAS

Yo convendría muy bien con los que se atan servilmente a las reglas, como no pretendiesen sujetar a todos los demás al mismo yugo. Ellos tienen justo motivo para hacerlo. La falta de talento los obliga a esa servidumbre. Es menester numen, fantasía, elevación para asegurar el acierto, saliendo del camino trillado. Los hombres de corto genio son como los niños de la escuela, que si se arrojan a escribir sin pauta, en borrones y garabatos desperdician toda la tinta. Al contrario, los de espíritu sublime logran los más felices rasgos cuando generosamente se desprenden de los comunes documentos. Así, es bien que cada uno se estreche o se alargue, hasta aquel término que le señaló el autor de la naturaleza, sin constituir la facultad propia por norma de las ajenas. Quédese en la falda quien no tiene fuerza para arribar a la cumbre; mas no pretenda hacer magisterio lo que es torpeza, ni acuse como ignorancia del arte lo que es valentía del numen.

B.J. Feijoo

Cuando conocemos perfectamente la verdad, nuestro entendimiento se parece a un espejo en el cual vemos retratados, con toda fidelidad, los objetos como son en sí; cuando caemos en error, se asemeja a uno de aquellos vidrios de ilusión que nos presentan lo que realmente no existe; pero cuando conocemos la verdad a medias, podría compararse a un espejo mal azogado, o colocado en tal disposición que, si bien nos muestra objetos reales, sin embargo, nos los ofrece demudados, alterando los tamaños y figuras.

J. Balmés

CABALLO DE PICA

– Hola, Pilar.

– Hola, Manuel.

– ¿Vamos, Pilar?

– Vamos, Manuel.

– ¿Vamos hacia la estación, Pilar?

– Vamos donde tú digas, Manuel.

– ¿A tomar un vermut, Pilar?

– Yo, un café con leche, Manuel.

– Tú, un café con leche, Pilar, y yo …

– Tú, un vermut, Manuel. ¿En el bar Narcea, Pilar?

– Mejor en Cubero, Manuel.

– En el Narcea es mejor el café, Pilar.

– En Cubero dan más tapa con el vermut, Manuel.

– Estás muy guapa, Pilar.

– ¿Sí, Manuel?

– Sí, Pilar.

– ¿Te gusto, Manuel?

– Sí, Pili.

– ¡Qué bien, Manolo! Te quiero.

– ¿Mucho, Pili?

– Mucho, Manolo. ¿Y tú?

– Mucho, Pili.

I. Aldecoa

ESTRUCTURA Y FUNCIÓN DEL SINTAGMA NOMINAL

1. Determinantes, núcleo y adyacentes
2. Estilística del sintagma nominal
3. Los valores semánticos del núcleo
4. La supresión u omisión de elementos en el sintagma nominal: valores expresivos
5. El orden de palabras
6. La adjetivación
7. Ejercicios: el adjetivo como elemento básico en la descripción; su uso en distintos tipos de textos literarios y no literarios

1. Determinantes, núcleo y adyacentes

LAS CEREZAS DEL CEMENTERIO

Horas de quietud beatísima, de sabrosos coloquios, de exaltación de toda su alma, solaces, vagar y aturdimientos de muchacho, gozaba Félix, por las tardes, en esta casa que parecía olvidada de todas las gentes, aislada, lejos de la ciudad estando dentro de Almina. De tiempo en tiempo llegaba Lambeth, seco, rígido, aciago, sus ojos como dos chispas de ónix, su boca fría como la muerte. Lambeth se apartaba con su hija por un paseo umbroso de castaños de Indias y macizos de lauredos y adelfas. Era un lugar recogido en silencio y tristeza; entre los negros verdores surgía la blancura de algunas estatuas mutiladas; y acostado en el musgo, envuelto de paz, parecía dormir todo un pasado siglo.

Gabriel Miró

El texto anterior ofrece un buen número de esas unidades o frases que hemos llamado sintagmas nominales. Tomemos uno de ellos:

su boca fría

El núcleo es el sustantivo, *boca,* al que acompañan otras dos formas: *su* y *fría.* Ya sabemos que el núcleo es normalmente un sustantivo, y que también puede ocupar ese papel uno de los llamados pronombres personales: *yo, tú, él, nosotros, vosotros, ellos.* Junto al núcleo pueden aparecer otros elementos, que podemos dividir, arbitrariamente, en *determinantes* y *adyacentes.* Los determinantes se llamarían mejor *actualizadores,* puesto que algunos adyacentes también determinan.

Un sustantivo *actualizado* es un sustantivo individuado, referido a lo existente, limitado a su existencia. Para actualizarse el sustantivo va acompañado de un *actualizador* o *determinante.* Si el sustantivo va sin actualizador se toma en sentido conceptual, categórico, se refiere a una clase, no a un ser en su existencia y es un sustantivo *virtual:*

Cuando digo *mano,* estoy hablando de la clase o categoría conceptual *mano,* a la que pertenecen todas las manos reales y posibles del mundo, *mano* es ahí un sustantivo virtual.

En cambio, cuando digo *esta mano, mi mano, una mano,* ya me refiero a una mano determinada, concretada, incluso individuada, y es un sustantivo *actualizado.*

Nótese la diferencia entre los sustantivos virtuales y actuales en este texto:

> **Justicia no es legalidad, pero para hacer la justicia, conviene tener presente la legalidad.**

La categoría "justicia" se concreta en "la justicia" que se hace, y lo mismo sucede con la categoría "legalidad".

El sustantivo actual, por tanto, es el que hace referencia a seres que existen o actúan en un lugar y en un momento. La actualización, por su parte, puede ser de dos tipos: *identificadora* o *no identificadora.* La primera precisa la referencia a la entidad que se ofrece como existente: cuando digo *mi mano, esta mano, la mano,* se trata de una mano precisa, determinada (la mía, una aludida anteriormente, o *la mano* caracterizada como general, así en *la vista es más rápida que la mano,* por ejemplo). Esta precisión falta en la actualización no identificadora: *todas las manos, dos manos, algunas manos, unas manos.*

Por lo que se refiere al *actualizador,* su falta se considera como actualizador *cero* (Ø), de modo que *mano* = Ø + *mano.* Los actualizadores que tienen una forma lingüística concreta, que se realizan o expresan efectivamente, pueden ser *llenos* o *vacíos*. Los *llenos* tienen sustancia semántica, es decir, notas significativas. Los *vacíos* carecen de esa sustancia semántica, de esas notas significativas. Las notas significativas, por su parte, se limitan a rasgos básicos como la cantidad, la relación con las personas gramaticales, la distancia o la pertenencia, de acuerdo con el siguiente cuadro de Rafael Lapesa:

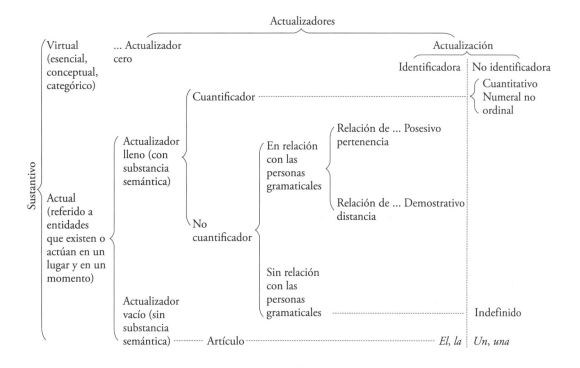

A estos actualizadores con forma distinta hay que añadir un actualizador que se une al sustantivo, que es el *número:* el *plural* es actualizador del sustantivo, porque supone una *cuantificación,* lo que lo sitúa junto a los cuantitativos no identificadores. (Esto era más claro en la lengua antigua, en la que el plural se podía construir sin que el sustantivo llevara artículo con mayor frecuencia que en la moderna. Así, era posible decir: *la mayor sabiduría, hoy encargan* políticos *que consiste en hacer parecer* (Gracián).)

El sustantivo virtual, no actualizado, puede ir acompañado de otros elementos, como en el texto siguiente:

EL DISCRETO

Resuelven algunos con extremada *sindéresis,* decretan con plausible *elección* y piérdense después en las ejecuciones, malogrando lo excelente de sus dictámenes con la ineficacia de su remisión; arrancan bien y paran mal, porque pararon; discurren mucho, que es lo más; hacen *juicio y* aun *aprecio* de lo que conviene, y por una ligera fatiga del ejecutarlo lo dejan todo perder. Otros hay poco aplicados a lo que más importa, y se apasionan por lo que menos conviene hasta llegar a tener *antipatía* con su obligación; que no siempre se ajustan el genio y el empleo, y topando más *dificultad* en lo que abrazan, el gusto todo lo vence; de suerte que nace la fuga más de *horror* que de *temor*, más de *enfado* que de *trabajo*.

Baltasar Gracián

Estos elementos que no son actualizadores y acompañan al sustantivo son *adyacentes*, lo que significa simplemente que van al lado del sustantivo. Ocupan este lugar los adjetivos, participios, adverbios y, en construcción cuya gramaticalidad es discutible a veces, los gerundios. En nuestro texto anterior tenemos adjetivo adyacente en *plausible elección*, participio equivalente a un adjetivo en *extremada sindéresis* y adverbio en *más dificultad*. Los otros sustantivos virtuales (que, por serlo, no llevan actualizador) no llevan adyacente. (Los sustantivos que no se han marcado con letra cursiva están actualizados.) Si el adyacente restringe la significación del núcleo es *especificativo:* **blanco**, en *pájaro blanco*, restringe la significación de **pájaro**. Si no, son *explicativos: agua húmeda*.

2. Estilística del sintagma nominal

El sintagma nominal tiene unos valores de estilo específicos, como puede verse en los textos que se presentaron anteriormente en este capítulo. La distribución de sintagmas nominales y verbales en un texto tiene mucha importancia, porque, si queremos remansar la descripción o detenernos en la exposición de ideas, como han hecho respectivamente Miró y Gracián, hemos de utilizar construcciones con sintagmas nominales abundantes, mientras que si lo que queremos es expresar acciones y dar rapidez a los sucesos, lo que habremos de hacer será multiplicar los sintagmas verbales. Pruébese a no dejar más que sujeto, verbo y, cuando sea imprescindible, el objeto directo, en el texto de Miró, y se obtendrá un texto mucho más rápido, como sigue:

Gozaba Félix. Llegaba Lambeth (y) se apartaba con su hija. Era un lugar recogido. Entre los verdores surgía la blancura, y parecía dormir todo un siglo.

El efecto, como se ve, ha cambiado por completo: se han reducido los sintagmas nominales, respetando los verbales, y se han suprimido adyacentes. Todavía se podrían obtener otras modificaciones:

> **Félix gozaba. Lambeth llegaba y se apartaba con su hija. Era un lugar recogido. La blancura surgía entre los verdores, y todo un siglo parecía dormir.**

Los elementos estilísticos que se deben considerar son, por tanto,
– el número de sintagmas nominales (SSNN) de un texto,
– la composición de esos SSNN: actualizadores y adyacentes,
– el orden de los elementos en el sintagma, anteposición y posposición,
– el orden de los SSNN en la oración: sujeto pospuesto, etc.,
– la sustitución del núcleo por un pronombre.

3. Los valores semánticos del núcleo

El núcleo de un sintagma nominal es un sustantivo, cuyo lugar puede ser ocupado por un pronombre. En este sentido, no cabe duda de que el pronombre es un sustituto, sin valor semántico específico, puesto que lo que le caracteriza es una *significación ocasional:* el pronombre significa en cada ocasión lo que el núcleo del SN cuyo lugar ocupa. Esto es especialmente válido en el caso del pronombre personal llamado de tercera persona, **él**, puesto que los demostrativos y los relativos, que también pueden ocupar el lugar del núcleo, añaden algunas notas semánticas: los demostrativos de lugar, los relativos de indicación de unión con otra oración, puesto que también sirven de nexos.

¿Quién viene?: **Quién** es núcleo de un sintagma nominal, que él solo integra y, al mismo tiempo, sirve de nexo con un verbo que no se expresa, pero que corresponde a una estructura así: **Pregunto quién realiza la acción de venir.**

Éste viene: **Éste** es núcleo de un sintagma nominal que también integra él solo.

Hay un tipo de construcciones en las cuales es muy discutido cuál sea el núcleo: se trata de los tipos **el mío**, **el de ayer**. Nosotros creemos que en esos casos el núcleo es la forma **el,** que sería un sustituto y que puede identificarse con el artículo si se quiere o no, diciendo entonces que se trata de un sustituto que tiene la misma forma que el artículo. Su papel de núcleo parece claro, puesto que es sustituible por un demostrativo, que sería un núcleo innegable en *este mío* o *este de ayer*. La aceptación de este valor obliga a modificar muchas ideas sobre el artículo.

Sin entrar en profundidades teóricas, y desde el punto de vista práctico que aquí nos importa más, hay que señalar que las formas *el, la, lo, los, las* pueden aparecer como presuntos núcleos en un texto, y que es perfectamente gramatical que nosotros también las utilicemos así al construir los nuestros.

Con algo más de detalle, podemos decir que las construcciones en las que una de esas formas puede analizarse como núcleo son las siguientes:

el, la, lo + Sintagma preposicional: *el de la derecha, la de mañana, lo de tus padres*

el, la, lo + **que** introductor de una oración: *el que te debe dinero, la que recibiste, lo que sabías*

lo + adjetivo: *lo bueno, lo vivo*

(Reiteramos la advertencia de que esta interpretación supone un análisis particular de las formas del artículo, en la que se acepta que estas formas conservan un resto de su valor pronominal. Nótese que en los dos primeros tipos se puede usar cualquier demostrativo en vez de la forma *el, la, lo*. Admitir el papel de *lo* como núcleo en el tercer tipo supone negar el concepto de "sustantivación" de adjetivos, es decir, el adjetivo seguiría siendo adjetivo, o sea, adyacente a *lo*.)

Los valores semánticos del núcleo, dejando a un lado las observaciones precedentes, afectan básicamente al sustantivo: éste pertenece a varios tipos semánticos, que son los siguientes:

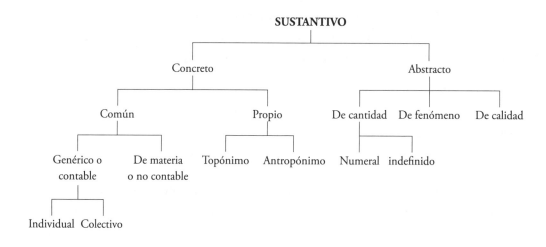

A) Concretos: Se refieren a objetos independientes.

1) *Comunes* o connotativos. Comprenden los sustantivos que no expresan rasgos

diferenciadores de los objetos que denominan, sino que los agrupan por sus características no distintivas. *Mesa* se dice de todos los seres que tienen en común la característica no distintiva de un tablero y un soporte, independientemente de las características distintivas tales como forma del tablero, número de patas, etc. La mención *mesa* señala lo común, no lo distintivo.

Los nombres comunes se dividen en dos grupos:

a) *Genéricos.* Expresan limitación de forma o extensión y corresponden a seres contables*: mesa, perro.*

Los genéricos se dividen; a su vez; en:

a') Individuales. Expresan una sola cosa en singular: *perro, pie.*

a") Colectivos. Expresan un conjunto de seres semejantes o considerados semejantes, en singular, no organizado en una entidad superior. *Enjambre* es un colectivo, pero no lo es *colmena,* pues la colmena es una unidad de organización, no un conjunto de seres semejantes.

b) *De materia.* Corresponden a realidades que no se pueden contar, aunque sí medir: *oro, plata, agua,* etc.

2) *Propios,* especificativos o denotativos. Individualizan, señalan las características distintivas, al contrario que los comunes.

Juan es un nombre propio, aunque lo lleven muchas personas, porque su mención es distinguir a esas personas de las demás, mientras que la mención de un nombre común, como *mesa,* es señalar lo que las mesas tienen en común.

Los nombres propios de personas se llaman *antropónimos*, los de lugares, *topónimos.*

B) **Abstractos:** Se refieren a objetos que sólo tienen independencia mental o que se piensan sólo con independencia mental. Los abstractos se dividen en tres grupos:

1) *De cualidad.* Proceden de adjetivos: *belleza, blancura,* etc.

2) *De fenómeno.* Proceden de verbos: *abundancia, vagancia,* etc.

3) *De cantidad.* Proceden de numerales o tienen relación con ellos. Se dividen en:

a) Numerales. Más concretos: *par, docena.*

a') Indefinidos. Menos concretos: *montón, puñado.*

4. La supresión u omisión de elementos en el sintagma nominal: valores expresivos

El sintagma nominal consta de tres elementos: núcleo, actualizador(es) y adyacente(s). Cualquiera de los tres puede no realizarse y el actualizador nunca puede quedar solo:

un pan blanco/pan blanco/pan

sería el esquema normal de supresión. A veces, sin embargo, de acuerdo con la sustitución con *el* que hemos visto, pueden encontrarse ejemplos como:

el blanco (por el pan blanco);

se trata entonces de una sustitución de núcleo y, en otras ocasiones, es posible que sólo figure el elemento adyacente:

blanco.

En este último caso hay un uso traslaticio o secundario del adyacente (adjetivo o participio), como núcleo.

En cambio, cuando nos encontramos con reducciones del tipo

este pan blanco / este blanco / éste,

(nótese el acento), lo que sucede es que *este* es actualizador en la primera frase, pero núcleo en las dos siguientes (una frase o sintagma puede constar, como sabemos, de una sola palabra). Eso quiere decir que hay dos tipos de "*este*", el actualizador y el núcleo. (El fenómeno es normal; históricamente eso es lo que ha producido la diferencia entre el pronombre personal *él* y el artículo *el,* pues ambos proceden de un demostrativo latino único: *ille*.)

Como es natural, esa supresión de elementos no es indiferente para la expresividad lingüística. La ausencia de actualizadores, como se vio antes, corresponde a un uso *virtual, conceptual, categórico,* del sustantivo, y ya vimos la diferencia entre *justicia* y *legalidad* y *la justicia* y *la legalidad*. Quiere esto decir que cuando nos referimos a una categoría o tratamos de expresar un objeto desprovisto de cualquier "aquí y ahora", prescindimos de los actualizadores.

Los proverbios o refranes, por la condensación de su lenguaje, ofrecen muchas muestras de falta de actualización:

quien da pan a perro ajeno $\left\{ \begin{array}{l} \text{pierde pan y pierde perro} \\ \textit{pierde el pan y pierde el perro} \end{array} \right.$

Pero es imposible:

Quien da el pan al perro ......

La supresión de adyacentes, en cambio, supone, como se observó al reducirlos en el texto de Miró, una ganancia en rapidez de la acción y una pérdida de calidades, es decir, de detalles. Hay que distinguir, sin embargo, entre la pérdida de los adyacentes especificativos, que alteran el sentido del texto y los explicativos, que sólo intervienen insistiendo en cualidades inherentes al sustantivo.

Para comprobar la incidencia de la supresión de adyacentes en un texto (y nótese que, como se verá más adelante, la oración de relativo es un tipo de adyacente también), se utilizará un texto de *Los siete libros de la Diana* (1559), de Jorge de Montemayor, del que luego suprimiremos los adyacentes explicativos y, finalmente, los especificativos. El texto está escrito con la ortografía de su época:

> Yo bivía en una aldea que está junto al caudaloso Duero, que es uno de los dos ríos que os tengo dicho, adonde está el sumptuosíssimo templo de la diosa Minerva, que en ciertos tiempos del año es visitado de todas o las más pastoras y pastores que en aquella provincia biven, començando un día ante de la célebre fiesta a solennizalla las pastoras y nimphas con cantos e himnos muy suaves, y los pastores con desafíos de correr, saltar, luchar y tirar la barra, poniendo por premio para el que victorioso saliere, cuales una guirnalda de verde yedra, cuales una dulce çampoña o flauta o un cayado de nudoso fresno, y otras cosas de que los pastores se precian. Llegado, pues, el día en que la fiesta se celebrava, yo con otras pastoras amigas mias, dexando los serviles y baxos paños y vistiéndonos de los mejores que teníamos, nos fuimos el día antes de la fiesta, determinadas de velar aquella noche en el templo, como otros años lo solíamos hazer. Estando, pues, como digo, en compañía d'estas amigas mías, vimos entrar por la puerta una compañía de hermosas pastoras a quien algunos pastores acompañavan, los cuales, dexándolas dentro y aviendo hecho su devida oración, se salieron al hermoso valle.

Supresión de los *explicativos* (modernizamos el texto y advertimos que quedan entre paréntesis explicaciones que no se pueden suprimir porque en ellas se incluyen especificaciones y que a veces es preciso cambiar el orden de los adjetivos, porque hay especificativos que en el texto se anteponen y que en la lengua moderna tienen que posponerse):

> Yo vivía en una aldea que está junto al ... Duero, ..., adonde está el ... templo de la diosa Minerva (que en ciertos tiempos del año es visitado por todas o las más pastoras y pastores) que en aquella provincia viven, comenzando un día antes de la fiesta a solemnizarla las pastoras y ninfas con cantos e himnos muy suaves, y los pastores

con desafíos de correr, saltar, luchar y tirar la barra, poniendo por precio para el que victorioso saliere, cuales una guirnalda de yedra, cuales una zampoña o flauta o un cayado de ... fresno, y otras cosas de que los pastores se precian. Llegado pues, el día en que la fiesta se celebraba, yo, con otras pastoras amigas mías, dejando los paños serviles y bajos y vistiéndonos los mejores que teníamos, nos fuimos el día antes de la fiesta, determinadas de velar aquella noche en el templo, como otros años lo solíamos hacer. Estando pues, como digo, en compañía de estas amigas mías, vimos entrar por la puerta una compañía de ... pastoras a quienes algunos pastores acompañaban, los cuales, dejándolas dentro y habiendo hecho su oración, se salieron al ... valle.

Supresión de los *especificativos:*

Yo vivía en una aldea (adonde está el templo de la diosa Minerva). Un día antes de la fiesta comienzan a solemnizarla las pastoras y ninfas con cantos e himnos, y los pastores con desafíos de correr, saltar, luchar y tirar la barra, poniendo por precio (= premio) una guirnalda de yedra, una zampoña o flauta o un cayado de fresno, y otras cosas. Llegado el día, yo, con otras pastoras amigas mías, dejando los paños y vistiéndonos los mejores, nos fuimos el día antes de la fiesta, determinadas de velar aquella noche en el templo, como otros años lo solíamos hacer. Estando pues, como digo, en compañía de estas amigas mías, vimos entrar por la puerta una compañía de pastoras.

La reducción, como se aprecia fácilmente, es drástica, lo mismo que el empobrecimiento significativo y estilístico del texto. Esto lleva a otra cuestión, que es la de las preferencias de época y modas. Este texto, entero, ofrece un gusto por la adjetivación, por el empleo de adyacentes, que es verdaderamente notable. Corresponde a la intensificación adjetivadora del siglo XVI, de la que se hablará más adelante. Se puede decir, en general, que las épocas más realistas y teóricamente menos preocupadas por primores estilísticos han limitado el empleo de los adyacentes, al tender a la desnudez de la expresión y a la búsqueda de una fórmula que permitiera lograr concisión y exactitud, mientras que las épocas de mayor artificio sintáctico, o de búsqueda de la esencialidad de los seres, en una concepción platónica, de arquetipos, han prodigado el empleo de los adyacentes.

5. El orden de palabras

No es indiferente construir la oración con el sujeto antepuesto o pospuesto al predicado, ni da igual que los elementos de un sintagma vayan ordenados de un modo o de otro.

Del orden de palabras dependen importantes efectos expresivos.

Algunas veces el orden es obligatorio, por ejemplo, en castellano, como en catalán o gallego, el artículo tiene que ir necesariamente delante del sustantivo, en vascuence, en cambio, el artículo va detrás, los castellanohablantes dicen *el pan* y los vascohablantes *ogia* (pronunciado *oguiá* y formado por *ogi* + el artículo vasco *a*). Otras veces el orden depende de la relación entre formas. Así, en español hay combinaciones posibles del artículo con otros actualizadores o determinantes:

este libro / el libro / el libro este

pero no el este libro / este el libro

mi libro / el libro / el libro mío

pero no el mi libro / mi el libro

y hay también, en los ejemplos anteriores, diferencias: *el mi libro* es una forma anticuada, que encontramos en la literatura, *el este libro,* en cambio, siempre ha sido imposible. Son obligatorias las colocaciones respectivas en otras construcciones: la negación, por ejemplo, precede al verbo, decimos *no voy* y es imposible *voy no*.

Dicho esto, queda claro que lo importante es registrar las variaciones que se producen en las construcciones en las cuales es posible una cierta libertad.

El orden habitual del español suele ser sujeto + predicado, su inversión, por tanto, supone destacar unos valores estilísticos o semánticos que pueden reducirse a estos nueve grupos:

1) Existencia-presencia. Destaca el carácter real-existencial del sujeto, con relación al verbo:

*Desde sus dolientes muros donde vive **la hiedra.***

C. J. Cola

2) Ausencia. Insiste en la vaciedad de la actuación del sujeto:

***Falta dirección**, sobra gente.*

B. Pérez Galdós

3) Comienzo:

Entonces *empezará el año.*

Díaz Cañabate

4) Continuidad-permanencia (el sujeto continúa una acción ya emprendida):

*No **queda otro recurso** que beber.*

Benavente

5) Producción (se destaca el origen del sujeto):

*Pisa usté y **nasen flores.***

Álvarez Quintero

6) Suceso (acontecimiento destacado):

*Supongo que no **habrán ocurrido desgracias.***

Hartzenbusch

7) Aparición (efecto de contraste):

*Sobre el fondo negro **se señala apenas la sombra de la cruz.***

Catálogo Museo del Prado

8) Advenimiento:

*Veremos llegar las lanchas ... hoy **vendrá buena sardina.***

B. Pérez Galdós

9) Retorno:

*¡**Vuelve la alegría** a la casa!*

Tras los ejemplos anteriores puede hacerse el ejercicio de volverlos al orden sujeto + verbo, para observar las diferencias notables entre las dos construcciones.

En lo que se refiere al Objeto Directo, el orden normal es que el verbo preceda al Objeto, es decir, el orden V + O. La lengua, sin embargo, tolera fácilmente la inversión, si bien tiene tendencia a repetir el objeto con un pronombre pleonástico o duplicador, un pronombre redundante, especialmente frecuente en el caso personal: *a Nicolás lo vi hoy.* Esta movilidad del Objeto Personal es normal, puesto que al ir precedido de la preposición *a,* queda siempre convenientemente indicado, vaya donde vaya. Los Objetos Directos no personales, que no suelen ir precedidos de la preposición *a,* pueden también ir delante del verbo, en algunos casos.

1) El ejemplo **Los muebles los puso** *en el recibidor* nos presenta un caso de anteposición en una construcción de **actividad** o de **ocupación.**

2) **Peseta y media he sacado** *hoy, vamos a cenar* es un caso de anteposición en cuantificación, insistencia en cantidad, medida o precio. Véase que, en este ejemplo, a diferencia del anterior, no hay pronombre redundante (y tampoco actualizador).

Los verbos de *dar, decir, hacer* y *tener* son especialmente tolerantes en la colocación *O V*.

Dentro del Sintagma Nominal es especialmente sensible la colocación del adjetivo, pero de ello nos ocuparemos a continuación,

6. La adjetivación

El término *adjetivación* es ambiguo, ya que puede referirse:

1) al cambio de categoría gramatical que se da, dentro de la Morfosintaxis, cuando otra parte de la oración o clase de palabras se utiliza como si fuera un adjetivo, y
2) a la condición propia de éste y su misión, por otra parte.

En el primer caso, uso de un no-adjetivo como si fuera un adjetivo, es necesario entender bien que esa posibilidad sólo se da cuando nuestro método de análisis no diferencia Morfología de Sintaxis, es decir, cuando hacemos Morfosintaxis, ya que, en ese caso, formas y funciones interfieren en nuestra metodología. Si, en cambio, separamos Morfología de Sintaxis, no podemos hablar de adjetivación, en ese sentido, ya que en Sintaxis de lo que hablamos es de funciones, o sea, de palabras que tienen una función igual a la función habitual de un adjetivo (hay coincidencia en el plano sintáctico, no en el morfológico).

Ya que sabemos que el adjetivo funciona como un *adyacente,* podemos decir entonces que hay *adjetivación* cuando una palabra que no es un adjetivo funciona también como adyacente.

Conviene advertir, desde el principio, que la distinción entre sustantivos y adjetivos es a veces muy difícil: los casos típicos son los de *pobre, rico, viejo, joven,* los gentilicios, *alemán, paraguayo, catalán, canario,* todos los cuales son adjetivos o sustantivos en distintos contextos, prestándose a los juegos de palabras conocidos, como *un hombre pobre / un pobre hombre; un soldado viejo / un viejo soldado; un alemán sabio / un sabio alemán,* etc. También son claros ejemplos de esta confusión los nombres de color: *rosa, naranja,* que se tratan como adjetivos en casos como *vestido rosa, pañuelo naranja,* pero que suelen tener dificultades para la concordancia: *pañuelos naranjas* sería raro y, para muchos, inadmisible.

Además de lo dicho y con un criterio morfosintáctico amplio, dentro de las formas que funcionan como lo hacen los adjetivos, es decir, como adyacentes, cabría incluir las construcciones en las que un sustantivo es adyacente a otro y que, en sentido amplio, reciben el nombre de **aposiciones.**

La *aposición* es, por tanto, el uso de un sustantivo como adyacente al núcleo de un sintagma nominal (lo que, generalmente, equivale a un sustantivo que modifica a otro sustantivo). Cuando hay pausa entre los componentes de la aposición hablamos de aposiciones *bimembres: la Lingüística, ciencia de la lengua; San Fernando, reconquistador de Sevilla; las Canarias, provincias españolas,* etc. Cuando no hay pausa entre los dos elementos de la aposición se llaman *unimembres: don Nicolás, hotel Pereda, la madre patria, señor ministro.* La única diferencia es que la pausa suele ser obligada cuando el grupo de palabras es largo, por razones de tipo articulatorio (necesidad de respirar), exclusivamente.

Puede hablarse también de otro tipo de alteración de los adjetivos, que sería inverso a la adjetivación que estudiamos, o sea, la *sustantivación.* Ya se dijo que, en casos como *lo bueno, el verde,* en este libro se considera que *bueno* y *verde* siguen siendo adjetivos y que la forma *el,* llámese artículo o resto de pronombre, es el núcleo.

Por último, si por *adjetivación* entendemos la condición de ser adjetivo o el funcionamiento del adjetivo como tal, habría que señalar los dos tipos de modificación (directa o indirecta) que el adjetivo realiza y tratar la cuestión del orden del adjetivo respecto al sustantivo dentro del Sintagma Nominal.

El adjetivo modifica al sustantivo de dos maneras: directamente, como adyacente, caso del **adjetivo atributivo,** *ojos claros, libro nuevo* o, indirectamente, a través de un índice verbal, un verbo, que puede simplemente servir de copula o unión; en este segundo caso el adjetivo es **predicativo,** *los ojos son claros, el libro es nuevo.* Del adjetivo predicativo se habló en el capítulo anterior y de él volveremos a ocuparnos al hablar de las oraciones atributivas o de predicado nominal, ahora se trata de la colocación del *adjetivo atributivo:*

Los adjetivos atributivos, como se dijo al hablar de los adyacentes, pueden ser *especificativos* o restrictivos y *explicativos* o de insistencia en una cualidad propia del adjetivo. Cuando digo de *la hierba* que es *verde,* estoy insistiendo en una cualidad típica, y por ello *la verde hierba* y *la hierba verde* son sintagmas en los que el adjetivo es explicativo, pero si digo*: hay hierba verde y hierba seca,* estoy diferenciando dos clases de *hierba,* o sea, restringiendo con los adjetivos *verde* y *seca* la significación de *hierba,* de modo que el adjetivo es especificativo.

Los adjetivos explicativos prefieren la colocación antepuesta y los especificativos pospuesta, pero esta colocación no es obligatoria.

El problema del orden de colocación del sustantivo y el adjetivo es muy complejo, ya que hay que tener en cuenta cuatro factores:

a) La construcción latina originaria.

b) La semántica de los adjetivos, su significado.

c) El contexto gramatical.

d) Las preferencias estilísticas y literarias de la época.

Históricamente, sabemos que en latín el orden era, normalmente, la anteposición *(magna iniuria "gran daño"),* salvo si el sustantivo era monosílabo *(res nova "cosa nueva")* o el adjetivo procedía de nombre propio *(Senatus Populusque Romanus "El Senado y el Pueblo Romano"),* en cuyo caso se imponía la posposición del adjetivo. Dejando aparte fórmulas consagradas, invertir este orden suponía *realzar* el adjetivo. En el paso a las lenguas derivadas del latín, las lenguas romances o románicas (castellano, catalán, gallego-portugués, francés, italiano, etc.), la situación se va invirtiendo, hasta llegar a la situación actual, en la que se suele decir (Gili Gaya) que el orden habitual en el sintagma nominal es la posposición del adjetivo (sintagma analítico) y que la anteposición (sintagma sintético) produce un realce valorativo; pero esto no es siempre así.

La semántica de los adjetivos (punto de vista lingüístico, no estilístico) determina ciertas diferencias importantes; podemos establecer cuatro grupos.

Los adjetivos **valorativos** son los que más se prestan a la valoración emotiva, por lo que en ellos es más frecuente la anteposición, y se posponen con mucha frecuencia cuando son especificativos. Como ejemplos tendríamos: *un hombre pobre, un mal / buen negocio, amigos simpáticos,* etc.

Los adjetivos **descriptivos** se prestan menos a la anteposición; cuando son especificativos van pospuestos en su abrumadora mayoría: *agua fría, tonos graves, vestido azul, barba blanca,* ejemplos en los que hay diversas posibilidades de invertir el orden.

Los adjetivos de **relación** o **pertenencia** sólo rara vez van delante del sustantivo. En este grupo se incluyen algunos adjetivos ya vistos, los que se hallan en el límite con el sustantivo; cuando se combinan dos de éstos, cuál sea el sustantivo, cuál el adjetivo suele depender del orden: el primero es el sustantivo y el segundo el adjetivo: *un filósofo alemán,* pero *un alemán filósofo.* A este grupo pertenecen adjetivos como *cardenalicio* o *administrativo,* con posposición prácticamente obligatoria, salvo forzada ruptura por efectos estilísticos: *capelo cardenalicio, sección administrativa.*

El cuarto grupo está integrado por los adjetivos **cuasideterminativos**, frecuentemente antepuestos, ya que su valor los aproxima a los actualizadores o determinantes: *la próxima temporada, las sucesivas páginas,* aunque, como vemos, la posposición es también posible. En resumen, esta clasificación semántica nos permite establecer sólo tendencias, aunque determinadas.

Un segundo aspecto que influye en la colocación del adjetivo atributivo es el *contexto.* Así, es más difícil que se anteponga una serie de adjetivos coordinados, si bien no faltan ejemplos de esa anteposición. También requieren posposición los grupos con complementos intercalados que prolongan la marcha de la frase: *el estéril y mal cultivado ingenio mío* era posible en Cervantes; pero hoy resulta extraño, se preferiría claramente *mi ingenio estéril y mal cultivado*; *un caballo más blanco que aquél*.

La sensibilidad al contexto está ligada a las preferencias estilísticas, que constituyen el último aspecto por considerar. Determinadas épocas, por motivos diversos, favorecen o reducen la anteposición; así, el siglo XV, latinizante, favorece el orden *adjetivo + sustantivo* porque es el tipo más frecuente en latín, lo que coincide con las claras preferencias de ese siglo por la andadura lenta del sintagma no progresivo, en el que no avanza nuestro conocimiento del texto con cada nuevo elemento, sino que todo se remansa hasta cerrarse al final, tras un amplio círculo. El siglo XVI favorece también la anteposición, ahora por la búsqueda de lo esencial, del arquetipo platónico. La poesía se presta más que la prosa a la anteposición del adjetivo.

7. Ejercicios: el adjetivo como elemento básico en la descripción; su uso en distintos tipos de textos literarios y no literarios

Ofrecemos a continuación una serie de textos para su discusión en clase. Se puede sugerir el siguiente criterio de análisis:

1) Adjetivos del texto, indicación.
2) Significado de esos adjetivos, clasificación semántica.
3) Anteposición o posposición.
4) Comprobar el cambio de significación en el texto tras la supresión de adjetivos de distinto tipo.
5) Comprobar el cambio de significación del texto permutando el orden de los adjetivos y los sustantivos que acompañan.
6) Diferencias en número y colocación en los distintos tipos de textos, literarios y no literarios.
7) Relación entre la adjetivación y la época del texto.

Texto A

LA TIERRA Y LA CUESTIÓN SOCIAL

El problema es complejo y las fórmulas no pueden ser sencillas: la miseria de las clases jornaleras ha llegado a tales extremos de agravación, pide alivio con tales apremios, que no consiente espera; y los propietarios, parte por falta de capital, parte por pereza intelectual y espíritu estadizo, han de necesitar bastante tiempo, por grandes que sean los estímulos y los requerimientos del poder público, para acabar de salir de su sueño medieval e implantar una agricultura medianamente progresiva y europea, medianamente remuneradora. Por eso decía que es una quimera, que es una utopía fundar el remedio exclusivamente en la transformación de la agricultura de secano llevada a cabo por los propietarios, o dicho de otro modo, el aumento de la producción. Por otra parte, el problema no es meramente económico: tiene un aspecto social, No se aspira sólo a que el jornalero coma: se aspira, además, a que deje de ser tal jornalero, elevándose a la dignidad de cultivador independiente; y para llegar en su día a esa condición, tiene que pasar por un período intermedio en que sea las dos cosas a la vez, en parte asalariado y en parte labrador; que al propio tiempo que trabaje por cuenta de otro en tierra ajena, trabaje por cuenta propia en tierra propia también, o por lo menos en tierra que no sea de otro, sino de la municipalidad, de forma que disponga de ella toda la vida lo mismo que si fuese suya y recoja íntegro su producto.

Joaquín Costa (1846–1911)

Texto B

MISERICORDIA

Las adversidades se estrellaban ya en el corazón de Benina, como las vagas olas en el robusto cantil. Rompíanse con estruendo, se quebraban, se deshacían en blancas espumas, y nada más. Rechazada por la familia que había sustentado en sus días tristísimos de miseria y dolores sin cuento, no tardó en rehacerse de la profunda turbación que ingratitud tan notoria le produjo; su conciencia le dio inefables consuelos: miró la vida desde la altura en que su desprecio de la humana vanidad la ponía; vio en ridícula pequeñez a los seres que la rodeaban, y su espíritu se hizo fuerte y grande. Había alcanzado glorioso triunfo; sentíase victoriosa, después de haber perdido la batalla en el terreno material. Mas las satisfacciones íntimas de la victoria no la privaron de su don de gobierno, y atenta a las cosas materiales, acudió, al poco rato de apartarse de Juliana, a resolver lo más urgente en lo que a la vida corporal de ambos se refería. Era indispensable buscar albergue; después trataría de curar a Mordejai de su sarna o lo que fuese, pues abandonarle en tan lastimoso estado no lo haría por nada de este mundo, aunque ella se viera contagiada del asqueroso mal.

Benito Pérez Galdós

que aun en polvo el materno Tejo dora.

Ya en nuevos campos una es hoy de aquellas
flores que ilustra otra mejor Aurora,
cuyo caduco aljófar son estrellas.

Luis de Góngora

Texto F

CURSO DE ARTILLERÍA (1903)

Explosión de una carga de pólvora en vasos cerrados y en un arma de fuego. Cuando una carga de pólvora hace explosión dentro de un vaso cerrado, por ejemplo, de un proyectil, después de iniciarse la inflamación, los gases se desarrollan sucesiva y rápidamente en todos sentidos, propagándose la llama a la superficie de todos los granos en un tiempo muy pequeño. El desarrollo de gases se produce tumultuosamente, formándose potentes oleadas que chocan unas con otras y contra las paredes de la envuelta, que sufre una rapidísima serie de percusiones. La presión aumenta desde el principio de la combustión hasta el fin, y si el receptáculo tiene la suficiente resistencia para soportarla sin romperse, una vez terminada la combustión la temperatura va bajando, los vapores se condensan y la tensión de los gases disminuye. Si el recipiente no tiene la resistencia necesaria para soportar la presión interior, ésta lo hace estallar y sus fragmentos son lanzados más o menos lejos del punto de explosión, siendo tanto más pequeños y mayor su velocidad, a igualdad de las demás condiciones, cuanto más enérgica haya sido la carga empleada.

Tratándose de un arma de fuego, la carga se encuentra al principio también confinada en un espacio cerrado, pues el proyectil no puede ponerse en movimiento sin vencer la resistencia que le opone el rayado en el aro de forzamiento, pero tan pronto como ha sido vencida esta resistencia, el proyectil empieza a recorrer el ánima, aumentándose así el volumen que pueden ocupar los productos de la combustión de la carga.

Germán Hermida y *José María Ristori*

V. ESTRUCTURA Y FUNCIÓN DEL SINTAGMA VERBAL

1. El núcleo verbal
2. El sistema verbal español
3. Estilística de las formas verbales
4. Distintas posibilidades de expresión del tiempo y el aspecto verbales
5. Ejercicios

1. El núcleo verbal

El núcleo del sintagma verbal es el verbo.

El verbo se ha definido tradicionalmente como *palabra con tiempo,* con lo que se destaca que el verbo presenta unas formas temporales. Ninguna otra parte de la oración ofrece estas formas sistematizadas en español.

También se puede decir, atendiendo a su significado, que el verbo es una forma que la lengua utiliza para expresar una realidad pensada como comportamiento de un sujeto. La realidad puede ser muy diversa: acción, cualidad, posición; pero lo que caracteriza semánticamente al verbo es expresarla a partir del sujeto, por eso es el sujeto el que impone al verbo sus marcas de concordancia: verbo en singular con sujeto en singular, o en plural si el sujeto es plural.

A partir de ahí y atendiendo a que el verbo relaciona un sujeto con un objeto, podríamos decir que el verbo es una categoría, con una expresión léxica, es decir, que se presenta como una palabra, y que se define por una serie de rasgos que le hacen apto para ir regido por determinados sujetos y regir determinados objetos, o sea, que cualquier sujeto y cualquier objeto no sirven para todos los verbos, sino que, al contrario, cada verbo selecciona y es seleccionado por los sujetos y objetos que admite:

*Antonio corre/***pero no** el edificio corre, *porque* corre *exige que su sujeto sea un ser* *animado*, y el edificio *no lo **es***.

Nicolás bebe vino / **pero no** Nicolás bebe pan, *porque* beber *exige un objeto que no sea sólido, y el pan es sólido*.

**La relación entre los rasgos del sujeto, el verbo, y el objeto es
una relación de significado, de coherencia semántica.**

2. El sistema verbal español

MISERICORDIA

Algo la tranquilizó el tono de las primeras palabras con que fue recibida; esperaba ella una fuerte reprimenda, vocablos displicentes. Pero la señora parecía estar de buenas, domado, sin duda, el áspero carácter por la intensidad del sufrimiento. Benina se proponía, como siempre, acomodarse al son que le tocara la otra, y a poco de estar junto a ella, cambiadas las primeras frases, se tranquilizó.

– ¡Ay, señora, qué día! Yo estaba deshecha; pero no me dejaban, no me dejaban salir de aquella bendita casa.

– No me lo expliques -dijo la señora, cuyo acentillo andaluz persistía, aunque muy atenuado, después de cuarenta años de residencia en Madrid-. Ya estoy al tanto. Al oír las doce, la una, las dos, me decía yo: "Pero, Señor, ¿por qué tarda tanto la Nina?". Hasta que me acordé ...

– Justo.

– Me acordé ... como tengo en mi cabeza todo el almanaque ... de que hoy es San Romualdo, confesor y obispo de Farsalía ...

– Cabal.

– Y son los días del señor sacerdote en cuya casa estás de asistenta.

– Si yo pensara que usted lo había de adivinar, habría estado más tranquila -afirmó la criada, que en su extraordinaria capacidad para forjarse y exponer mentiras, supo aprovechar el sólido cable que su ama le arrojaba-. ¡Y que no ha sido floja la tarea!

Benito Pérez Galdós

En el texto anterior tenemos un abundante número de verbos, en distintas formas. El verbo español dispone de un rico sistema flexivo o desinencial, que le permite expresar gran número de matices, que trataremos de ir viendo. Estos matices afectan a la forma básica, dividida en tres conjugaciones, **-ar, -er, -ir,** con tres *vocales temáticas* distintas, al *tiempo* (así, arriba, distinguimos el pasado de *tranquilizó, fue recibida, parecía,* del presente *expliques* o del pasado que inmediatamente repercute en el presente, *ha sido*) o a la indicación de si la acción se considera o no terminada, es decir, el *aspecto: me decía / me acordé,* o, finalmente al modo, desde el matiz subjetivo de la condición *pensara* hasta los valores no personales del verbo: *domado, acomodarse.*

Estas formas se sistematizan en español, como se verá:

En principio, el verbo está compuesto de *lexema y morfemas*. Esta estructura se descompone del siguiente modo:

Lexema		Morfemas	
Raíz	*Tema*	*Tiempo*	*Número*
		Aspecto	*Persona*

Cada lexema corresponde a una de las tres clases de *vocales temáticas:*

-a- primera conjugación

-e- segunda conjugación

-i- tercera conjugación.

Los formantes o expresión de los morfemas de persona y número son dependientes del sujeto: el verbo tiene la misma persona y número que el sujeto, en español.

Gráficamente la formación de un verbo quedaría representada así:

Elementos dependientes del sujeto	Elementos propios del verbo		
Formantes constitutivos	*Modificadores*		*Verbo*
Persona y Número	Aspecto y tiempo	Lexema	Vocal temática

Pero no todas las formas verbales ofrecen de manera expresa los cuatro constitutivos, sino que en ocasiones uno de estos constituyentes, salvo el lexema, es sustituido por la forma cero (Ø).

Una forma como *cantabas* se compone de los siguientes elementos:

Lexema	Vocal temática	Tiempo-aspecto	Número-persona
cant	*a*	*ba*	*s*

Las formas verbales ofrecen a veces algunas alteraciones en alguno de los elementos que las constituyen, así, por ejemplo, los verbos en **-er** y en **-ir** tienen el diptongo [**jé**] (grafía -ie-) en vez de sus vocales temáticas en

tem-ie-ro-n   part-ie-ro-n

y algunas otras de las formas generales que se estudiarán aquí sufren modificaciones, que son minoritarias y no se recogerán en estas páginas.

La **persona** y **el número**, que se expresan conjuntamente, tienen, en general, estas formas:

	Singular	*Plural*
Primera persona	- Ø	-mos
Segunda persona	- s	-is
Tercera persona	- Ø	-n

La discusión afecta a la primera persona, que, para algunos gramáticos, se expresaría por el formante -*o;* pero, en realidad, ese formante sólo aparece en el presente de indicativo y se explica mejor, diacrónicamente, como el resultado de la unión de la vocal temática con un formante de persona y número que se fusionó con ella.

El verbo tiene **formas simples** y **formas compuestas**. Las segundas están formadas por el verbo **auxiliar** *haber* y el **participio** del verbo que se conjuga. Hay otras combinaciones de verbos auxiliares o semi-auxiliares con las formas no personale*s: infinitivo, gerundio* o *participio,* que constituyen las perífrasis verbales. Al hablar del tiempo y el aspecto, en el apartado final de este tema, volveremos sobre los valores significativos de estas formas, que ahora se presentan, sin entrar, de momento, en esas cuestiones.

Formas simples

Presentes, son los tiempos no marcados y, por ello, su formante de tiempo-aspecto es cero: Ø.

cant-o- Ø- Ø   tem-o- Ø- Ø   part-o- Ø- Ø

cant-e- Ø- Ø   tem-a- Ø- Ø   part-a- Ø- Ø

Imperfecto de indicativo (copretérito)

verbos en -a-: -ba   am-a-ba- Ø

verbos en -e- / -i-: -a-   tem-í-a- Ø   part-í-a- Ø

Pretérito

verbos en -a-:

-é-   cant-Ø-é-Ø

-ste-   cant-a-ste-Ø

-ó-   cant-Ø-ó-Ø

-Ø-   cant-a-Ø-mos

-ste-   cant-a-ste-is

-ro-   cant-a-ro-n

verbos en -e- / -i-:

-í-   tem-Ø-í-Ø   part-Ø-í-Ø

-ste   tem-i-ste-Ø   part-i-ste-Ø

-ó-   tem-i-ó-Ø   part-i-ó-Ø

-Ø-   tem-i-Ø-mos   part-i-Ø-mos

-ste-   tem-i-ste-is   part-i-ste-is

-ro-   tem-ie-ro-n   part-ie-ro-n

Futuro

(yo, nosotros, vosotros)   -ré-   am-a-ré-Ø   tem-e-ré-Ø   part-i-ré

(Restantes personas)   -rá-   am-a-rá-s   tem-e-rá-s   part-i-rá-s

Pospretérito (condicional simple)

-ría

am-a-ría-Ø   tem-e-ría-Ø   part-i-ría-Ø

Imperfecto de subjuntivo

-ra/-se

am-a-ra-Ø   tem-ie-ra-Ø   part-ie-ra-Ø

am-a-se-Ø   tem-ie-se-Ø   part-ie-se-Ø

Futuro de subjuntivo

-re

am-a-re-Ø   tem-ie-re-Ø   part-ie-re-Ø

Formas compuestas

Hay una correspondencia clara con las formas simples, puesto que se usa como auxiliar el tiempo simple de *haber* correspondiente.

INDICATIVO

Presente	*Antepresente*(o *perfecto*)
canto	he cantado
Copretérito	*Antecopretérito*
(*o imperfecto*)	(o *pluscuamperfecto*)
cantaba	había cantado
Pretérito	*Antepretérito* (o *anterior*)
canté	hube cantado
Futuro	*Antefuturo* (o *futuro perfecto*)
cantaré	habré cantado
Pospretérito	*Antepospretérito*
(*condicional simple*)	(*condicional compuesto*)
cantaría	habría cantado

SUBJUNTIVO

Presente	*Antepresente*
cante	haya cantado
Pretérito	*Antepretérito*
cantara/-se	hubiera/-se cantado
Futuro	*Antefuturo*
cantare	hubiere cantado

Al dar las formas temporales y aspectuales hemos tenido que hablar del modo **indicativo** y **subjuntivo**, a los que hay que añadir el **imperativo** y las tres formas no personales: **infinitivo**, **gerundio y participio**. De los modos volveremos a ocuparnos al hablar de los problemas estilísticos del verbo.

Verbos irregulares

Cuando se habla de irregularidad se aplica un criterio sincrónico, de la lengua en su estado actual. Así, se dice que son irregulares todas las formas que no son como la generalidad. Histórica o diacrónicamente, sin embargo, no es así: un verbo puede haber resultado distinto de los otros en ciertas formas porque ha cumplido ciertas leyes fonéticas que no han afectado a otros verbos. Sería así regular diacrónico e irregular sincrónico.

El participio **leído**, que es sincrónicamente regular, es diacrónicamente irregular, puesto que para ser regular en la historia tendría que ser **lecho**, evolución del participio latino ***lectus-a-um***.

En los irregulares hay que distinguir dos grandes grupos:

A) *Verbos con cambio de lexema*

voy, iba, fui

soy, era, fui

Son irregulares absolutos; es necesario saber los distintos lexemas, cada uno de los cuales tiene su lugar en el componente léxico de nuestra gramática.

B) *Verbos con irregularidades en los distintos temas:*

Estos temas (no confundir tema verbal con vocal temática) son tres:

Al de *presente* pertenecen los presentes de indicativo y subjuntivo y el imperativo. En teoría pertenece también el copretérito o pretérito imperfecto, pero este tiempo es regular salvo en los irregulares absolutos, como **ir** y **ser**.

Al de *pretérito* pertenecen el pretérito de indicativo, el pretérito de subjuntivo (o imperfecto), así como la forma arcaica de futuro hipotético o futuro de subjuntivo.

Al de *futuro* pertenecen los futuros y pospretéritos.

Irregularidades del tema de presente:

1. Diptongación de la vocal radical acentuada.

apretar	yo aprieto
morder	yo muerdo

2. Adición de consonantes:

venir	yo vengo
lucir	yo luzco

3. Cierre de la vocal radical, tónica en este caso: **e** pasa a **i**, pero **o** diptonga en **ue**, como en **1.**

gemir	yo gimo
morir	yo muero

Irregularidades del tema de pretérito:

1. Cierre de la vocal radical, átona en este caso. Se trata del fenómeno **3** del presente, pero es menos frecuente el cierre de **o** en **u**. En este caso, al ser átona, no hay diptongación en **ue**.

gemir	ellos gimieron
morir	él murió

2. Pretéritos fuertes. Los pretéritos regulares son agudos, los fuertes son graves en su acentuación:

tener	yo tuve
haber	yo hube

Irregularidades del tema de futuro:

1. Pérdida de vocal interior de palabra anterior al acento (pretónica interna):

caber	él cabrá, cabría

2. Pérdida de vocal y consonante:

hacer	yo haré

3. Pérdida de vocal y aumento de consonante:

tener	él tendrá

En algunos casos se dan juntas varias de estas irregularidades, que son totales en **ser, ir** y **caber**, aunque en estos tres verbos se distinguen perfectamente los distintos temas.

Irregularidades aparentas:

Conviene insistir sobre el hecho de que la regularidad o irregularidad hay que verla fonética y no gráficamente.

Escoger/escojo es regular porque para mantener el fonema debe variar la grafía. **Tañer/tañó** es regular porque la pronunciación de **tañió** sería la misma. En **luzco**, la consonante intercalada es la **c**, con sonido **k**, pues la **z** es la grafía correspondiente al sonido de la **c** de **lucir**.

3. Estilística de las formas verbales

Las formas verbales, por su enorme variedad de matices, tienen un valor estilístico fundamental. No sólo permiten expresar situaciones comunicativas como el mandato (*imperativo*), también, el mismo concepto verbal virtual (*infinitivo*), en su desarrollo (*gerundio*) o su terminación (*participio*), sino que, además, permiten la expresión de la participación del sujeto en la modalidad de la acción, mediante la diferencia *modal*, concretada en la distinción entre el indicativo y el subjuntivo, cuyas formas ya conocemos y que es la distinción de modo por excelencia. También hay que atender, en este apartado estilístico, el distinto empleo de tiempos para la expresión de la **narración** y el **comentario.**

Al estudiar el modo se debe destacar, en primer lugar, que esta categoría no tiene unas formas específicas, que sólo sirvan para su expresión, sino que se expresa el modo conjuntamente con el tiempo y el aspecto, aunque haya diferencias notables en estos puntos entre un pretérito de subjuntivo y otro de indicativo, por ejemplo. Los tiempos del subjuntivo son, en efecto, distintos de los del indicativo, pero no podemos decir que haya una característica formal común a todo el indicativo y diferenciada de otra común a todo el subjuntivo.

Por otra parte, al tratar del modo hemos de distinguir dos cuestiones distintas, la primera de tipo semántico, en relación con la significación del sujeto y su enfoque de la acción; la segunda de tipo sintáctico o combinatorio:

a) El modo, con la diferencia entre *indicativo* y *subjuntivo*, distingue la apreciación y expresión objetivas de la realidad de las correspondientes subjetivas:

viene, vendrá, vino, ha venido

expresan lo concebido objetivamente.

quizá venga, ojalá viniera

expresan algo que se concibe subjetivamente.

b) La presencia del modo subjuntivo está ligada, en muchas ocasiones, a determinadas construcciones, que obligan a que el verbo vaya en ese modo y no en indicativo:

quiero que venga (**quiero que viene* es imposible)
me gustaría que apareciera (**me gustaría que aparecía* es imposible)
es necesario que venga (imposible **que viene*)

Desde este punto de vista hay *dos modo*s claramente diferenciados en español:

Indicativo = **modo no marcado.**
Subjuntivo = **modo marcado** (calificado por la actitud del
hablante hacia lo que dice).

El *potencial* o *condicional* se incluye en el *indicativo*. El *imperativo* no es un modo, es una forma especial, unida a la *función apelativa*. Las formas *no personales, infinitivo, gerundio y participio,* tampoco son modos; sí tienen *aspecto* (*perfectivo* el *participio, imperfectivo* el *gerundio*) y se caracterizan por tener una *doble función, verbal* y *nominal*.

En el texto siguiente, que pertenece a *Misericordia,* de Benito Pérez Galdós, se verán distintos efectos estilísticos que se logran con la contraposición del **pasado** (*reunía,* en indicativo, que logra un distanciamiento real de la acción, vista durativamente, o *dijo,* que aumenta el distanciamiento, al colocar la acción del relato en pasado, frente al presente del lector), el **presente de indicativo** (aserciones objetivas en el presente, *estás, me fío*), el **futuro de indicativo** (iniciado en un interrogante, por la incertidumbre de un tiempo nuevo, *querrá, tendremos*), y el **presente de subjuntivo** (exhortativo, *téngalo*; potencial-eventual, *veamos*):

> – ¿Querrá Dios traernos mañana un buen día? - dijo con honda tristeza la señora, sentándose en la cocina, mientras la criada, con nerviosa prontitud, reunía astillas y carbones.
>
> – ¡Ay!, sí, señora: téngalo por cierto.
>
> – ¿Por qué me lo aseguras, Nina?
>
> – Porque lo sé. Me lo dice el corazón, Mañana tendremos un buen día, estoy por decir que un gran día.
>
> – Cuando lo veamos te diré si aciertas ... No me fio de tus corazonadas. Siempre estás con que mañana, que mañana ...
>
> – Dios es bueno.

Gracias a esa distribución de tiempo y modo se pueden conseguir matices que indican

1) Que se cuenta algo que sucedió en un tiempo anterior al del lector.
2) Que eso que se cuenta se sitúa en un momento presente.
3) En relación con ese presente se plantea un futuro.
4) La relación a ese futuro se hace de modo simplemente *temporal,* mediante las formas de indicativo, o *modal,* con las del subjuntivo. La diferencia radica en que el subjuntivo expresa matices de participación afectiva del sujeto en la acción (exhortación y duda ante la eventualidad), mientras que el futuro se limita a indicar que la acción sucederá en un momento posterior al presente.

Además de los valores estilísticos del modo y la modalidad, hemos de considerar, como decíamos al principio, otras posibilidades estilísticas, ligadas a los tiempos verbales. Éstos, además de su referencia al tiempo, pueden expresar, si el hablante los usa mirando hacia atrás, una expresión de narración (perspectiva del hablante hacia atrás), o, si los considera de modo que afecten al presente, un comentario, bien desde el pasado referido al presente (*he cantado*) o desde el futuro (*voy a cantar, cantaré*). Se trata de una distinta utilización de dos grupos temporales, el del *mundo comentado* y el del *mundo narrado*.

En el texto que vamos a leer a continuación dominan los verbos del *Grupo temporal I* (*mundo comentado*):

cantará

habrá cantado

va a cantar

acaba de cantar

ha cantado

canta

Como se ve, se trata de formas simples, compuestas y perifrásticas, que coinciden en que la acción se presenta como no terminada (*aspecto imperfectivo*), se refieren al presente o lo proyectan hacia el futuro.

EL CRITERIO

Regla 3ª.

Debemos cuidar mucho de despojarnos de nuestras ideas y afecciones y guardarnos de pensar que los demás obrarán como obraríamos nosotros.

La experiencia de cada día nos enseña que el hombre se inclina a juzgar de los demás tomándose por pauta a sí mismo. De aquí han nacido los proverbios "Quien mal no hace, mal no piensa" y "Piensa el ladrón que todos son de su condición". Esta inclinación es uno de los mayores obstáculos para encontrar la verdad en todo lo concerniente a la conducta de los hombres; ella expone con frecuencia al virtuoso a ser presa de los amaños del malvado, y dirige a menudo contra probada honradez y quizá acendrada virtud, los tiros de la maledicencia. La reflexión ayudada por costosos desengaños, cura a veces este defecto, origen de muchos males privados y públicos; pero su raíz está en el entendimiento y corazón del hombre, y es preciso estar siempre alerta si no se quiere que retoñen las ramas.

La razón de este fenómeno no sería difícil explicarla. En la mayor parte de sus raciocinios procede el hombre por analogía. "Siempre ha sucedido esto; luego ahora sucederá también." "Comúnmente, después de tal hecho sobreviene tal otro; luego lo mismo acontecerá en la actualidad." De aquí dimana que tan pronto como se ofrece la ocasión de formar juicio apelamos a la comparación; si un ejemplo apoya nuestra manera de opinar, nos afirmamos más en ella, y si la experiencia nos suministra muchos, sin esperar más pruebas, damos la cosa por demostrada. Natural es que necesitando comparaciones las busquemos en los objetos más conocidos y con los cuales nos hallamos más familiarizados; y como en tratándose de juzgar o conjeturar sobre la conducta ajena hemos menester calcular sobre los motivos que influyen en la determinación de la voluntad, atendemos, sin advertirlo siquiera, a lo que solemos hacer nosotros y prestamos a los demás el mismo modo de mirar y apreciar los objetos.

Esta explicación, tan sencilla como fundada, señala cumplidamente la razón de la dificultad que encontramos en despojarnos de nuestras ideas y sentimientos cuando así lo reclama el acierto en los juicios que formamos sobre la conducta de los demás. Quien no está acostumbrado a ver otros usos que los de su país tiene por extraño cuanto de ellos se desvía, y al dejar por primera vez el suelo patrio se sorprende a cada novedad que descubre. Lo propio nos sucede en el asunto de que tratamos: con nadie vivimos más íntimamente que con nosotros mismos, y hasta los menos amigos de concentrarse tienen por necesidad una conciencia muy clara del curso que ordinariamente siguen su entendimiento y voluntad. Preséntase un caso, y no atendiendo a que aquello pasa en el ánimo de los otros, como si dijéramos en tierra extraña, nos sentimos, naturalmente, llevados a pensar que deberá de suceder allí lo mismo, a corta diferencia, que hemos visto en nuestra patria. Y ya que he comenzado comparando, añadiré que así como los que han viajado mucho no se sorprenden por ninguna diversidad de costumbres y adquieren cierto hábito de acomodarse a todo sin extrañeza ni repugnancia, así los que se han dedicado al estudio del corazón y a la observación de los hombres son más diestros en despojarse de su manera de ser y sentir y se colocan más fácilmente en la situación de los otros, como si dijéramos que cambian de traje y de tenor de vida y adoptan el aire y las maneras de los naturales del nuevo país.

Jaime Balmes

El texto es un comentario de una idea fundamental, que se enuncia en el primer párrafo, y que se va analizando a continuación. Predomina abrumadoramente el presente y, de los modos, el indicativo. No faltan infinitivos, para expresar esa virtualidad o esencialidad de la acción verbal, sin precisiones ni actualizaciones, que cuadra con la pretensión del texto de ir apuntando detalles fundamentales y fundamentos de una actitud. La diferencia, meramente temporal, entre presente y futuro, aparece también perfectamente ejemplificada.

GUERRA DEL TIEMPO

Cuando bajé hacia las naves, acompañado de mis padres, mi orgullo de guerrero había sido desplazado en mi ánimo por una intolerante sensación de hastío, de vacío interior, de descontento de mí mismo. Y cuando los timoneles hubieron alejado las naves de la playa con sus fuertes pértigas, y se enderezaron los mástiles entre las filas de remeros, supe que habían terminado las horas de alardes, de excesos, de regalos, que preceden las partidas de soldados hacia los campos de batalla. Había pasado el tiempo de las guirnaldas, las coronas de laurel, el vino en cada casa, la envidia de los canijos y el favor de las mujeres.

Alejo Carpentier

Este texto, en cambio, es un *relato*, cuenta una acción pasada, y los tiempos que utiliza son los tiempos de la narración, los del llamado *Grupo temporal II*, o del *mundo narrado*. Esos tiempos son los siguientes:

cantaría
habría cantado
iba a cantar
acababa de cantar
había cantado
hubo cantado
cantaba
cantó

De ellos hace una selección para acomodarse al tiempo pasado e incluso insiste en valores temporales remotos, anteriores al pretérito: *hubieron alejado, habían terminado.* Con ello se logra un distanciamiento, que el autor busca, incluso en el empleo de tiempos poco frecuentes, como el antepretérito o pretérito anterior.

Comparando los dos textos se observa inmediatamente, por otra parte, que la selección de tiempos de un grupo no es compatible con la de tiempos de otro. La narración y el comentario pueden alternar, naturalmente, pero no se dan simultánea, sino sucesivamente. A la hora de la composición, por tanto, es necesario tener en cuenta este principio, para construir narraciones o comentarios con un adecuado manejo de la estilística verbal.

4. Distintas posibilidades de expresión del tiempo y el aspecto verbales

En el estudio del significado de los tiempos verbales hemos de tener en cuenta dos problemas:

a) La relación de los tiempos verbales con el *tiempo*.

b) La relación de los tiempos verbales con la realidad expresada en la *narración y* en el *comentario*.

Tiempos y tiempo

Concebimos el tiempo como un desarrollo lineal que observamos desde el momento en que somos conscientes de nuestra propia existencia. Ese momento es el *presente*. Todo lo anterior constituye el *pasado,* y el tiempo que aún no se ha realizado es el *futuro*.

El *presente,* visto así, sería una entidad fugaz, pues constantemente se convierte en pasado y se nutre de futuro. Por ello se desarrolla la tesis del *presente existencial,* consideración arbitraria del presente que engloba parte del pasado y del futuro. Así, cuando decimos *hoy,* referencia al presente, en ese tiempo de *hoy* se incluyen las horas pasadas y las venideras, dentro de las veinticuatro que constituyen *el día de hoy*. Con el verbo sucede algo similar. Cuando **escribo**, en *presente,* estoy incluyendo lo que ya está escrito y lo que voy a escribir inmediatamente.

De una manera gráfica podemos ver que el presente real es sólo un punto del vector, mientras que el presente existencial es un segmento que seleccionamos artificialmente:

PASADO   PRESENTE   FUTURO

Presente existencial

Los tres tiempos referidos a esta primera división son los *tiempos absolutos,* caracterizados por su referencia al *presente:* el *pretérito* es el tiempo anterior al presente, o sea, el que se refiere al *tiempo pasado,* y el *futuro* el posterior al presente, o de *tiempo venidero*.

Conviene advertir que esta clasificación afecta, en principio, a lo que tradicionalmente se denomina *modo indicativo,* en el que la referencia al tiempo real es directa.

La triple clasificación de los tiempos por su *referencia* queda así:

1. Referencia al *presente: absolutos*

	Pretérito		Presente		Futuro
canté		canto		cantaré	

```
          canté              canto            cantaré
———————————/·············/————————————————————▶
        Pretérito          Presente            Futuro
```

2. Referencia a los absolutos: *relativos primarios* (su tiempo se refiere al de los absolutos).

	Pretérito		**Presente**	**Futuro**
Antepretérito inmediato	copretérito	pospretérito	antepresente	antefuturo
hube cantado	*cantaba*	*cantaría*	*he cantado*	*habré cantado*

3. Referencia a los relativos primarios: *relativos secundarios.*

Sólo afectan al pretérito, el cual es tiempo histórico y por ello conocido. Por esta razón el tiempo pasado se puede dividir en fracciones más pequeñas, cuyo contenido temporal se delimita por nuestro conocimiento histórico.

```
———————————————————/·············/————————————————————▶
        Pretérito          Presente            Futuro
```

copretérito / pospretérito
ante-copretérito / ante-pospretérito
había cantado   habría cantado

Así, en el siguiente ejemplo:

CRÓNICA DEL ALBA

Nos quedamos solos. Valentina me preguntó si me habían hecho daño en casa del médico y le referí que me iban a cortar el brazo, pero que no tenían anestesia y lo dejaron para otra vez.

– ¿Te lo van a cortar de veras? -preguntaba ella con los ojos redondos.

– Sí, pero no importa, porque volverá a crecerme.

R. J. Sender

En el texto anterior hay un *tiempo present*e del narrador y otro que es el de la conversación entre los dos niños. La forma **van a cortar**, con el presente *van,* es la más cercana a ese tiempo, pero la perífrasis lo proyecta hacia el futuro. La mayoría del texto corresponde al pasado, enfocado desde el presente del escritor, que ve en pasado toda la acción. Dentro del pasado, son *pretéritos* **quedamos, preguntó, referí y dejaron**; las formas **preguntaba**, **iban** y **tenían** expresan acción que sucede al mismo tiempo que esa acción pasada (*copretérito*), mientras que con **habían hecho** se expresa acción anterior (*antecopretérito*).

En el plano del *presente,* **importa** es el presente de la conversación, **van a cortar** tiene, como se ha visto, la forma *van* en presente, pero el sintagma completo, la perífrasis, es de futuro, sirve así de transición hacia el *futuro,* **volverá**.

El aspecto

Aunque el problema del aspecto es muy complejo, aquí lo vamos a considerar simplemente como expresión de una *acción terminada (aspecto perfectivo)* o *en progreso (aspecto imperfectivo)*.

En español sólo puede hablarse de aspecto, realmente, en los siguientes casos:

Perfectivo en el pasado. Expresa la acción terminada = *Pretérito*.

quedamos, referí, preguntó

expresan acciones que se dan por conclusas, definitivamente terminadas.

Imperfectivo en el pasado. Expresa la acción en su duración = *Copretérito*.

iban, tenían, preguntaban

expresan acciones que suceden en el pasado, pero que no se consideran en su terminación, sino en su desarrollo.

Imperfectivo no pasado. Todas las acciones que no han pasado son necesariamente imperfectivas, por eso se expresan en:

presente: **importa**
futuro: **volverá**

Es inexacto que el futuro exprese acción terminada en el futuro, este tiempo no es más que una posibilidad, una hipótesis, por lo que no se puede considerar que sea pasado.

El aspecto va ligado a los tiempos simples que se han visto. Hay que pensar que el aspecto en español no es una categoría independiente, sino que va ligada al tiempo: se expresa juntamente con el tiempo.

Por eso es también inexacto decir que hay aspecto en los tiempos compuestos. Se afirma con mucha frecuencia que el *antepresente* o *perfecto* tiene aspecto perfectivo. No hay tal. Lo que sucede es que, en muchos casos, puesto que significa acción pasada, aunque vista desde el presente, esa acción ya ha terminado. Que esto no ocurre siempre se observa con toda claridad en ejemplos como:

Los guerrilleros comunistas han atacado Saigón, que se encuentra en situación difícil (luego el ataque *no* ha terminado).
Te he esperado dos horas, así que unos minutos más no importan (luego la espera *no* ha terminado).

Además de estas posibilidades de expresión del tiempo y el aspecto, existen otras que toman la forma de las *perífrasis verbales,* integradas por un verbo en forma personal (*auxiliar* o *semiauxiliar*) y una forma no personal del verbo cuyo significado se mantiene.

Hay varias combinaciones posibles de verbos auxiliares (mejor *semiauxiliares*) y verbos en *forma no personal* (*infinitivo, gerundio, participio*).

1. *Estar + gerundio:*

está hablando / ha estado hablando

2. *Verbo en forma personal + infinitivo* que no puede ser nominalizado mediante sustitución por el sustantivo correspondiente:

quiere estudiar (es imposible *quiere el estudio, sin variar el significado),
debe estudiar

3. *Verbo en forma personal + nexo + infinitivo:*

tiene que dormir (obligación)
debe de dormir (probabilidad)
va a salir

4. *Verbo en forma personal + participio con variación de género:*

tengo estudiado el tema / tengo estudiada la lección

5. *Verbo en forma personal + gerundio:*

sigue mintiendo
va progresando

En cuanto a su significado, las perífrasis con *participio* suelen utilizarse para referirse a una acción pasada, lo que suele darles un valor de acción terminada que se vincula con el aspecto perfectivo. Las perífrasis con infinitivo tienen distintos matices, de los que, en relación con el tiempo, vale la pena destacar la sustitución del *futuro* por **ir a + infinitivo**, y las perífrasis de *gerundio* expresan duración, con dos posibilidades:

Estar + gerundio expresa *duración explícita:*

está hablando = no ha terminado de hablar

Verbo en forma personal + gerundio expresa también *duración,* pero se conserva algo del significado del verbo:

sigue hablando = continúa hablando
no ha interrumpido su acción de hablar

Otras perífrasis expresan distintos matices:

Obligación:

tener que
+ infinitivo
deber

Probabilidad:

deber de + infinitivo

Hábito:

soler + infinitivo

El modo de acción

Este concepto se confunde a menudo con el *aspecto,* sin embargo, el *modo de acción* es de carácter semántico y se refiere a la significación objetiva del proceso, es decir, a diferencias como las que existen entre

canta mucho (habitual) **/ canta una copla** (momentáneo)
duerme (continuo) **/ se duerme** (inicio de acción)

Resulta útil señalar una clasificación de los verbos españoles por su *modo de acción:*

PERMANENTES O IMPERFECTIVOS

Su acción no necesita terminar para ser completa: **brillar, nadar, ver,** etcétera.

DESINENTES O PERFECTIVOS

Su acción no está completa hasta que termina; **comer, nacer, morir, salir, entrar,** etcétera.

INCOATIVOS

Aunque lo fundamental es que significan que la acción o estado comienza, es también importante señalar que, a veces, además del comienzo, especifican también la duración, como es el caso en **enriquecerse**.

Tienen varias formas:

1. Sufijo **-ecer**: *anochecer, enrojecer,* etc.
2. Valor especial de los tiempos en algunos verbos permanentes:
   lo supe = lo comencé a saber,
   ya lo habrá visto = ya lo habrá comenzado a ver.
3. Reflexivos de afecto y emoción, transitivos sin el reflexivo e intransitivos con él: *enojar/enojarse.*
4. Reflexivos de entrada en un estado. Son siempre intransitivos salvo uso externo, como en *dormir al niño: dormir/dormirse.*
5. Verbos cuya significación es por sí incoativa: *empezar, iniciar.*

A veces pueden considerarse como reflexivos de entrada en un estado: *empezarse, iniciarse.*

FRECUENTATIVOS E ITERATIVOS

Son *frecuentativo*s los verbos que expresan una acción frecuente o habitual por un procedimiento gramatical, o por su valor semántico: **tutear, cecear, sesear, visitear, cortejar.** Son *iterativos* los que expresan una acción que se compone de momentos repetidos: **golpear, besuquear.**

Para A. Alonso y Henríquez Ureña, quienes insisten en las dificultades que plantea en muchos casos decir si un verbo es iterativo o frecuentativo, lo fundamental y decisivo consiste en que se indique o no una pluralidad de acciones.

Los procedimientos gramaticales para formar verbos de estos dos tipos son los siguientes:

a) Sufijos: fundamentalmente **-ear** y sus refuerzos (**-quear, -jear -tear** y similares).
b) Perífrasis con verbos modales: **volver a** + infinitivo (reiterativa).
c) Prefijo **re-**: *repicar* (iterativo).
d) Compuesto iterativo por repetición: **canta canta; ríe ríe; llora llora.**

Con la conjunción de una rica variedad de formas temporales, un aspecto no demasiado importante, y una también rica variedad de perífrasis y de construcciones encargadas de expresar el modo de acción, con lo cual se complementan las deficiencias del sistema aspectual, el español ofrece unas posibilidades de precisión en las referencias al tiempo y situación de la acción que permiten el mayor detalle.

5. Ejercicios

Análisis de la expresión verbal en los siguientes textos.
Diferencie tiempo, aspecto, número y persona.
Distribuya las formas verbales en *narración* y *comentario*.
Tipos de verbos según su modo de acción.

LA TIERRA Y LA CUESTIÓN SOCIAL

Lo que ha dado lugar al llamado problema agrario o cuestión social de los campos se reduce escuetamente a estos sencillos términos: que el jornalero —como en general todo el que vive próximo a esa condición, sin excluir algunos labradores, que viven peor y con más apuros y agonías que él—, que el jornalero, repito, aun con la ayuda de su familia, no gana lo estrictamente preciso para sustentarse; que para vivir vida medianamente humana necesita con absoluta necesidad bastante más de lo que gana; y que no ganándolo, salda el déficit con privaciones, con escaseces, con enfermedades, acostándose todas las noches con hambre, llegando viejo a los cuarenta años, viviendo por término medio diez, quince y aun veinte años menos que las clases acomodadas que comen lo preciso y trabajan moderadamente.

Joaquín Costa

LAZARILLO DE TORMES

Yo hube miedo que con aquellas diligencias no me topase con la llave, que debajo de las pajas en que dormía tenía, y parecióme lo más seguro meterla de noche en la boca .... Pues, así como digo, metía cada noche la llave en la boca, y dormía sin recelo que el brujo de mi amo cayese con ella; mas cuando la desdicha ha de venir, por demás es diligencia, Quisieron mis hados o, por mejor decir, mis pecados, que una noche que estaba durmiendo, la llave se me puso en la boca, que abierta debía tener, de tal manera y postura, que el aire y resoplo que yo durmiendo echaba, salía por el hueco de la llave, que de canuto era, y silbaba, según mi desastre quiso, muy recio, de tal manera que el sobresaltado de mi amo lo oyó y creyó sin duda ser el silbo de la culebra, y cierto lo debía parecer.

Levantóse muy paso, con su garrote en la mano, y al tiento y sonido de la culebra se llegó a mí con mucha quietud, por no ser sentido de la culebra. Y como cerca se vio, pensó que allí, en las pajas do yo estaba echado, al calor mío, se había venido. Levantando bien al palo, pensando tenerla debajo y darle tal garrotazo que la matase, con toda su fuerza me descargó en la cabeza un tan gran golpe, que sin ningún sentido y muy mal descalabrado me dejó.

Anónimo

QUIJOTE

El del Verde Gabán, que esto oyó, tendió la vista por todas partes, y no descubrió otra cosa que un carro que hacia ellos venía, con dos o tres banderas pequeñas, que le dieron a entender que tal carro debía de traer moneda de su Majestad, y así se lo dijo a Don Quijote; pero él no le dio crédito, siempre creyendo y pensando que todo lo que le sucediera habían de ser aventuras y más aventuras, y así, respondió al hidalgo:

— Hombre apercebido, medio combatido: no se pierde nada en que yo me aperciba; que sé por experiencia que tengo enemigos visibles e invisibles, y no sé cuándo, ni adónde, ni en qué tiempo, ni en qué figuras me han de acometer.

Y volviéndose a Sancho, le pidió la celada; el cual, como no tuvo lugar de sacar los requesones, le fue forzoso dársela como estaba. Tomóla Don Quijote, y sin que echase de ver lo que dentro venía, con toda priesa se la encajó en la cabeza, y como los requesones se apretaron y exprimieron, comenzó a correr el suero por todo el rostro y barbas de Don Quijote, de lo que recibió tal susto, que dijo a Sancho:

— ¿Qué será esto, Sancho, que parece que se me ablandan los cascos, o se me derriten los sesos, o que sudo de los pies a la cabeza? Y si es que sudo, en verdad que no es de miedo; sin duda creo que es terrible la aventura que agora quiere sucederme. Dame, si tienes, con que me limpie; que el copioso sudor me ciega los ojos.

Calló Sancho y diole un paño, y dio, con él, gracias a Dios de que su señor no hubiese caído en el caso. Limpióse Don Quijote, y quitóse la celada por ver qué cosa era la que, a su parecer, la enfriaba la cabeza, y viendo aquellas gachas blancas dentro de la celada, las llegó a las narices, y en oliéndolas dijo:

— Por vida de mi señora Dulcinea del Toboso, que son requesones los que aquí me has puesto, traidor, bergante y mal mirado escudero.

A lo que con gran flema y disimulación respondió Sancho:

– Si son requesones, démelos vuesa merced; que yo me los comeré ... Pero cómalos el diablo que debió de ser el que ahí los puso. ¿Yo había de tener atrevimiento de ensuciar el yelmo de vuesa merced? ¡Hallado le habéis el atrevido! A la fe, señor, a lo que Dios me da a entender, también debo yo de tener encantadores que me persiguen como a hechura y miembro de vuesa merced, y habrán puesto ahí esa inmundicia para mover a cólera su paciencia y hacer que me muela, como suele, las costillas ...

– Todo puede ser- dijo Don Quijote ...

Miguel de Cervantes

VI. ESTRUCTURA DEL PREDICADO

1. Las formas de atribución y predicación
2. La naturaleza semántica del núcleo verbal y la estructura del predicado
3. Transitividad e intransitividad
4. Transformaciones en la estructura del predicado y cambios de significación
5. Composición y análisis de diferentes estructuras atributivas y predicativas

1. Las formas de atribución y predicación

EL TÚNEL

Mientras volvía a mi casa profundamente deprimido, trataba de pensar con claridad. Mi cerebro es un hervidero, pero cuando me pongo nervioso las ideas se me suceden como en un vertiginoso ballet —a pesar de lo cual, o quizá por eso mismo, he ido acostumbrándome a gobernarlas y ordenarlas rigurosamente; de otro modo creo que no tardaría en volverme loco.

Como dije, volví a casa en un estado de profunda depresión pero no por eso dejé de ordenar y clasificar las ideas, pues sentí que era necesario pensar con claridad si no quería perder para siempre a la única persona que evidentemente había comprendido mi pintura.

O ella entró en la oficina para hacer una gestión, o trabajaba allí —no había otra posibilidad. Desde luego, esta última era la hipótesis más favorable. En ese caso, al separarse de mí se habría sentido trastornada y decidiría volver a su casa: Era necesario esperarla, pues, al otro día frente a la entrada.

Analicé luego la otra posibilidad: la gestión. Podría haber sucedido que trastornada por el encuentro, hubiera vuelto a la casa y decidido dejar la gestión para el otro día. También en este caso correspondía esperarla en la entrada.

Ernesto Sábato

La construcción oracional en el texto anterior se nos ofrece de diversas maneras; son distintos los modos de relacionarse el Sujeto y el Predicado, el Sintagma Nominal y el Verbal. En cuanto al verbo en sí unas veces sirve de simple **cópula** o unión entre dos sintagmas nominales (uno de los cuales puede ser un simple adjetivo), otras veces es verdadero núcleo del predicado, y otras veces, por último, tiene un valor intermedio: a la vez copulativo (cópula) y predicativo (núcleo). Pero se apreciará mejor en el texto mismo:

A. *Mi cerebro es un hervidero:*

Mi cerebro es un SN sujeto (al ponerlo en plural el verbo pasa a plural también).

es sirve de cópula o unión entre *mi cerebro* y *un hervidero*. El *verbo ser* y el verbo *estar* son **verbos copulativos**, las oraciones que los contienen se llaman oraciones *copulativas o atributivas*. (Además *estar + gerundio* forma una perífrasis y *ser + participio* otra, la pasiva, que se estudiará más tarde).

un hervidero es un SN, unido al SN sujeto por el verbo copulativo. Estos sintagmas nominales se llaman **predicados nominales.** La oración copulativa o atributiva se puede llamar también **oración de predicado nominal.**

Las oraciones con un *verbo copulativo* son atributivas, copulativas o de predicado nominal. El *predicado nominal* puede ser:

un sustantivo:

*mi cerebro es **un hervidero***

un adjetivo:

*pensar con claridad era **necesario***

un pronombre

*la mujer era **ella***

B. *(yo) volvía deprimido:*

(yo, primera persona singular) sería el SN sujeto, pronominalizado y no expreso, como es normal en español, a menos que se quiera marcar el énfasis o evitar una posible ambigüedad.

volvía es un *verbo no copulativo*, pero que tiene la particularidad de admitir una función similar a la de los copulativos: al mismo tiempo que conserva su significado total o casi total, sirve de unión entre el SN sujeto y otro SN, generalmente un adjetivo, que se llama **predicativo** o *complemento predicativo*. Por razones de simplicidad se ha considerado que el núcleo de un SN puede ser un adjetivo (o un participio, como adjetivo verbal), que no modifica o acompaña en ese caso a un sustantivo, en lugar de hablar de Sintagma Adjetivo o Adjetival.

deprimido es un participio (= adjetivo), unido al sujeto por medio del verbo "volvía". Es el *complemento predicativo*.

Una de las características típicas de la lengua española es la facilidad con la que gran número de verbos, sobre todo los de movimiento o cambio de estado, físico o espiritual, llevan como complemento un sintagma nominal sin preposición (puede ser un adjetivo) que no es objeto directo y que, desde el punto de vista semántico, se refiere al sujeto o al objeto directo a través del verbo. Éstos son los *complementos predicativos*:

Halló también extraño *que yo no volviera todavía.*

Francisco Ayala

En el ejemplo anterior, **extraño** es complemento predicativo referido al objeto directo a través del verbo **halló**. El objeto directo es la *proposición:* **que yo no volviera todavía.**

El administrador mostrábase tardo y doliente en sus remesas.

V. Blasco Ibáñez

tardo y doliente constituyen el *complemento predicativo* referido al sujeto (**el administrador**) a través del verbo **mostrábase.**

Esta característica del español se hace aún más fuerte por la existencia de una serie de verbos pronominales, es decir, que se construyen con *me, te, se, nos, os,* de los que se encuentran ejemplos en el texto:

***me pongo* nervioso**

***volverme* loco**

En estos casos *no* se trata de construcciones propiamente reflexivas o reflejas, sino de *reflexivos formales* o *gramaticales*. El pronombre átono, en estos ejemplos, sería un indicador de que el verbo es *semicopulativo,* es decir, admite un complemento predicativo. El pronombre átono es de la misma persona que el sujeto:

yo me pongo nervioso / tú te pones nervioso / ... vosotros os ponéis nerviosos.

C. *ella entró en la oficina:*

ella es un SN sujeto, pronominalizado.

entró es verbo, núcleo del sintagma verbal, *no copulativo.* Estas oraciones no llevan ni predicado nominal ni complemento predicativo. Pueden llevar distintos componentes o complementos, que se estudiarán más adelante.

en la oficina es un *sintagma preposicional,* o sea, un SN precedido de preposición. Tiene un papel (una función) que se puede denominar adverbial o circunstancial.

analicé luego la otra posibilidad:

(*yo,* primera persona singular) sería el SN sujeto, no expresado.

analicé es el núcleo del SV, no copulativo.

luego es un adverbio, es un *adverbial* o *circunstancial.*

la otra posibilidad es un SN que implementa (o completa) al verbo no-copulativo, inmediatamente veremos que se trata de un *objeto* o *complemento directo.*

2. La naturaleza semántica del núcleo verbal y la estructura del predicado

De acuerdo con los tres tipos de construcciones que hemos visto, se pueden clasificar los verbos o núcleos verbales en cuatro clases:

1) **Verbos copulativos,** como *ser* y *estar.* Llevan predicado nominal. Se reducen al papel de unión o cópula entre el sujeto y el predicado nominal, su significado está muy debilitado.

2) **Verbos semicopulativos.** Admiten un *complemento predicativo* y pierden en grado mayor o menor su significado propio, debilitándolo. Aunque, en español, casi todos los verbos pueden llevar un complemento predicativo en alguna ocasión, hay un tipo específico, que está formado por verbos pronominales o reflexivos formales: *volverse, hacerse, creerse.* En los otros casos, pertenecer a este grupo es más una cuestión de construcción que de naturaleza del verbo.

3) **Verbos** predicativos o no-copulativos **transitivos** No llevan predicado nominal ni complemento predicativo referido al sujeto (aunque pueden llevarlo referido al objeto directo: *lo nombró* **presidente**). El significado del verbo se completa gracias

a un implemento, el objeto directo: *lo* en el ejemplo anterior.

4) **Verbos** predicativos o no-copulativos **intransitivos.** No admiten ni predicado nominal, ni complemento predicativo (cuando son propiamente intransitivos, ya que, a veces, aparecen como semicopulativos: *salió torcido)*, y tampoco llevan objeto directo.

De acuerdo con estas posibilidades de clasificación semántico-sintáctica de los verbos, la estructura del predicado puede variar.

Hay una serie de *complementos* incompatibles con ciertas estructuras, mientras que otros pueden aparecer en todas ellas.

Una oración con un predicado nominal no admite ni objeto directo ni complemento predicativo referido al sujeto.

Una oración con complemento predicativo referido al sujeto no admite, a su vez, predicado nominal, pero sí objeto directo: se trata de construcciones parentéticas, propiamente transitivas, en las que el complemento predicativo es un paréntesis que expresa una circunstancia concomitante, o que se produce al mismo tiempo que la acción principal: *cogí* **asustado** *las llaves.*

Como del objeto directo o implemento se hablará después, señalaremos ahora los tipos de complementos que pueden aparecer en toda clase de oraciones:

El objeto indirecto es un sintagma preposicional, es decir, un SN introducido por la preposición *a.* Por confusión con el dativo latino, que desempeñaba esa función, se lee en algunas gramáticas que también puede ir con la preposición *para*, lo cual es inexacto. Hay, por tanto, dos procedimientos para reconocerlo: que siempre va precedido de *a,* y que se pronominaliza con las formas *le* y *les.* En las zonas en las que el uso de *le, les* es confuso, queda otro recurso: el objeto indirecto nunca puede ser sujeto pasivo en español (aunque sí en otras lenguas):

enseñé **a la muchacha** *mi pintura*

le enseñé mi pintura

PERO NO * **ella** *fue enseñada mi pintura.*

Semánticamente, el objeto indirecto se refiere a quien recibe interés en la acción verbal. Como con mucha frecuencia es una persona, suele ser un *objeto de interés personal,* lo que favorece, en ocasiones, su confusión con el objeto directo personal: *Lo vi* (correcto) / *le vi* (tolerado, pero no tan correcto, etimológicamente); *le di* (*a ella*) (correcto)/ *la di* (incorrecto).

Hay un tipo de objeto indirecto de valor posesivo, expresado por pronombres, el llamado *dativo simpatético: me dio el sombrero = me dio **mi** sombrero; **se** rompió el brazo = se rompió **su** brazo*. En español se usa el posesivo en estas construcciones sólo por razones de énfasis, si no, lo habitual es usar el artículo determinado delante del objeto directo (se puede usar el artículo indeterminado cuando la referencia puede ser a más de un objeto: *se rompió el / un brazo, la / una pierna)*.

Los **complementos preposicionales** son sintagmas preposicionales que dependen del núcleo verbal, se combinan difícilmente con el objeto directo y, semánticamente, equivalen a éste en muchas ocasiones:

meditó la noticia / pensó en la noticia

la meditó / pensó en ella

dudó algo / dudó de algo

lo dudó / dudó de ello

En los ejemplos anteriores se ve que es imposible prescindir de este complemento para expresar el sentido completo, pues no es lo mismo *pensó* que *pensó en algo*, ni *dudó* que *dudó de algo*. Su pronominalización, como se ve también en los ejemplos, se realiza mediante las formas tónicas del pronombre: *él, ella, ello*, etcétera.

El parecido semántico entre estas construcciones y las de objeto directo influye en un peligroso vulgarismo, muy extendido: por cruce de construcciones de complemento preposicional introducido por de, esta preposición se antepone, erróneamente, al objeto directo y se dice (mal) *pienso de que tienes razón*, en vez de la forma correcta y más sencilla: *pienso que tienes razón*. En otras ocasiones, por ultracorrección, se prescinde de la preposición *de* cuando es necesaria: *informó la noticia*, en lugar del correcto *informó de la noticia*.

Los **complementos adverbiales** o **circunstanciales** ocupan el último lugar y el más conflictivo. Esta categoría sirve, tradicionalmente, para incluir en ella todas las formas que no caben en una categoría anterior, sin embargo, aun dentro de la confusión del grupo, cabe hacer algunas precisiones.

No pertenecen a esta clase una serie de *adverbios que modifican a toda la oración*: **afirmación, negación o duda**. Estos adverbios son indicadores de las modalidades oracionales estudiadas en el capítulo tercero. De este modo, *no, sí, acaso*, etc., no son circunstanciales, sino adverbios que expresan la *modalidad* negativa, afirmativa o hipotética de la oración completa.

Los restantes *adverbios* son, efectivamente, elementos adverbiales o circunstanciales de la oración, con expresión de distintos matices semánticos: lugar, tiempo, modo, cantidad. Por otro lado, no hay que olvidar el papel de los adverbios para formar el grado de los adjetivos: *más blanco que, menos alto que* (comparativos), *muy espontáneo* (superlativo), o el de introductores de oraciones o proposiciones de la oración compuesta, con distintos matices semánticos también, como se dirá más adelante (capítulo VII).

Los sustantivos que ocupan el lugar de adverbiales o circunstanciales en la estructura del predicado se dividen en dos grupos, por una razón formal, como es la presencia o ausencia de preposición

Adverbiales o *circunstanciales sin preposición*: Sus *matices semánticos* son:

distancia: *dista dos leguas*
medida: *mide un metro*
peso: *pesa cuarenta kilos*
precio: *vale mil pesetas.*

Es notable que la pronominalización de todos estos tipos se realice con formas de acusativo (*lo, la, los, las*), por lo que es preciso distinguir para no confundirlos con el objeto directo. Se dice, en efecto, *las dista, lo mide, los pesa, las vale,* con el mismo pronombre que se usaría si fueran objetos directos.

Pero hay más todavía y es que, de hecho, en algunas circunstancias la misma forma sirve para estos complementos y para objetos directos:

Juan pesa sesenta kilos en la báscula de casa.

puede entenderse como que "el peso de Juan es de sesenta kilos" o como "Juan toma algo que pesa sesenta kilos y lo pesa en la báscula de casa". En la primera interpretación "sesenta kilos" es un circunstancial de peso; en la segunda, en cambio, es un objeto directo. ¿Cuál es la diferencia? Pensamos que está en la condición de agente de Juan, el sujeto.

Si el sujeto es meramente receptor de la circunstancia, es paciente, no actúa, los complementos serán efectivamente adverbiales: *él mide 1,75* muestra un **él** pasivo y **1,75** es un circunstancial de medida en la primera interpretación, la más frecuente. Es también posible una segunda interpretación: "él toma el metro y mide 1,75 de una pieza de tela", donde **1,75** sería un objeto directo.

Si el sujeto actúa efectivamente en la acción verbal, la oración será transitiva y estos complementos serán objeto directo. La oración puede ponerse en pasiva:

Se pesan sesenta kilos en la báscula.

Si, por el contrario, el sujeto no actúa y sólo se dice de él que mide, pesa o dista *tanto,* pasivamente, ese *tanto* será un circunstancial. La oración no puede ponerse en pasiva.

Adverbiales o *circunstanciales con preposición*: Frecuentemente empleados, como se observa en el texto de E. Sábato que se leyó al principio, pueden ejemplificarse de la siguiente manera:

> lugar: *a mi casa, en la oficina*
> modo: *profundamente* (modificador aquí de participio), *con claridad*
> tiempo: *al otro día*

Caben otros muchos matices, como éstos, recogidos en textos de B. Pérez Galdós:

> causa: *pasó el día nueve ... sin grandes novedades, por estar cerrada la Universidad*
> instrumento: *yo lo arreglaría con las mangas de riego*
> materia: *las revoluciones nutridas con horchata ... criaban ranas en el estómago de los pueblos.*

3. Transitividad e intransitividad

Se llama **transitividad** la propiedad que tiene un verbo de **implementarse,** es decir, de completarse o llenarse, cerrando su construcción y su significación con el apoyo de un sintagma nominal, llamado *objeto directo.*

Analicé luego **la otra posibilidad.**

es un ejemplo en el que vemos cómo *analicé* adquiere su perfección al cerrarse su significado con el objeto directo: *la otra posibilidad.* No se trata, por tanto, de ejercitar en general el análisis, sino de hacerlo aplicándolo a algo conocido y limitado, *la otra posibilidad.* El objeto directo, por tanto, restringe, aplica y precisa el significado verbal, al mismo tiempo que satisface funcionalmente la necesidad estructural de este verbo de tener un apoyo en la estructura del predicado.

Hay que distinguir, a partir de este punto, entre *verbos transitivos* y *verbos usados transitivamente.* Como es natural, sólo los verbos transitivos pueden usarse transitivamente, pero los verbos transitivos no se usan siempre como tales, a veces se construyen sin objeto directo como intransitivos. Es perfectamente posible construir intransitivamente, sin objeto directo, un verbo transitivo, como *analizar:*

se callaba y analizaba

aunque es inmediatamente perceptible también que la significación del verbo no está completa, que necesitamos la aplicación de ese análisis para cerrar el significado verbal.

Formalmente, la transitividad recibe una marca ante el objeto directo en una serie de casos que afectan al objeto directo personal (pero no todos y no necesariamente siempre). Estaríamos en la línea del *objeto de interés personal* del que hablábamos antes; la marca formal es la preposición *a*:

vio a la muchacha

Es conocido y conviene tenerlo en cuenta, que si el objeto directo de persona está tomado *en general* o *como categoría,* no se usa ante él la preposición *a:*

se ha quedado sola y busca muchacha

Del mismo modo que ante referencias personales puede faltar *a,* puede, en cambio, aparecer en otras circunstancias:

servir a una causa justa / servir una causa justa
obedecer (a) las leyes
asistir a las necesidades de los pobres.

Las oraciones intransitivas pueden tener, por todo lo dicho, dos tipos de núcleo: un verbo transitivo usado intransitivamente: *Nicolás come,* o un verbo intransitivo*: ella entró.*

La cuestión de la transitividad o intransitividad afecta a una serie de construcciones que se deben revisar, especialmente por la posibilidad de cometer incorrecciones en su uso.

Un primer lugar lo ocupa la posible confusión entre el sujeto y el objeto directo que se puede producir en un grupo de oraciones caracterizadas, precisamente, por carecer de sujeto. Se trata de las oraciones *impersonales.*

Las oraciones *impersonales* son de varios tipos:

Unipersonales, naturales o *de verbos de la naturaleza:* se prescinde del sujeto: *llueve, nieva, relampaguea.* No obstante, en un uso metafórico, se emplea un sujeto como *llovieron maldiciones. tronaron dicterios,* etc. En su uso propio, no obstante, son oraciones intransitivas y sin sujeto.

impersonales formales: con la forma *hay* tenemos una construcción única, sin sujeto posible, de modo que la forma verbal, transitiva, no se altera: *hay luz, hay nubes (luz* y *nubes* son, por tanto, objetos directos, no son sujetos). Sin embargo, en este grupo entran las construcciones con *hubo* y *hace:*

hace frío
hubo fiestas en el pueblo

En estas construcciones *frío* y *fiestas* son objeto directo, no sujeto (*lo hace, las hubo*), como en

hubo veinte personas
había sólo estudiantes

por lo que es incorrecto interpretarlos como sujeto y decir, mal: *hubieron fiestas, hicieron calores, habíamos sólo estudiantes.* Son vulgarismos característicos del Levante español, originariamente, extendidos ya por la América hispanohablante, que han entrado en los medios de comunicación desde los programas deportivos y que afean una construcción impersonal. Esa construcción, precisamente porque es impersonal, no tiene sujeto.

Lo mismo sucede en construcciones con **hacer** en expresiones temporales. La construcción impersonal, sin sujeto, es

hace dos semanas, hace tres años

y es incorrecto decir *hacen dos semanas* o *hacen tres años.*

El problema de la transitividad, por último, afecta a otro tipo de oraciones, *las reflexivas.* Estas oraciones se caracterizan porque el sujeto y el objeto directo coinciden, es decir, la acción realizada por el sujeto vuelve al sujeto mismo, como objeto directo ahora: **yo me lavo** ofrece la primera persona como sujeto (*yo*) y como objeto directo (*me*) del verbo (*lavo*). Se produce así un tipo especial de transitividad, condicionada a que la acción realizada por el sujeto salga de éste antes de recibirla de nuevo como objeto directo. Es decir, si la acción es interior al sujeto no hay reflexiva pura o real, sino reflexiva formal, del tipo llamado intrínseco, que se estudiará inmediatamente.

Antes de hablar de las reflexivas formales, sin embargo, conviene advertir que hay dos tipos de reflexivas *puras* o *reales:*

Directas: se (o el pronombre átono correspondiente) es objeto directo*:*

Nicolás se lava.

Indirectas: El pronombre átono es objeto indirecto, hay otro elemento oracional que tiene la función de objeto directo:

Nicolás se lava las manos.
OI   OD

Las *reflexivas formales o gramaticales* pueden dividirse en seis grupos por razones *semánticas,* pues está claro que funcionalmente, lo común a todas ellas es que el pronombre átono (*me, te, se,* etc.) es un simple indicador de que hay una relación especial entre el verbo y su sujeto, relación que podríamos sintetizar diciendo que en todas ellas el sujeto no realiza la acción, no es realmente activo o agente, sino que es receptor de esa acción, es paciente. Son construcciones medio-activas, medio-pasivas (en términos técnicos diríamos que el sujeto es "acusativo" no "causativo"). Veamos los tipos y sus ejemplos:

Intrínsecas: La acción no sale del propio sujeto. El sujeto la recibe; pero, en realidad, no la causa:

Me avergüenzo.

Se molestó.

Son ejemplos en los que *me* y *se* indican que la vergüenza o la molestia afectan a la primera o la tercera persona, que son las que el verbo indica como su sujeto, respectivamente.

Causativas: El sujeto causa que otra persona realice la acción, pero él no la hace (si él la hiciera realmente serían reflexivas propias):

Me hice un traje.

(el sastre me hizo un traje)

Me corté el pelo.

(el barbero me cortó el pelo)

Incoativas: expresan que la acción verbal se considera como comenzando o en su comienzo, como ruptura de situación anterior:

Me voy.

Se durmió pronto.

Reflexivas pasivas: el sujeto inanimado, con lo que su capacidad de agente es nula, es una pasiva impersonal, en la que se oculta o desconoce el autor de la acción, imposible de precisar en los ejemplos típicos, como

Se quemó la comida.

Involuntarias: el sujeto es animado, pero no quiere participar en la acción que sufre:

Me quemé la mano.

Éticas: se expresa en beneficio o daño de quien realiza la acción, pero siempre dentro de que el referido del pronombre átono sea, al mismo tiempo, el sujeto y sin que importe que este sujeto sea agente, sino que esté enfocado como receptor:

Se comió toda la cena.

(No interesa que el sujeto comiera efectivamente; la forma *se* indica que nos interesa más su participación como beneficiado de esa acción de "comer".)

En todas las reflexivas formales el pronombre átono es, propiamente, un indicador de la *condición no agentiva del sujeto,* o de la *medialidad* de la acción: la forma es activa, pero el sujeto es paciente, no agente. Se le suele llamar, por comodidad, *objeto indirecto formal,* pero sería preferible prescindir de este nombre.

4. Transformaciones en la estructura del predicado y cambios de significación

En el párrafo anterior se estudiaron distintas relaciones del sujeto y el verbo, y se repitieron expresiones como que el sujeto era agente o paciente, activo o pasivo. El procedimiento gramatical para expresar la relación del sujeto y el verbo es la *voz*. El castellano no dispone de un procedimiento morfológico para expresar la diferencia entre un verbo con sujeto que realiza la acción (*agente de la* **activa**), y un verbo con sujeto que recibe la acción (*paciente de la* **pasiva**). Tiene que recurrir a un procedimiento sintáctico, una **perífrasis de pasiva**. Esto hace que se discuta si el español tiene o no una verdadera variación de *voces verbales* y también plantea el problema de si la perífrasis de pasiva es sólo

ser + participio

o también **estar + participio**.

En los primeros modelos de las gramáticas llamadas "transformacionales" se decía que la pasiva era una *transformación* de la activa, por la correspondencia del objeto directo de la activa y el sujeto paciente de la pasiva, del sujeto de la activa y el agente de la pasiva. *María* (sujeto) *lee el diario* (O.D.) / *el diario* (sujeto) *es leído por María* (agente de la pasiva). Esta correspondencia se puede observar, junto con los dos tipos de pasiva, la perifrástica y la refleja, de la que aún no se ha hablado, en este texto:

UNA HORA DE ESPAÑA

En tiempos de los árabes *se edificó* una fortaleza en Maqueda; *fue reparada* a fines del siglo X por orden de Almanzor; la restauró el mismo arquitecto, Fatho-ben-Ibrahim, que construyó en Toledo las mezquitas. En 1010 *se libró* sangrienta batalla al pie del castillo de Maqueda.

Azorín

---

se edificó es la llamada *pasiva refleja:* esta llamada pasiva sólo se utiliza en tercera persona, generalmente **sin agente,** y toma matiz impersonal por lo que permite las confusiones con las impersonales con *se*. Estas limitaciones hacen que sea también un procedimiento sintáctico, no morfológico, aunque muy usado, en relación con la pasiva perifrástica. En este mismo texto aparece también en *se libró*.

fue reparada es una pasiva perifrástica con *ser*. Su sujeto es **una fortaleza,** sujeto paciente, que equivale a un objeto directo: *la reparó,* como se ve, con el cambio a la voz activa en la frase *la restauró el mismo arquitecto,* donde *la* es también la *fortaleza,* objeto directo del verbo activo *restauró.*

Las tres posibilidades son:

Activa: ***los árabes edificaron una fortaleza***
Pasiva (perifrástica): ***una fortaleza fue edificada por los árabes***
Pasiva (refleja): ***se edificó una fortaleza*** (por los árabes).

A partir de estas formas haremos algunas observaciones:

La pasiva perifrástica admite el *agente* con más facilidad que la refleja:

EL SOMBRERO DE TRES PICOS

El corregidor, que nunca más tornó al molino, **fue destituido por un mariscal francés,** y murió en la cárcel de Corte, por no haber querido ni un solo instante (dicho sea en honra suya) transigir con la dominación extranjera.

P. A. de Alarcón

El *agente* es un *sintagma preposicional* introducido por las preposiciones *de* o *por.*

La construcción pasiva perifrástica es idéntica, en ocasiones a la construcción de predicado nominal, produciéndose una ambigüedad:

La edición fue reducida.

tiene dos sentidos:

Pasiva: ***La edición fue reducida*** (porque el editor redujo la edición).

Activa: ***La edición fue reducida*** (= la edición fue pequeña).

Sólo la interpretación pasiva admite el agente:

La edición fue reducida por el editor.

La pasiva refleja, por su parte, requiere varias observaciones:

Aunque se utilice en muchas ocasiones para no expresar el agente, admite el agente expreso, cada vez más en la lengua moderna: *por el departamento de ... se dictarán las órdenes oportunas.*

Como pasiva tiene un sujeto, que concierta con el verbo de modo que las construcciones plurales correctas son concertadas

se alquilan **apartamentos**
se venden **botellas**

Sólo los verbos transitivos admiten la construcción pasiva, pero no todos. Al hablar de la construcción circunstancial sin preposición se puso como ejemplo

se pesan sesenta kilos en la báscula

en vez de *sesenta kilos son pesados*, para el caso de *sesenta kilos* como objeto directo de la activa. La elección de la pasiva refleja es general cuando el sujeto paciente es inanimado, aunque los ejemplos de pasiva perifrástica aumentan en el lenguaje descuidado (noticias de prensa, especialmente) y frecuentemente en las malas traducciones de textos ingleses.

Por último, hay que tener en cuenta que la diferencia entre el agente de la pasiva y un circunstancial es, a veces, muy pequeña y que formalmente pueden ser idénticos.

fue reparada por orden de Almanzor

es un ejemplo en el que *por orden de Almanzor* es un circunstancial de causa, no un agente, porque es imposible

la orden de Almanzor reparó la fortaleza

Con los instrumentales es casi imposible decidir:

la noticia fue divulgada por la prensa

puede corresponder a estas dos activas: *la prensa divulgó la noticia* y *alguien divulgó la noticia por medio de la prensa*. El segundo caso es instrumental.

Un tipo especial de construcciones en las que hay variación en la estructura del predicado son las construcciones con el verbo

ser + sintagma preposicional

Estas construcciones, básicas en la gramática española, del tipo

esa imprenta es de Madrid

equivalen aproximada, pero no totalmente, a construcciones de predicado nominal:

esa imprenta es madrileña

Esta equivalencia es mucho más aproximada cuando el sujeto tiene el rasgo (+ animado), es decir, es un ser animado: *ese chico es de Sevilla = ese chico es sevillano*. Hay ocasiones, sin embargo, en la que la equivalencia no se produce, porque no existe el adjetivo correspondiente:

este niño es de la vecina
Calisto fue de noble linaje.

5. Composición y análisis de diferentes estructuras atributivas y predicativas

Guía para la realización de ejercicios

1. En relación con la **oración simple,** deben construirse oraciones simples atendiendo al hecho de que en español hay sólo siete tipos básicos: todos los demás arrancan de combinaciones de éstos:

   Esta persona era Rodolfo.

   La noche era clara/ la noche estaba clara.

   Calisto fue de noble linaje.

   Este caballero bajaba.

   Leocadia contó las sillas.

   La vista caía a un jardín.

   Fernández refuerza la maroma en la barra.

   Deben construirse oraciones como éstas y ver después sus posibles combinaciones, sustituciones como la de sintagma preposicional y adjetivo, activa por pasiva, objeto directo y agente, y similares (incluida la pronominalización), es decir:

   Leocadia las contó.

   La vista caía allí.

   Se refuerza la maroma.

   La maroma es reforzada por Fernández.

2. En estas oraciones deben señalarse el sujeto y el predicado y, luego, los elementos de ambos, aplicando los conocimientos adquiridos en páginas anteriores:

sujeto		*predicado*	
Fernández	**refuerza**	**la maroma**	**en la barra**
N. del S.	N. del P.V.	OD	C. circunstancial

3. Análisis: Los textos de este capítulo y de capítulos anteriores ofrecen una buena base para el análisis de oraciones simples. Al mismo tiempo, pueden aprovecharse fragmentos breves de textos medievales, para buscar en ellos construcciones similares o diferentes y hacerse una idea de la evolución histórica del español. También es útil buscar otros textos contemporáneos característicos, como los de Azorín, de los que más adelante se ofrecerán otras muestras.

VII. ORACIÓN SIMPLE Y ORACIÓN COMPLEJA

1. Estudio de las relaciones oracionales como forma de expresión de contenidos lógico-semánticos
2. Tipología de las oraciones complejas
3. Diferentes modos de expresión de los distintos matices de las adverbiales
4. Ejercicios

1. Estudio de las relaciones oracionales como forma de expresión de contenidos lógico-semánticos

Si, desde el punto de vista lógico-semántico, la oración es la expresión de un juicio, no cabe duda de que la expresión del pensamiento será una concatenación de oraciones, como corresponde a una cadena de ideas. En el siguiente texto, que es una versión modernizada de un cuento del **Conde Lucanor** de don Juan Manuel, del siglo XIV, se encuentra un variado muestrario de relaciones oracionales y semánticas.

Cuando el rey oyó esto, creyendo que era otra burla, se enfureció tanto que se le echó encima, queriéndolo tomar por los cabellos. Al ver esto, el portero no quiso darle un mazazo, pero le dio un buen golpe con el mango y lo hizo sangrar por varías partes. Cuando el rey se sintió herido y vio que el portero tenía una buena espada y una buena maza, como él no tenía ninguna cosa con qué defenderse, pensó que el portero estaba loco y, si le decía algo más, lo mataría, por lo cual decidió irse a casa de su mayordomo y esconderse hasta que estuviera curado, después se vengaría de todos aquellos traidores que tanto lo habían deshonrado.

Cuando llegó a casa de su mayordomo, si le había ido mal en su casa con el portero, peor le fue en casa de su mayordomo, por lo cual se dirigió, lo más ocultamente que pudo, a las habitaciones de la reina, su mujer, pensando en que todos estos males le venían, con seguridad, porque sus súbditos no lo reconocían. Estaba seguro de que, aunque todo el mundo lo desconociera, no ocurriría lo mismo con su esposa. Cuando llegó ante ella le relató cuánto mal le habían hecho y le aseguró ser el rey; ella, sospechando que si el rey, ya en palacio, supiese que escuchaba tales palabras, se molestaría mucho, ordenó apalearlo y que después echasen de palacio a aquel loco que decía tales barbaridades.

El desventurado rey, al verse tan despreciado, no supo qué hacer y se asiló en un hospital, muy mal herido y apesadumbrado, durante muchos días.

Las distintas oraciones que se unen en una oración compleja se llaman también *proposiciones*, aunque no es imprescindible usar este término.

La primera oración compleja del texto copiado arriba abarca desde *cuando* hasta *cabellos*. Se expresan en ella las siguientes relaciones:

Cuando el rey oyó esto: **temporal.**
creyendo: **circunstancial modal**, de gerundio.
que era otra burla: **completiva.**
se enfureció tanto: **principal** o **central**, o **no-marcada.**
que se le echó encima: **consecutiva** (ponderativa).
queriendo: **circunstancial modal**, de gerundio.
lo tomar por los cabellos: **completiva**, de infinitivo.

Las **formas no personales del verbo** o **formas nominales, especialmente el gerundio y el infinitivo, pero también el participio,** pueden constituir elementos de oraciones complejas, y llevar, como núcleos, sus propios complementos. Así, *lo* es objeto directo de *tomar* y **por los cabellos** circunstancial (de lugar), dependiente también de *tomar*.

A lo largo de nuestro texto se multiplican las relaciones entre oraciones:

pero le dio un buen golpe: **adversativa**

como él no tenía ninguna cosa: **causa**

con que defenderse: **adjetiva, de relativo**

estaba loco y lo mataría: **coordinadas, copulativas**

por lo cual decidió: **sustantiva, de relativo**

si le había ido mal en su casa: **condicional**

porque sus súbditos no lo reconocían: **causal**

Estas relaciones no son siempre nítidas, sino que pueden mezclarse dos o más matices significativos, por lo cual, desde el punto de vista *semántico*, la clasificación es compleja y permite combinaciones como causal-modal, causal-consecutiva y otras.

2. Tipología de las oraciones complejas

Dada la variedad de matices semánticos, es preferible distinguir las oraciones relacionadas en una oración compleja con dos criterios. Uno, de tipo **funcional**, debe decirnos si tienen una función equivalente a la de un sustantivo (primaria), adjetivo (secundaria) o adverbio (terciaria), es decir, si son

Sustantivas

Adjetivas

Adverbiales

El segundo criterio es el **semántico**, que atiende a las relaciones lógicas: causalidad, condicionalidad, circunstancias de lugar, tiempo, modo, comparación, o consecuencia, por un lado, o a la unión, intersección, disyunción, restricción, y factores similares de la construcción del razonamiento.

Prescindimos de la división tradicional en *oraciones coordinadas* y *oraciones subordinadas*, de la que se volverá a hablar en el capítulo siguiente, porque no se encuentra, en las corrientes actuales de estudio de la lengua, una explicación para esta diferencia tradicional: puede señalarse que algunas de las subordinadas tradicionales, como las consecutivas, tienen un elemento en la llamada *principal* (que se podría llamar *central* o aglutinante, no-marcada, puesto que es la que no va precedida de conjunción o locución adverbial-conjuntiva). Basta con decir que las *coordinadas tradicionales* son dos oraciones vinculadas de modo que *ninguna desempeña una función dentro de la otra*, como se estudiará en el capítulo siguiente.

La clasificación **funcional**, como se decía, atiende a que desempeñen las funciones que desempeñaría un *sustantivo*, como núcleo del sintagma nominal, un *adjetivo*, o un *adverbio* o equivalente *adverbial*. Con ello se mezclan cuestiones formales, que afectan especialmente al papel que en ellas desempeñan los *relativos*. Estos formalismos dan lugar a algunas interferencias, que se señalarán:

Sustantivas

Llamadas, a veces, *completivas*, en realidad sólo merecen este nombre cuando desempeñan una de sus funciones posibles, la de objeto directo. *Formalmente* se caracterizan así:

Con verbo en infinitivo.

Introducidas por *que* "completivo", o *si*, en caso de duda.

Interrogativas indirectas.

Las oraciones de *el, la, lo, los, las* + **que** (complicadas con las adjetivas o de relativo).

En algunas ocasiones, como se verá, puede faltar el elemento de unión con la oración no-marcada o "principal", es decir, el nexo. Veamos ahora ejemplos de sus distintas funciones:

Sujeto: ***Que llegamos tarde*** es seguro.

Objeto directo: Quiero ***que vengas.***

Predicado nominal: Esto *está **que arde.***

En un **sintagma preposicional** dependiente de:

Un *sustantivo: La idea **de que me prestara dinero*** falló.

Un *adjetivo: Cansado **de que lo insultasen,*** dimitió.

Un verbo: Me alegro ***de que haya venido.***

Cuestiones formales

Las proposiciones sustantivas van generalmente introducidas por **que**, cuando las oraciones son *aseverativas*, o por **si**, en oraciones *dubitativas:*

> vio **que** *tenía la garganta abierta*
> vea **si** *tiene la garganta abierta*
>
> *H. Quiroga*

Cuando el sujeto de la principal es el mismo de la sustantiva, el verbo de ésta puede ir en infinitivo

> **pienso** *que lo haré* **/ pienso** *hacerlo*
> **quiero** *salir* (es imposible: ***quiero que yo salga**)

Esta posibilidad existe también cuando la proposición sustantiva, aunque tenga distinto sujeto de la principal, es causada por ella:

el capataz mandó *cubrir aguas*

el capataz mandó que *cubriesen aguas*

Un tercer tipo de proposiciones sustantivas está formado por las que se unen a la principal sin ninguna clase de nexos. A veces se puede compensar esta falta de nexo por un cierto rigor en el orden de las palabras en la frase; así en los ejemplos de E. Benot:

se asegura desembarcará *mañana el presidente*

pero no:

*se asegura el presidente desembarcará mañana

Estilo directo y estilo indirecto

Una de las posibilidades más frecuentes de que la proposición sustantiva no vaya precedida de nexo se da en el caso de *estilo directo:* el verbo de la principal es un verbo de *pensamiento* o de *dicción* (**pensar, decir**, etc.) y la proposición sustantiva reproduce literalmente lo dicho o lo pensado:

Dejadme libre, dejadme que le mate — decía.

lo dicho, literalmente   verbo de decir

J. Valera

En el *estilo indirecto,* en cambio, no se reproduce textualmente lo dicho o pensado, sino que se cuenta lo que se ha dicho o pensado, generalmente introducido por **que** o **si**, como es habitual en las proposiciones sustantivas:

puso el grito en el cielo diciendo *que iba a tomar venganza*

J. Valera

aunque puede faltar el nexo: |

te ruego | *regreses pronto*

F. Lázaro

Interrogativas indirectas

Una clase especial del estilo indirecto es la *Interrogativa indirecta,* precedida de una forma interrogativa o las partículas **que si** o **si**. Es conveniente no confundirlas con oraciones de relativo o adverbiales muy similares, pues sólo se distinguen en el carácter inquisitivo de las interrogativas indirectas:

espera/que le digamos/cuál restaurante hemos decidido

García Hortelano

principal/sustantiva/sustantiva interrogativa indirecta

les pregunté que dónde pensaban practicar a aquellas horas

García Hortelano

les pregunté si lo sabían
no dijo quién vendría

Proposiciones intermedias entre las sustantivas y las de relativo o adjetivas

Hay dos tipos de proposiciones que tienen en común con las sustantivas la función propia de un sustantivo que desempeñan y con las adjetivas el ir introducidas por un relativo. Se trata de las proposiciones con las formas *el, la, lo, los, las + que* y de las proposiciones de *quien, lo cual, cuanto = todo lo que.*

En el caso de el ... + *que,* la discusión estriba en el valor de las formas *el, la, lo, los, las.* Algunos gramáticos consideran que el grupo *el que* y similares constituye una unidad, otros opinan que las formas que preceden a *que* son artículos que funcionan como sustantivadores, y no falta quien piense que las formas *el,* etc., son pronombres o restos de antiguos pronombres, y *que* un auténtico adjetivo. Sólo en caso de admitir esta tercera explicación podríamos considerar, con justo título, que estas proposiciones son adjetivas:

Hizo lo que jamás volverá a hacer nadie.

H. Quiroga

Las construcciones con *quien* se consideran adjetivas por ser *quien* un relativo, pero en gran número de ocasiones desempeñan la misma función que un sintagma nominal, por lo que deberían ser consideradas sustantivas:

Desgraciadamente, al segundo día fueron hallados por quienes los buscaban.

H. Quiroga

Ambos casos son, por lo menos, discutibles. En cuanto a *lo cual,* introduce **s**ustantiva**s**, porque no es modificador de **sustantivo**, sino núcleo, igual que **cuanto**.

Adjetivas

Desempeñan el papel de un adyacente o modificador del sustantivo, que es, como sabemos, núcleo del sintagma nominal. Formalmente se dividen en tres grupos:

De relativo $\begin{cases} \text{propias} \\ \text{circunstanciales} \end{cases}$

De participio
De gerundio

Adjetivas de relativo

Hablaremos en primer lugar de las *propias,* que se caracterizan por ir introducidas por los relativos *que, el cual, la cual* (no ***lo cual***, como queda dicho), *suyo.* En el grupo anterior hablamos, además, de la situación intermedia de *quien, lo cual* y *el, la, lo + que.*

Los relativos que introducen estas oraciones tienen la doble función de servir de nexos y de tener un oficio dentro de su oración (sujeto, objeto, etc.). Estos relativos se refieren a un elemento que es su referido. Si se ha expresado el referido (también llamado *referente*) antes que el relativo, se trata de un *antecedente*, y la referencia es *anafórica*, si se expresa después, se llama *consecuente*, y la referencia es *catafórica*:

Anáfora: **el libro que** *está encima de la mesa.*

Catáfora: la catáfora no se da, salvo por efecto estilístico, en las propiamente adjetivas, sí en las sustantivas con *el que, quien* o *cuanto,* **quien** *ha venido* **es Nicolás.**

Del mismo modo que los adjetivos se dividen en *especificativos* y *explicativos*, también las oraciones adjetivas son *especificativas* o *explicativas*, con las mismas características semánticas, o sea, carácter *diferenciador* o *seleccionador* de las especificativas, e insistencia en una *cualidad no diferencial* en las explicativas. Así, nos encontramos con una división paralela:

Especificativas o *diferenciadoras*: junto con su antecedente forman un grupo estrechamente unido por su significado; se construyen sin pausas y se escriben sin comas:

La muchacha que compró el cuadro salió.

En esta oración se especifica que, de todas las muchachas salió una, precisamente la que compró el cuadro.

Explicativas o *incidentales*: matizan el significado del antecedente, pero sin el carácter diferenciador o seleccionador de las especificativas. La unión de la proposición adjetiva y su antecedente no es tan estrecha, y ello se refleja en que están separados por pausas en la articulación y por comas en la grafía:

La muchacha, que compró el cuadro, salió.

En esta oración sólo se nos dice que la muchacha compró el cuadro, pero no se utiliza este hecho para diferenciarla de otras muchachas. Es decir, si continuáramos la frase, veríamos que es imposible utilizar la explicación y la especificación indistintamente:

Posible: *La muchacha que compró el cuadro, salió, las demás siguieron viendo la exposición.*

Imposible: * *La muchacha, que compró el cuadro, salió, las demás ...*

A menos que previamente hubiéramos diferenciado en el contexto esta muchacha de las otras sería imposible la segunda oración.

Circunstanciales de relativo

Con los llamados *adverbios relativos, donde, cuando* y *como,* se construyen unas oraciones circunstanciales, que se diferencian de las adverbiales propiamente dichas en que estos adverbios relativos llevan un *antecedente*, del que carecen las adverbiales (que, como veremos, pueden también construirse con estos adverbios, pero, insistimos, sin *antecedente):*

no me dijo la casa donde vive (relativa)

no me dijo dónde vive (sustantiva: interrogativa indirecta)

fuimos donde vive

fuimos adonde vive } (adverbiales)

Se trata, como se ve, de un problema delicado, en el límite entre estas tres categorías funcionales.

El cuarto adverbio relativo, *cuanto*, plantea un problema especial de acuerdo con los ejemplos posibles:

Sustantiva. *cuanto = todo lo que: cuanto digas se usará contra ti.*

Adverbial. *en cuanto = cuando: en cuanto pueda te veré.*

De participio y gerundio

Son adjetivas las oraciones de participio y gerundio cuando estas formas nominales son adyacentes a un sustantivo o equivalente.

Participio:

Vivir con los ojos *abiertos a la realidad* es conveniente.

Gerundio:

En aquel cuadro aparecían mujeres *lavando ropa.*

Esta interpretación como adjetivas es posible si las igualamos a:

Vivir con los ojos que se abren a la realidad **es** *conveniente.*

En aquel cuadro aparecían mujeres que lavaban ropa.

Las construcciones de gerundio son muy conflictivas y es aconsejable huir de ellas, a menos que se dominen los recursos estilísticos para evitar el llamado *gerundio del Boletín Oficial del Estado,* que había desaparecido de este órgano oficial, y que, por el descuido de sus responsables volvió a aparecer: *orden disponiendo, disposición derogando,* etcétera.

Hay casos, también, en los que las oraciones de participio y gerundio no son adjetivas, sino *adverbiales*:

Temporales: *terminada la fiesta,* todos se fueron a casa = *cuando terminó ...*

Condicionales: *estando tú conforme,* no hay problema = *si estás tú conforme ...*

Debe observarse que, cuando son adverbiales, no son modificadores o adyacentes de ningún sustantivo situado en otra oración.

Al hablar de los tipos anteriores hemos ido viendo que los límites entre un grupo y otro no eran claros; pero, en general, se destacaba el hecho de que las adverbiales admitían una gran variedad formal, lo que las hacía coincidir formalmente con otros tipos, pero *sin antecedente* o vinculación **directa** como **adyacentes** a un sintagma nominal. También hemos discrepado de la condición de subordinadas que se les atribuye, de manera que no las separaremos en dos clases. En algunos tipos, como las finales y las causales y consecutivas, se plantean problemas que replantearemos en el apartado siguiente. Terminaremos éste con la enunciación del conjunto, en tres grandes clases de **relación**, con nueve **tipos semánticos** y distintas **expresiones formales**:

Relación	Tipo semántico	Expresión dominante
Circunstancial	Espacio Tiempo Modo	Adverbial
Cuantitativa	Comparativas Consecutivas	Adverbial
Causativa	Condicionales Concesivas Causales Finales	Conjuntiva, a veces adverbial

3. Diferentes modos de expresión de los distintos matices de las adverbiales

RELACIÓN CIRCUNSTANCIAL

El principal problema de este grupo es su distinción de las adjetivas. Esa distinción consiste en que las adverbiales carecen de un antecedente real.

Se denominan proposiciones de relación *circunstancial* las de *lugar, tiempo y modo*.

Los tres tipos coinciden en su preferencia por el verbo en indicativo para pasado y presente y en subjuntivo para el futuro; preferencia, que no exclusividad.

Las de *lugar* se construyen con el adverbio relativo **donde,** *sin antecedente expreso, a veces* precedido de preposición: **adonde, de donde, por donde, hacia donde, hasta donde, en donde:**

Encendimos la hoguera en donde no lo estorbase el viento (= en el lugar en el que).
Aquí es donde nació Lucita (= el lugar en el cual).

Las *temporales* sitúan la acción principal en el tiempo, pero no por las partículas introducidas, sino por los tiempos del verbo. Pueden ir introducidas por el adverbio relativo **cuando,** por **mientras, apenas,** locuciones como **tan pronto como,** locuciones con **que** del tipo **luego que, antes que, hasta que** y similares.

Las proposiciones temporales pueden llevar el verbo en infinitivo.

Al ver a Alberto se puso en pie.

R. Pérez de Ayala

En una creciente del Alto Paraná se encuentran muchas cosas antes de llegar a la viga elegida.

H. Quiroga

Las posibilidades temporales son las siguientes:

Anterioridad:

Antes que hablara se reía la gente

Sucesión inmediata:

Luego que hablaba se reía la gente
En cuanto hablaba se reía la gente
Tan pronto como hablaba se reía la gente

Sucesión mediata:

Después que hablaba se reía la gente

Reiteración:

Siempre que hablaba se reía la gente

Las *modales* precisan la manera de realizarse la acción principal. Llevan las partículas **como** y **según:**

Como se ve, Cervantes no conoce límites para la libertad de quienes mutuamente se aman.

A. Castro

Según se ve ...

En el caso de **según** es frecuente la elisión del verbo de la modal cuando se trata de un verbo de pensamiento o dicción:

Según Américo Castro, Cervantes no es un 'ingenio lego' = según dice ...

Las proposiciones modales están relacionadas con otros tipos:

Las *comparativas de modo* se construyen con estas correlaciones:

$$\left. \begin{array}{l} \textbf{así} \\ \textbf{bien así} \\ \textbf{tal} \end{array} \right\} \textbf{como}$$

o bien:

$$\left. \begin{array}{l} \textbf{así} \\ \textbf{tal} \end{array} \right\} \textbf{cual}$$

Las *modales condicionales* van introducidas por **como si**:

lo quería como si fuese su hijo

RELACIÓN CUANTITATIVA

Comparativas

Las *comparativas* y las *consecutivas* (que se estudiarán a continuación) constituyen el grupo de las *cuantitativas*; corresponden a los adverbios de comparación y cantidad.

Las comparativas se refieren a *cualidad* o *cantidad*. Pueden ser de *igualdad*, de *superioridad* o *de inferioridad*. Las partículas se construyen correlativamente, una en la principal y otra en la subordinada; por ir ligadas al *grado* de los adjetivos, puede ir un adjetivo con modificación de grado en el primer término de la comparación.

Otra de sus peculiaridades es la posibilidad de suprimir el verbo de la subordinada cuando es el mismo de la principal.

Comparativas de igualdad

De cualidad:

$$\textbf{tal ...} \left\{ \begin{array}{l} \textbf{cual} \\ \textbf{como} \end{array} \right.$$

igual ...   que

lo mismo ...   que

Tal lo hizo, cual lo deseaba.

De cantidad:

tanto
todo } **... cuanto**

tanto (tan)
tal   } **... como**
igual   **... que:**

Recogió tanto { **cuanto**
pudo
como

En estas comparativas de igualdad es frecuentemente innecesaria la presencia expresa de antecedente:

que duerma cuanto quiera

el chico es (tan) estudioso como esperábamos

Comparativas de superioridad

más ... que (de)

adjetivos en grado comparativo ... que (de)

corre los doscientos mejor que los cuatrocientos

me han dejado más sola que a un gato

García Hortelano

Comparativas de inferioridad

menos ... que (de)

adjetivos en grado comparativo ... que (de)

es menos inteligente de lo que pensábamos

es peor que su amigo

Consecutivas

Como las anteriores, pertenecen a la clase de las *cuantitativas*. La consecuencia se deduce de la intensidad con que se manifiesta una *cualidad, circunstancia o acción*.

Los antecedentes, que a veces se omiten, son **tanto, tan, tal, de modo, de manera, en grado** y similares.

La consecuente va introducida por **que**:

habla (de tal modo) que maravilla a todos

Se diferencian de las comparativas en su carácter *ponderativo*. El principal riesgo de confusión está entre las consecutivas y las comparativas de igualdad introducidas por **tanto**. Las consecutivas van introducidas por **que**, las comparativas no:

Tengo tanto pan como vino (= comparativa).

E. Benot

Posee tanto dinero que no tiene tiempo para contarlo (= consecutiva).

E. Benot

Las diferencias pueden reducirse al mínimo, como en el siguiente ejemplo de proposición, consecutiva por el **que**, comparativa por el **cuanto**

Lo creo tanto menos, cuanto que no es hombre de bien.

E. Benot

Estas consecutivas deben diferenciarse de otro tipo, emparentado terminológicamente: las *causales consecutivas*, que expresan una relación causal a partir de la consecuencia, relación que, por tanto, no es cuantitativa, sino causativa. Las estudiaremos en un último tipo.

RELACIÓN CAUSATIVA

Estudiamos en este grupo los cuatro tipos de relación más compleja, puesto que la vinculación de una oración a otra aparece generalmente como necesaria: a) una causa produce un efecto, b) se hace algo para producir un efecto, es decir, con una finalidad determinada, c) se supone el cumplimiento de una condición para que se produzca lo enunciado en la oración condicionada, d) se produce esa relación de causa a efecto a pesar de un obstáculo. Como es grande la riqueza de matices semánticos es grande también la de formas y variantes de estas oraciones que ahora estudiamos.

Causales

Expresan una relación *de causa a efecto*, es decir, señalan siempre la causa por la que se produce, ha producido o producirá un efecto, un resultado.

Al prescindir aquí de la distinción entre coordinadas y subordinadas se evita una distinción compleja en las causales, si bien podemos señalar otra: la que existe entre la expresión de efecto físico o material; relación necesaria: *las plantas son verdes porque tienen función clorofílica* (y no por otra razón); efecto considerado mentalmente; relación lógica: *no ha venido porque está enfermo* (o por otra razón: está ocupado, disgustado, etc.).

La conjunción causal más empleada es *porque*, pero pueden emplearse buen número de conjunciones y locuciones, como:

Que, pues, pues que, puesto que, supuesto que, de que, ya que, como, como que:

No te me pongas tonta, que no tengo ganas de ahora discutir.

Sánchez Ferlosio

El error moral se aloja fácilmente en quienes pasan por cuerdos, ya que sus raíces ... pueden envolverse en aparente discreción.

Américo Castro

Encendiósele la cólera, y como no la pudo vengar en v. m ... descargó sobre mí el nublado.

Cervantes

Fue meramente porque no quisieron.

Cadalso

Un tipo especial de *causales* son las *consecutivas-causales* o *causales inversas*, producidas por inversión de las causales:

Causal: Causa $\Rightarrow$ Efecto: *no salí porque llovía mucho.*

Consecutiva: Consecuencia $\Rightarrow$ Causa: *llovía mucho, no salí, pues.*

En último lugar, dentro de las causales, tendríamos las *causales-hipotéticas*, introducidas por la locución **por si**:

Te lo digo por si no lo sabes = te lo digo porque acaso no lo sepas.

En ellas se expresa una relación de causa a efecto, atenuada por una restricción mental, que se expresa con forma condicional o dubitativa.

Finales

Los límites entre las *finales* y las *sustantivas* son discutibles. Las proposiciones finales, como las sustantivas aseverativas, van introducidas por la partícula **que**, pero precedida de las preposiciones **a** o **para** o de locuciones prepositivas como **a fin de**, **con la intención de** y similares. También coinciden finales y sustantivas en que cuando el sujeto de la final es el mismo que el de la principal, la proposición final puede llevar el verbo en infinitivo (en ese caso desaparece el nexo **que**).

llévatelo *para que adornes esa pared*

llévatelo *para adornar esa pared*

Las proposiciones finales con forma verbal flexiva llevan el verbo siempre en subjuntivo.

No se debe confundir el hecho de que estas proposiciones vayan introducidas por **a** o **para** con una función de objeto indirecto: no son objeto indirecto y nunca pueden ser sustituidas por las formas pronominales de dativo **le, les.**

La expresión de la finalidad, o intención del hablante, supone temporalmente, un futuro, puesto que la acción de la final se enfoca con posterioridad a la de la "principal": ahora *te lo llevas,* después *adornarás la pared.* Esta consideración es la que explica el empleo del subjuntivo. La relación con las sustantivas, por la posible sustitución o equivalencia con un sustantivo: llévatelo para *adorno,* es lo que explica la posibilidad de usar un infinitivo, y sus contactos con las sustantivas. Su valor semántico es de adverbial o circunstancial, y por ello la colocamos en este grupo. Las situamos en las causativas porque la intención supone un cierto tipo de relación causal: la *intención* de adornar la pared es la *causa* de llevárselo.

Condicionales

Con estas oraciones, que constituyen el llamado *período hipotético,* se expresa una relación causativa entre una exigencia o *condicionante* y una consecuencia del cumplimiento de esa exigencia o *condicionado.*

El español actual no dispone de medios formales para expresar todos los matices semánticos posibles (otras lenguas, como el latín, o el mismo castellano medieval, eran más ricas en recursos formales). Así, aunque es distinta la condición **real** y **física** de:

si aumenta la temperatura, sube el mercurio en el termómetro

de la condición *meramente* **lógica** y **contingente**, pues puede o no cumplirse lo condicionado, en el plano de lo real:

si vienes, te veré

porque de la venida de alguien no se deduce que sea visto del mismo modo que se deduce del aumento de la temperatura la subida de la columna de mercurio. Sin embargo, la expresión es la misma, con *indicativo* en las dos oraciones.

Por ello, para la lengua actual, desde el punto de vista *formal,* hay que distinguir las condicionales en *indicativo* (en la condición), con algunas excepciones, como veremos en el cuadro, y condicionales en *subjuntivo* (al que se unen los tiempos condicionales o formas en -**ría**). Como el uso de los modos es complejo, es preferible, por comodidad, adoptar la convención de *condición real* y *condición irreal*.

La conjunción condicional por excelencia es **si,** con arreglo a la cual se construirá el esquema de las condicionales; pero hay muchos modos de introducir una condición, que se verán más tarde.

CONDICIÓN REAL O CUMPLIDA

Se incluyen en este grupo las condiciones *físicas* y las lógicas o contingentes. Por ello se definen como la condición que el hablante considera como real, es decir, aquella en la que el hablante cree que, si se cumple la condición, se cumple también lo condicionado:

CONDICIÓN	CONDICIONADO
Siempre tiempos de *indicativo*	Indicativo (menos *hubo -do*)
(menos *hubo -do*, los futuros,	Imperativo.
y los tiempos en -**ría**)	Subjuntivo (menos los futuros)
Si vienes,	*estaremos todos*
Si es menester,	*échele Su Reverencia un buen sermón*
Si quieren,	*háganlo*
Si venía,	*lo decía*
Si ha venido,	*ya te lo habrán dicho*
Si me había despertado,	*me gustaba ver amanecer*

CONDICIÓN NO REAL O NO CUMPLIDA

En este grupo se incluyen las condiciones que, por no haberse cumplido en el pasado, son *irreales* y aquellas otras que se presentan como que no se van a cumplir, es decir, consideradas irreales por el hablante. Esto permite distinguir, por el tiempo verbal: *si hubiera venido te lo habría dicho* (pasado y condición no cumplida), y *si viniera te lo diría* (no pasado, condición que puede cumplirse, pero que el hablante presenta como si no se fuera a cumplir). Debe observarse también que, en relación con el pasado (tipo *hubiera -do*), no se trata de que realmente se haya cumplido la condición, lo que importa es que el hablante la presenta como no cumplida: en efecto, si digo *si hubiera venido* ... puede suceder que efectivamente haya venido o que efectivamente no haya venido, si ha venido oculto la verdad, y actúo como si no hubiera venido; si no ha venido, mi condición y la realidad coinciden en su visión de condición no cumplida.

CONDICIÓN	CONDICIONADO
Siempre tiempos de *subjuntivo*	Subjuntivo (menos presente,
(tiempo pasado: *hubiera/se -do,*	perfecto y futuro, y la forma en **-se**)
(tiempo no-pasado: **-ra/-se**)	Indicativo en **-ría**
Si lo hubiera/se sabido.	*no habría venido*
	no hubiera venido
Si el güisqui crease charca	*tendría yo ranas en el estómago*
Si lo hiciera/se,	*lo diría*
	lo dijera (anticuado en algunas zonas, activo en otras, como México)
Si tu padre viviera,	*él te lo dijera mejor que yo.*

LA CONSTRUCCIÓN ARCAIZANTE DE LA CONTINGENCIA

Para expresar la contingencia, es decir que la condición puede o no cumplirse, o sea, que no se considera que necesariamente la condición vaya a cumplirse o a dejarse de cumplir, persiste en algunas zonas del español, y en algún tipo lenguaje, muy elaborado y formulario, el uso de los futuros de subjuntivo, o futuros hipotéticos en **-re:**

Si así lo hicieres,	*Dios te lo premie.*
Si viniere,	*lléveselo en buena hora.*
Pero si Filis por aquí tornare,	*hará reverdecer cuanto mirare.*

USOS VULGARES

Característico de ciertas regiones del Norte de España, pero también extendido a América, es el uso del condicional o indicativo en **-ría**, en la condición:

vulgar: *Si* **vendría** (por *si viniere*), *lo vería*

Si **habría venido,** *lo habría visto* (por *si hubiera venido* ...).

También es vulgar el uso de *-se* en lo condicionado, donde sólo puede usarse la forma de **-ra**. Este vulgarismo está más extendido en la forma compuesta, porque en la simple domina el tiempo en **-ría.** Se explica, como la anterior, por la tendencia a la simetría en la construcción de las dos oraciones del período hipotético:

vulgar:	*Si lo hubiese sabido,*	*no* **hubiese** (por *hubiera*) *venido.*
	Si lo supiera/se,	*no lo* **dijese** (por *dijera*, o *diría*).

OTRAS MANERAS DE INTRODUCIR LA CONDICIÓN

— Por medio de *como, cuando, siempre que, ya que, con tal que. con sólo que, con que:*

Con que llegues un cuarto de hora tarde, me conformo

Lo haré siempre que estés dispuesto a ayudarme

Cuando lo hagas lo haré yo

(relacionado con el valor temporal)

— Con formas no personales:

Infinitivo: *De no venir, me enfadaré.*

Gerundio: *Ayudando Dios, saldremos del paso.*

Participio: *Dado que ataquen, nos defenderemos.*

— Sin nexo condicional alguno (ejemplos de E. Benot):

Tuviese yo dinero y compraba el palacio

Hubiera comprador y vendía yo mis libros

Tuviéramos ahora periódicos independientes y denunciáramos tales abusos

Concesivas

El último tipo de las adverbiales causativas es el de las concesivas. En esta oración compleja se relacionan también dos oraciones o proposiciones: la **marcada** o introducida por conjunción o locución concesiva presenta un obstáculo que no impide la realización de la ***no-marcada* o** "principal":

Aunque llueva, *saldremos*

Se trata, por tanto, de una condición inoperante, desdeñable, de modo que hay una relación entre las condicionales y las concesivas.

Las concesivas están también relacionadas con un tipo de *coordinación* restrictiva o parentética, que veremos en el capítulo próximo, y que es la *adversativa*. El criterio de distinción es que, si se trata de *adversativas*, la conjunción que marca necesariamente a una de las oraciones puede sustituirse por *pero*. Esta confusión es especialmente posible con *aunque*, conjunción adversativa y concesiva. También hay que señalar que las adversativas se construyen en indicativo y las concesivas en indicativo y subjuntivo, por lo que la confusión sólo se plantea entre adversativas y concesivas en indicativo. La distinción, por tanto, de tipo semántico, nos muestra, una vez más, la inutilidad del intento de separar la coordinación de la subordinación:

Adversativa*: son muy ricos, aunque (= pero) no lo parecen.*

Concesivas: *son muy ricos, aunque (= a pesar de que) no lo parecen.*

son muy ricos aunque no lo parezcan (subjuntivo).

Al igual que las condicionales, las concesivas van introducidas por una gran cantidad de formas, además de la conjunción concesiva por excelencia (luego pasada también a adversativa), **aunque**:

– *Así, si bien, aun cuando, como, siquiera, a pesar de que, bien que, mal que.*
– Verbo reiterado y separado por un relativo: *sea lo que sea, caiga quien caiga.*
– Adverbio *aun* + gerundio.
– *Imprecación* + relativo.

aunque llueva, saldremos
aun lloviendo, saldremos
llueva lo que llueva, saldremos
a pesar de que llueva, saldremos
maldito sea lo que llueva, saldremos

4. Ejercicios

1. Clasifíquense las oraciones del texto siguiente (puede haber más de una):
   1) Modal:
   2) Completiva o sustantiva:
   3) Estilo indirecto:
   4) Estilo directo:
   5) Final:
   6) Comparativa:
   7) Adjetiva o de relativo:
   8) Temporal.

EL TÚNEL

Como decía, me llamo Juan Pablo Castel. Podrán preguntarse qué me mueve a escribir la historia de mi crimen (no sé si ya dije que voy a relatar mi crimen) y, sobre todo, a buscar un editor. Conozco bastante bien el alma humana para prever que pensaron en la vanidad. Piensen lo que quieran: me importa un bledo; hace rato que me importan un bledo la opinión y la justicia de los hombres. Supongan, pues, que publico esta historia por vanidad. Al fin de cuentas estoy hecho de carne, huesos, pelo y uñas como cualquier otro hombre y me parecería muy injusto que exigiesen de mí, precisamente de mi, cualidades especiales; uno se cree a veces un superhombre, hasta que advierte que también es mezquino, sucio y pérfido. De la vanidad no digo nada: creo que nadie está desprovisto de este notable motor del Progreso Humano. Me hacen reír esos señores que salen con la modestia de Einstein, o gente por el estilo; respuesta: *es fácil ser modesto cuando se es célebre;* quiero decir *parecer modesto.*

E. Sábato

2. Analícense las modalidades (afirmación, negación, interrogación, duda, mandato) en este texto de E. Sábato:

Sin embargo, no relato esta historia por vanidad. Quizá estaría dispuesto a aceptar que hay algo de orgullo o de soberbia. Pero ¿por qué esa manía de querer encontrar explicación a todos los actos de la vida? Cuando comencé este relato, estaba firmemente decidido a no dar explicaciones de ninguna especie. Tenía ganas de contar la historia de mi crimen, y se acabó: al que no le gustara, que no la leyese.

VIII. VALORES EXPRESIVOS DE LOS DIFERENTES TIPOS DE RELACIÓN ORACIONAL

1. Yuxtaposición, coordinación y subordinación
2. Transformaciones posibles
3. Valor de la construcción paratáctica e hipotáctica en la composición de textos
4. Ejercicios

1. Yuxtaposición, coordinación y subordinación

Las proposiciones que se integran en una oración, es decir los distintos elementos oracionales de una oración compleja, pueden relacionarse entre sí de dos maneras:

Polisíndeton: relación por medio de partículas, locuciones, conjunciones o adverbios.

Asíndeton o *yuxtaposición:* no aparece expreso ningún elemento de relación, las distintas oraciones se unen por pausas (comas en la escritura).

En el siguiente ejemplo de yuxtaposición:

> **Quedó sola Leocadia, quitóse la venda, reconoció el lugar donde la dejaron.**
> **Miró a todas partes, no vio a persona.**

> *Cervantes*

no hay ninguna partícula relacionante, con la excepción de **donde**. El empleo de nexos nos hubiera dado, entre otras posibilidades:

> **Quedó sola Leocadia y quitóse la venda; después de ello reconoció el lugar donde la habían dejado. Aunque miró a todas partes, no vio a nadie.**

Como se ve, la yuxtaposición tiene un efecto estilístico de rapidez, elimina estadios lógicos y va más directamente a la acción.

El polisíndeton, en cambio, permite detenerse con morosidad, insistiendo en todos y cada uno de los detalles:

Había traído la peineta y la mantilla y un mantón de Manila.

G. Hortelano

A *v*eces, sin embargo, es necesario, por razones formales, combinar la yuxtaposición y el uso de un nexo. Esto sucede en las copulativas: varias oraciones que se integran en una compleja y que se relacionan igualmente entre sí, con relación lógica de *inclusión,* sólo llevan la conjunción correspondiente (generalmente *y*) antes del último elemento del complejo:

Candiyú esquivó, derivó, tropezó y volcó muchas veces más de las necesarias.

Horacio Quiroga

en lugar de **esquivó, y derivó, y tropezó ...**

La construcción yuxtapuesta, a pesar de la falta de nexos, puede expresar toda clase de matices semánticos, apoyándose en la entonación o en factores contextuales. La influencia de los aspectos fónicos (tono) favorece su empleo en la lengua hablada, pero en la escrita tiene especial incidencia estilística, como veremos en el apartado tercero. Por su mayor simplicidad formal, finalmente, es también característica de los períodos de formación de la lengua, de los textos más simples y arcaicos. No obstante, es necesario advertir que no conviene confundir yuxtaposición y simplicidad, o falta de dominio de la sintaxis. Hemos de ver ejemplos estilísticos complejos logrados sólo con el asíndeton.

Se tratará en primer lugar la construcción de la *coordinación* o *parataxis* y de la *subordinación* o *hipotaxis.*

Se llaman coordinadas las proposiciones que tienen el mismo valor y que se unen para formar una oración compuesta sólo por un nexo, sin que una de ellas pase a desempeñar ninguna función dentro de la otra. Las proposiciones coordinadas son sintácticamente equivalentes:

Fernández se encogió de hombros y silbó.

se representa

Horacio Quiroga

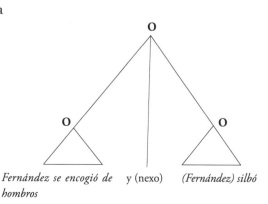

Fernández se encogió de   y (nexo)   (Fernández) silbó
hombros

Las dos proposiciones sólo tienen en común el nexo *y*; el gráfico muestra claramente su independencia en todo lo demás.

Más adelante veremos las distintas clases de oraciones coordinadas.

Cuando decimos que sólo tienen en común el nexo, nos referimos a que una de ellas no forma parte de la otra. Por lo demás, es muy corriente, como en el ejemplo de arriba, que un elemento de una, sobre todo el sujeto, tenga la misma función en la otra. Así, *Fernández* es sujeto de *se encogió* y de *silbó*. En el apartado segundo de este capítulo se verán alguna de estas posibles transformaciones.

La *subordinación* propiamente dicha, en cambio, supone que la oración subordinada funciona como un *elemento* de la llamada principal y, más precisamente, que sustituye a un elemento del sintagma nominal: núcleo o adyacente.

Esta consideración de la subordinación implica que sólo son propiamente subordinadas las **sustantivas** y **adjetivas**, únicas en las que se cumple la condición de sustituir a un elemento de un SN de la oración "principal": las *sustantivas* sustituyen al *núcleo* de un SN, y las *adjetivas* a un *adyacente*.

¿Qué sucede entonces con las *subordinadas adverbiales* de la gramática tradicional? La respuesta es, simplemente, que las adverbiales *no son* subordinadas, sino un tipo de coordinadas, porque no ocupan el lugar de un elemento de la "principal", sino que se relacionan con la "principal" entera; esa relación es una *restricción semántica:* la *adverbial* indica las circunstancias en las que es lógicamente posible la "principal". Esas circunstancias son las relaciones lógicas estudiadas en el capítulo anterior: lugar, tiempo, condición, causa, fin, etcétera.

Esta distinción no es nueva. Ya Amado Alonso y Henríquez Ureña distinguían *inordinadas* de *subordinadas* y consideraban que las primeras eran un elemento de la oración principal. Sus subordinadas, que no quedaban demasiado claras, venían a ser nuestras adverbiales. Nosotros, al reducir la subordinación sólo a la sustantiva y adjetiva, complicamos el esquema de la coordinación, aparentemente, pero ya se verá que las adverbiales entran en una *coordinación restrictiva,* como se señalará oportunamente.

Para aclarar estos conceptos veamos cómo la representación de las subordinadas (sustantivas y adjetivas) es distinta de las adverbiales, y cómo éstas coinciden con las coordinadas tradicionales:

Principal + subordinada sustantiva:

Espera que le digamos.

García Hortelano

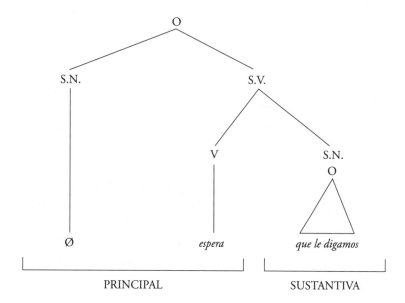

La subordinada sustantiva, en el primer ejemplo, es el objeto directo (**lo espera**), en el segundo es el sujeto (**eso será mejor**).

Principal + subordinada adjetiva:

Es una ocupación que se proporciona.

Juan Valera

equivale a "es una ocupación proporcionada":

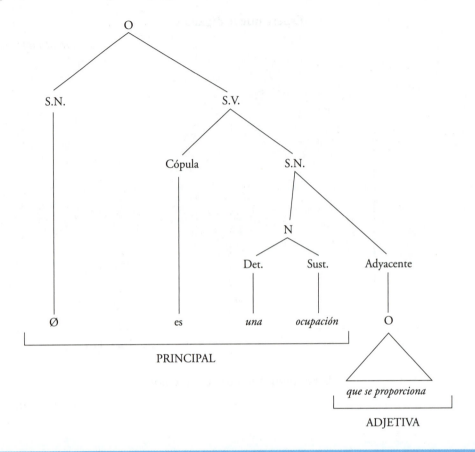

Veamos ahora cómo la **representación** de las *adverbiales* coincide con la de las coordinadas tradicionales.

Ya se dijo que considerar subordinadas a las adverbiales supone mantener una costumbre tradicional que hoy parece discutible. Como se verá en el esquema, la estructura de las subordinadas adverbiales es similar a la estructura de las coordinadas, no a la estructura de las sustantivas ni de las adjetivas. En el nudo superior, para llamar la atención sobre esa diferencia, se empleará el signo griego sigma (Σ).

Si el güisqui crease charca, tendría yo ranas en el estómago.

García Hortelano

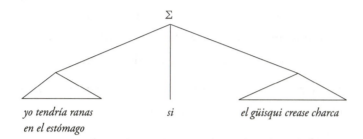

Para advertir que las dos proposiciones tienen el mismo valor, podemos darles esta otra configuración:

El güisqui crea charca |y| yo tengo ranas en el estómago.

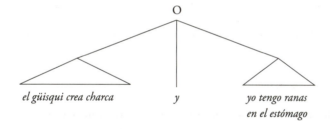

Esta forma /*y*/ no sería exactamente la copulativa, sería más bien una restricción, en el sentido de:

Para que se produzca el hecho de que yo tenga ranas en el estómago, es necesario que el güisqui cree charca.

Las adverbiales, por tanto, no coinciden indiscriminadamente con cualquier coordinada, sino sólo con una clase de estas, las *restrictivas*. Por ello parece conveniente hablar ya de las **tres posibles clases lógicas de coordinación:** la de *inclusión* o *copulativa*, la de *exclusión* o *disyuntiva*, y la de *restricción* o *adversativa*.

Copulativas, de inclusión o adición

Desde el punto de vista *formal*, van unidas por las conjunciones **y, e, ni** y por la arcaica **que.** Esta conjunción copulativa *que* aparece en construcciones fijas, como *dale que* *dale, erre que erre.*

Semánticamente expresan *adición:* el contenido semántico de una proposición se suma al de la otra. Por eso, en su representación lógica, se simbolizan con el signo de la inclusión lógica ($\wedge$): $A \wedge B$.

La conjunción **y** es propia de la *unión afirmativa:* se realiza como **e** cuando la palabra siguiente empieza por **i** vocal (no semiconsonante inicial de un diptongo):

hermosos e inútiles   *Blasco Ibáñez*

es muy justa y me enorgullece   *Blasco Ibáñez*

piedras y hierros, tierra y hierbas, etc.

Cuando varias oraciones coordinadas se construyen una a continuación de otra, sólo la última se une a la anterior mediante la conjunción expresa:

Él lloraba, no sabía qué hacer y llamaba a voces a Cloe.

J. Valera

Sálvate tú, salva a Dafnis, véngame y piérdelos.

J. Valera

La conjunción **ni** es la copulativa que une proposiciones *negativas:*

No se moría nadie en la escena, ni salía gente de luto, ni se lloraba.

Pío Baroja

Para intensificar la negación puede reiterarse **ni**:

El vagabundo, recordando aquellas sabias palabras que aconsejan no meterse en disputas ni con clérigos ni con el consonante, dio los buenos días y se marchó.

C. J. Cela

La conjunción copulativa *y,* una de las más frecuentes, puede aparecer con un valor adversativo o condicional; el primero de ellos es especialmente frecuente en el caso de **y no**:

Eres muy listo y no me engañarás = eres muy listo, pero no me engañarás.

En la clasificación y análisis de las oraciones compuestas parecen tener más importancia los aspectos semánticos que los puramente formales.

Disyuntivas o de exclusión

Por su *forma* se caracterizan por ir unidas por la conjunción **o**, que se realiza como **u** ante palabra que empiece por **o**:

uno u otro, hielos u hogueras

En lo que respecta a su *significado,* son expresiones de juicios autoexcluyentes; cada una de las opciones excluye a la otra:

Al que tiene mujer hermosa, o castillo en frontera, o viña en carretera, nunca le falta guerra.

Refrán antiguo

Puesto que semánticamente expresa *exclusión,* para representarla se utiliza el signo de la exclusión lógica ($\vee$): $A \vee B.$

Dentro de la gran variedad semántica que recubren las distintas formas, sin embargo, la conjunción **o** puede utilizarse, como se dijo antes a propósito de **y,** para expresar distintos matices.

Puede servir para introducir una aclaración, como explicativa:

lililíes, o gritos de guerra de los moros,

con lo que se aclara que, en la pronunciación del árabe hispánico, el *La llah ila Allah* 'no hay sino un Dios; no hay dios sino El Dios', grito de guerra, se pronunciaba *Li llih ili-1-lih.*

Otro posible matiz, de considerable incidencia estilística, porque aparece como rasgo característico de la poesía de Vicente Aleixandre, es el que llama *o copulativo,* es una variante del explicativo, que se podría llamar 'identificador':

La destrucción o el amor,

es decir, la destrucción y el amor como equivalentes, no como excluyentes.

A partir de las disyuntivas, por reiteración y especialización semántica; se forma el subgrupo de las llamadas *distributivas.*

Estas proposiciones se caracterizan, *formalmente,* por ir en *correlación:* el primer término en la primera proposición y el segundo en la segunda. No hay una sola partícula, sino dos relacionadas: *uno ... otro, este ... aquel, cerca ... lejos, aquí ... allí, cual ... cual, ya ... ya, ora ... ora, bien ... bien, sea ... sea,* y similares ...

En lo que respecta a su *significado,* hay que señalar que se diferencian de las disyuntivas en que las proposiciones no son autoexcluyentes; hay diferencias entre ambas, pero no se excluyen.

Ora se tornaba verde, ora tal como cera.

Berceo

Ya lo suben, ya lo bajan.

Canción popular

Uno piensa el bayo, otro el que lo ensilla.

Refrán

Adversativas o restrictivas

En cuanto a su *forma,* van unidas por las conjunciones *pero, mas, aunque, sino, sin embargo, menos, excepto, salvo, antes, antes bien,* y similares.

Por su *significado* se dividen en dos clases: coinciden en mostrar *contraposición.*

Correctivas:

Limitan la relación de igualdad entre las dos proposiciones, pero, con esa limitación, la igualdad sigue existiendo. De las conjunciones enumeradas antes, se usan con este valor: **pero, mas, aunque, menos, excepto, salvo,** y el literario **empero.**

No tienes a nadie más en el mundo, pero yo trabajaré por ti, yo te defenderé.

V. Blasco Ibáñez

Excluyentes:

No permiten la coexistencia de los dos elementos que unen, lo que les confiere un cierto matiz negativo. Utilizan las conjunciones **sino** y **antes** y sus compuestos.

Este libro no es una tesis doctoral, sino más bien todo lo contrario.

C.J. Cela

Las adversativas tradicionales, es decir, las *correctivas* y *excluyentes* que acabamos de ver, no son sino un tipo de las posibles restricciones lógicas, que abarcan buen número de matices. La proximidad de algunos tipos es palmaria y así, ya se señaló anteriormente que las adversativas y las concesivas en indicativo coinciden formalmente, de modo que es imposible separarlas por ese criterio. En los dos grupos de coordinadas tradicionales estudiados anteriormente se han podido señalar casos en los cuales los matices semánticos son amplios. Ya se vio que es insuficiente el criterio formal a la hora de clasificar oraciones complejas. Insistimos ahora, de nuevo, en este aspecto, dejando para más adelante las distintas posibilidades de relación de las *adverbiales* y las *coordinadas de restricción.*

2. Transformaciones posibles

Utilizaremos el término *transformación* en un sentido muy amplio, con libertad respecto de cualquier corriente científica teórica. Así, diremos que siempre que un elemento de la cadena del discurso es sustituido por otro hay una transformación. Para limitarnos algo más nos reduciremos a hablar de transformaciones en los elementos morfológicos y sintácticos, es decir, sustituciones de sintagmas o partes de los sintagmas (núcleo, adyacentes).

En realidad, parece claro que a la oración compleja se llega a partir de varias oraciones simples, por sucesivas transformaciones: de *inclusión,* si se introduce o incluye un elemento, de *deleción,* si, por el contrario, se borra, y así sucesivamente. Nos limitaremos a señalar algunos tipos, de modo muy general, siempre subordinándonos a lo expuesto en el párrafo anterior.

Hay típicas transformaciones de supresión en las copulativas que tienen el mismo núcleo del predicado:

Tomó la caña.
Tomó el cesto. $\Rightarrow$ *Tomó la caña y el cesto.*

mientras que la inclusión de elementos se da preferentemente cuando se añaden las explicaciones y especificaciones típicamente adjetivas:

Siempre hay algunos que le tienen ganas al que se destaca por algo.

Francisco Ayala

Siempre hay algunos.
Algunos le tienen ganas a alguien.
Alguien se destaca por algo.

Anteriormente hubo ocasión de ver alguna transformación de supresión del sujeto, del tipo

Antonio corre y se cae.

Antonio corre.
Antonio se cae.

Si se había caracterizado la oración simple, desde el punto de vista semántico, por ser una unidad de sentido, la oración compuesta se caracteriza también por ser una unidad de sentido; pero que adquiere este sentido por la unión de los significados de las proposiciones de que se compone.

Tiene importancia, desde el punto de vista del significado, que las proposiciones que integran una oración sean coordinadas o subordinadas: en el caso de las coordinadas, la supresión de la conjunción produce una pequeña variación de sentido; pero no altera sustancialmente el significado. Las proposiciones subordinadas sustantivas y adjetivas, en cambio, tienen su significado íntimamente trabado con el de la proposición principal, de tal modo que la separación puede producir graves alteraciones del sentido, aunque con ciertas excepciones. Así:

Antonio corre y se cae.

como ejemplo de coordinada, permite la separación de dos oraciones:

Antonio corre.
Se cae.

que conservan su sentido; en cambio, la sustantiva:

espera que le digamos

no permite tan fácil separación, pues

espera
le digamos

no significan, *independientemente,* algo inmediatamente inteligible como en el caso de la oración compuesta. Semánticamente, pues, las proposiciones subordinadas están mucho más trabadas que las coordinadas.

Las *subordinadas sustantivas* ofrecen tres posibilidades de transformación o equivalencia:

Sustantivo:

Espera oír **tu confesión.**

Infinitivo:

*Espera oír***te confesar.**

Oración sustantiva, completiva:

Espera oír **que (tú) confiesas/confieses.**

Pero simultáneamente es imposible realizar la sustitución así en otros ejemplos. Se dice, con infinitivo: *espera* **oír**, y ese **oír** no es sustituible por sustantivo, ni por oración sustantiva. No podemos decir **(él) espera* **que (él) oiga.**

Las *subordinadas adjetivas* ofrecen posibilidades de sustitución, como sabemos, tanto en el caso de las explicativas como en el de las especificativas.

Explicativa*:* *La niña,* **adormilada,** *empezó a llorar.*
  La niña, **que estaba adormilada,** *empezó a llorar.*
Especificativa*:* *El galgo* **negro** *venció.*
  El galgo **que era negro** *venció.*

En lo que concierne a las *adverbiales,* ya hubo ocasión de señalar cómo se corresponden con las *copulativas restrictivas,* desde el punto de vista de la relación lógico-semántica entre ambos miembros. Ahora podremos ver algunos de nuestros ejemplos anteriores, en esta perspectiva.

Temporal:

Siempre que hablaba *se reía la gente.*

Hablaba *y la gente se reía,* **siempre** (en esta circunstancia).

De lugar:

Aquí es **donde nació Lucita.**

Lucita nació *y fue aquí* (en este lugar).

Modales:

Como se ve, *Cervantes no conoce límites.*

Cervantes no conoce límites **y eso se ve** (de este modo).

Comparativas:

Recogió tanto **como pudo.**

Pudo recoger x y *recogió x* (**se limitó** a lo que pudo).

Consecutivas:

Posee tanto dinero **que no lo puede contar.**

Posee una gran cantidad de dinero **y no puede contarla** (su capacidad está limitada para la cantidad que es).

Causales:

Fue meramente **porque no quisieron.**

No quisieron *y ocurrió* (precisamente por eso).

Finales:

Llévatelo **para que adornes esa pared.**

Llévatelo **y adorna esa pared** (precisamente haz eso).

Condicionales:

Si me había despertado, *me gustaba ver amanecer.*

Me había despertado *y me gustaba ver amanecer* (precisamente en el caso de que se cumpliera la primera parte).

Concesivas:

Son muy ricos, **aunque no lo parezcan.**

Son muy ricos **y no lo parecen** (precisamente ocurre lo contrario de lo esperado).

Hemos sustituido con **y,** aunque se podrían haber buscado diferentes conjunciones, porque no se trata de decir que exista una total equivalencia semántica, sino sólo una posibilidad de sustitución a la que se añade (+) *algo que las adverbiales aportan*. Si diera exactamente igual emplear una copulativa, disyuntiva o adversativa, no hubiera existido la necesidad de construir las adverbiales y los gramáticos no las habrían diferenciado como tradicionalmente lo han hecho.

Conviene insistir en lo que se acaba de expresar: el grupo de oraciones compuestas *adverbiales* es diferenciable, pero no se debe poner junto con las subordinadas, porque, como se ve en los gráficos, no tiene ese esquema, sino junto con las coordinadas, cuyo esquema comparte. Para apoyar esa similitud hemos mostrado cómo con una coordinada y *algo más,* se mantenía el sentido de una adverbial, lo que no significa la total equivalencia de ambas. Si se pregunta con qué tipo de coordinadas están emparentadas *lógicamente* las adverbiales, hay que decir que con las *restrictivas* (a las que pertenecen las *adversativas* tradicionales), porque las adverbiales son, por su estructura mental, o lógico semántica, una coordinación limitada por una restricción de distinto tipo: temporal, local, modal, comparativa, consecutiva, causal, final, condicional o concesiva.

Como idea fundamental de este párrafo podríamos apuntar la siguiente:

Los matices lógico-semánticos de una oración están, generalmente, vinculados a una forma determinada, pero no necesariamente. El análisis formal simple y el análisis semántico no tienen por qué coincidir.

Es lo que se vio hasta ahora, cuando se decía que una forma copulativa podía esconder una relación lógica condicional o mixta:

Vienes y te pones el termómetro.
Si vienes, te pones el termómetro.
Cuando vengas, te pones el termómetro.

o encubrir una modalidad diferente:

¡Ven y ponte el termómetro!

Desde el punto de vista práctico del análisis de textos esto tiene una consecuencia inmediata: una oración en un texto no tiene por qué tener una interpretación en exclusiva, sino que pueden darse en ella varios matices, conjuntamente.

3. Valor de la construcción paratáctica e hipotáctica en la composición de textos

El concepto tradicional de *hipotaxis* incluye el también tradicional de subordinación adverbial, que hemos rechazado con bastantes argumentos. Por ello, parece preferible distinguir aquí entre la construcción del párrafo como aglutinación de elementos simples y la construcción con integración de esos elementos en unidades más complejas. Parece mejor hacerlo así que distinguir entre *parataxis* o *coordinación* e *hipotaxis* o *subordinación*. Como es habitual en este libro, trataremos de explicar estas ideas a partir de dos textos:

VALOR DE LA CONSTRUCCIÓN POR AGLUTINACIÓN

Donde más claramente se ve este tipo de construcción es en la yuxtaposición. Se ejemplificará con un fragmento de:

UNA HORA DE ESPAÑA

Enrique I era hijo del noble vencedor de las Navas, Alfonso VIII. Tenía once años cuando fue proclamado rey. Un magnate codicioso lo arrebató violentamente de entre las manos de una hermana del niño. El pueblecito parece, desde lejos, con su castillo, una ciudad; pero su caserío es reducido y pobre. El niño ha sido exaltado ya al trono, pero todavía no es rey. No lo llegará a ser. No llegará tampoco a ser ciudad el pueblecito.

Azorín

A lo largo del texto, el autor hace un paralelo entre Enrique I y el pueblo toledano de Maqueda. No nos interesa detenernos, aunque sí señalar que el paralelo es la frustración, un pueblo frustrado, que no llegó a ser ciudad y un rey frustrado, que no llegó a ser efectivamente rey. Nos importa ahora más la disposición del texto, tan precisa.

Tanto lo referente al niño como lo referente al pueblo se estructura en tres partes:

Introducción, a base de yuxtaposiciones.
Restricción, crisis, marcada con una coordinada adversativa: **pero**, reiterada.
Conclusión negativa: **no** llegará, **no** llegará tampoco.

Como se ve, ni la concepción ni la distribución son simples, lo único sencillo es el procedimiento, los elementos aglutinados han sido, en la sencillez, sabiamente dispuestos. El análisis nos muestra la organización artística, mientras que la simple lectura produce una impresión de falta de artificio, muy lejana de la realidad.

Estos procedimientos estilísticos, que esconden el artificio sintáctico, son de enorme efectividad, por la facilidad con la que el lector penetra en el contenido del texto y recibe el mensaje del autor. Son, por eso mismo, difíciles de construir. Se prestan, como ha sucedido en el caso de Azorín, a imitaciones que sólo siguen lo aparente, no el complicado estilo arquitectónico que subyace.

Formalmente no cabe duda de que hay una aglutinación de elementos, las oraciones no van unidas por conjunciones, salvo en el caso de las dos coordinaciones adversativas. El lector, sin embargo, va acumulando, progresivamente, los conceptos que el autor le proporciona. No hay inferioridad en este tipo de construcción, aunque sí aparente y engañosa simplicidad.

VALOR DE LA CONSTRUCCIÓN POR INTEGRACIÓN

Consideremos en este subapartado los tipos de subordinadas y adverbiales. La modernización del texto del *Conde Lucanor* con la que se abría el capítulo anterior es un ejemplo perfecto de complejidad de construcción. Además de remitir a ese texto, ya utilizado, se incluirá un nuevo fragmento de la obra de E. Sábato, *El Túnel*, porque en él el autor no puede evitar la construcción por integración, a pesar de que, sobre todo inicialmente, está esforzándose por construir con aglutinaciones: los párrafos se le van complicando, a lo largo del monólogo:

> Nadie se fijó en esta escena: pasaban la mirada por encima, como por algo secundario, probablemente decorativo. Con excepción de una sola persona, nadie pareció comprender que esa escena constituía algo esencial. Una muchacha desconocida estuvo mucho tiempo delante de mi cuadro sin dar importancia, en apariencia, a la gran mujer en primer plano, la mujer que miraba jugar al niño. En cambio, miró fijamente la escena de la ventana y mientras lo hacía tuve la seguridad de que estaba aislada del mundo entero: no vio ni oyó a la gente que pasaba o se detenía frente a mi tela.
>
> La observé todo el tiempo con ansiedad. Después desapareció en la multitud, mientras yo vacilaba entre un miedo invencible y un angustioso deseo de llamarla. ¿Miedo de qué? Quizá, algo así como miedo de jugar todo el dinero de que se dispone en la vida a un solo número. Sin embargo, cuando desapareció, me sentí irritado, infeliz, pensando que podría no verla más, perdida entre los millones de habitantes anónimos de Buenos Aires.
>
> *Ernesto Sábato*

El esquema de la escena es sencillo y fundamental, porque de él arranca precisamente todo el relato, de enorme transcendencia, ya que llevará al extremo, en este caso un crimen: (1) El pintor observa al público, (2) nadie se fija en la escena del cuadro; (3) sólo una muchacha, desconocida, mira la escena. (4) El pintor no se atreve a llamarla y (5) la muchacha desaparece,

Como hemos enumerado, lo fundamental desde el punto de vista de la acción se expresa en cinco oraciones, coordinadas o yuxtapuestas. El autor, sin embargo, ha construido un texto complejo, con abundancia de incisos explicativos. La acción no se desarrolla progresivamente, sino que, de acuerdo con las oscilaciones de los sentimientos del protagonista, va y vuelve, avanza y retrocede. Para expresar ese movimiento se tiene que apoyar en la complicación de la construcción del texto. Los elementos arquitectónicos del fragmento tienen una visiblemente más compleja que la que caracterizaba el texto azoriniano que nos ha servido de ejemplo antes. Sólo en el segundo párrafo de nuestro fragmento, el empleo de tres temporales: *después*, *mientras*, *cuando*, juega con el tiempo, que se hace pasado perfectivo o que vuelve a la aspectualidad imperfectiva para que el lector acompañe las vacilaciones del personaje y no sepa, en este texto, si la muchacha que se ha ido volverá a aparecer, y si será por disposición del autor, o porque el personaje se decidirá a buscarla él mismo.

Los incisos que se prodigan en el texto, gerundios, adjetivos, participios, y las oraciones subordinadas correspondientes, complican su andadura, haciendo necesaria la utilización de gran cantidad de nexos. Los párrafos se van alargando. De la simplicidad de las dos primeras oraciones, yuxtapuestas, se pasa inmediatamente a los dos incisos (*como ..., decorativo)*, que prolongan esta inicial rapidez. Ese modelo constructivo será general en todo el fragmento. El autor desea (de acuerdo con la psicología cavilosa de su personaje) precisar todo, aclarar todo, no dejar, como se dice, un cabo suelto. Ello le obliga a una arquitectura lingüística progresivamente complicada, que se intenta remansar al inicio de cada oración compleja, sin éxito.

La comparación de los dos fragmentos permite obtener algunas conclusiones de probable utilidad.

La primera de ellas es que, aparentemente, la construcción aglutinada, como la parataxis tradicional, es más sencilla, mientras que la integrada, o hipotaxis tradicional, es más compleja.

Esta apreciación es sólo aparente, puesto que, con procedimientos sencillos, la arquitectura lógica puede lograr un resultado complejo: hemos visto cómo Azorín establecía tres partes y un paralelismo, sólo con la disposición y la intercalación de una partícula coordinante (en el más puro sentido tradicional del término).

La construcción aglutinante o paratáctica es lineal, progresiva, ofrece un avance paralelo de los medios lingüísticos empleados y del conocimiento que el lector va adquiriendo del texto.

La construcción integradora o hipotáctica se presta con mayor facilidad, aunque no necesariamente, a la construcción de párrafos de desarrollo circular, no progresivos, en los cuales los recursos lingüísticos se van desarrollando sin que, paralelamente, aumente la comprensión del texto por el lector.

4. Ejercicios

1. Analizar la construcción integradora de este texto de E. Sábato. Para ello, puede comenzarse con el subrayado de los nexos, a continuación, se marcarán las formas verbales. Tras ello se intentará sustituir la construcción con nexos del texto por oraciones yuxtapuestas. Finalmente, se indicarán los matices de los cambios que se hayan apreciado en la comprensión e interpretación del texto.

> Podría reservarme los motivos que me movieron a escribir estas páginas de confesión; pero como no tengo interés en pasar por excéntrico, diré la verdad, que de todos modos es bastante simple: pensé que podrían ser leídas por mucha gente, ya que ahora soy célebre; y aunque no me hago muchas ilusiones acerca de la humanidad en general y de los lectores de estas páginas en particular, me anima la débil esperanza de que alguna persona llegue a entenderme. Aunque sea una sola persona.

2. Clasifíquense las oraciones siguientes. Recuerden que para ello es conveniente separar en primer lugar las formas verbales, diferenciando las personales de las no personales. A continuación, tendrán que analizar los nexos que encuentren.

Las carboneras de las casas estaban aterradas y las cocinas se llenaban de los escalofríos de sus azulejos blancos.

R. G. de la Serna

Yo no le había dado libertad por miedo de que se muriera de hambre o de frío, o de que se lo comieran los gatos,

J. R. Jiménez

Primero porque me arrojó, porque quiero morir.

V. Aleixandre

No estás vivo, ni tampoco muerto, porque no existes.

M. de Unamuno

Un hombre dormido e inerte en la cama sueña algo.

M. de Unamuno

Siempre que el hombre obra debe tener presente el fin que se propone, y no como quiera, sino de un modo bien claro, determinado, fijo.

J. Balmes

Y los unos crujían, y los hombres jadeaban, y la lancha seguía encaramándose, pero ganando terreno.

J. Mª. Pereda

El hombre en todas las condiciones sociales, en todas las circunstancias de la vida, es siempre hombre, es decir, una cosa muy pequeña.

J. Balmes

IX. UNIDADES SUPRA ORACIONALES EN LA COMPOSICIÓN DE TEXTOS

1. Sintaxis del párrafo y del texto
2. La situación y el contexto como factores determinantes del texto
3. La estructura del relato: fuerzas temáticas y "actantes"
4. Ejercicios

1. Sintaxis del párrafo y del texto

Desde el punto de vista de la comunicación, un mensaje lingüísticamente aceptable debe tener unas exigencias lingüísticas mínimas, es decir, debe estar bien construido. El mensaje lingüísticamente aceptable, o bien construido, mínimo, es un enunciado. Los enunciados pueden constar de una sola palabra, pero, **sintácticamente,** se corresponden con la oración. La oración expresa enunciados, que son las unidades mínimas de comunicación, desde el punto de vista **semiológico**, del mismo modo que, como se dijo ya, expresa proposiciones, desde el punto de vista de la **lógica**.

Sin embargo, estas unidades mínimas no suelen darse aisladas e individualmente, sino agrupadas en unidades mayores. La unidad superior de comunicación es el *texto,* que es una unidad *intencional:* agrupa una serie variable de enunciados, con la intención común de transmitir un mensaje, *para* transmitir un mensaje. Este no es, naturalmente, sencillo, ni tiene por qué serlo. Podemos considerar que toda la producción de un autor, por ejemplo, es un *texto,* de modo que el mensaje será la intencionalidad de toda su obra, *para qué* se ha escrito. Esa respuesta, con todos sus matices, difícilmente será simple.

Hasta aquí habíamos visto cómo la combinación de oraciones simples lleva a la construcción de oraciones complejas, agrupables en *párrafos*. Una oración simple como

Entonces respiré tranquilo.

se combina, por yuxtaposición y coordinación (en nuestro ejemplo), con otras y constituye un párrafo como el siguiente:

> Entonces respiré tranquilo; di unas vueltas por el corredor, fui hasta el extremo, miré el panorama de Buenos Aires por una ventana, me volví y llamé por fin el ascensor.

Este párrafo obedece a una definición que podría ser: conjunto de oraciones limitado por puntos. Sin embargo, se podría limitarlo con un *punto y seguido* en lugar de con un *punto y aparte*, y decir que el párrafo es tan amplio como sigue:

> Entonces respiré tranquilo; di unas vueltas por el corredor, fui hasta el extremo, miré el panorama de Buenos Aires por una ventana, me volví y llamé por fin el ascensor. Al poco rato estaba en la puerta del edificio sin que hubiera sucedido ninguna de las escenas desagradables que había temido (preguntas raras del ascensorista, etcétera). Encendí un cigarrillo y no había terminado de encenderlo cuando advertí que mi tranquilidad era bastante absurda: era cierto que no había pasado nada desagradable, pero también era cierto que *no había pasado nada en absoluto*. En otras palabras más crudas: la muchacha estaba perdida, a menos que trabajase regularmente en esas oficinas; pues si había entrado para hacer una simple gestión podía ya haber subido y bajado, desencontrándose conmigo. "Claro que -pensé- si ha entrado por una gestión es también posible que no la haya terminado en tan corto tiempo." Esta reflexión me animó nuevamente y decidí esperar al pie del edificio.

A medida que se amplía el conjunto de oraciones, se va limitando también su comprensión. El *entonces respiré tranquilo*, considerado independientemente, tiene muchas posibilidades significativas que no tiene en el largo párrafo final. De ello volveremos a ocuparnos al hablar del *contexto*. Ahora interesa, en cambio, advertir cómo esos párrafos se van combinando progresivamente, desde un *inicio*, hasta llegar, al menos, a un *punto final*. Estos extremos, *inicio* y *punto final*, delimitan físicamente la unidad intencional de comunicación que llamamos *texto*.

El *texto*, por lo tanto, puede definirse, de acuerdo con unas condiciones mínimas, en las que hemos de tener en cuenta aspectos de diverso orden:

En lo que concierne a la significación y la comunicación, el texto *está dentro de un sistema comunicativo de orden superior,* que, en nuestro caso, en el que hablamos de textos lingüísticos, es decir, escritos en una lengua, será esa lengua en que están escritos. Los textos forman parte de la lengua en que se escriben, se enmarcan en ese sistema comunicativo superior.

Estructuralmente, el texto es *cerrado,* lo que quiere decir que tiene unos límites, de inicio y de terminación. Estos límites pueden ser la primera mayúscula del título y el punto final, o bien ampliarse hasta comprender toda la obra de un autor, e, incluso, todo lo escrito en una lengua (o todo lo hablado, si se trata de textos orales), pero, no cabe duda, siempre habrá un límite. Naturalmente, no es operativo que el texto sea tan extenso que no sea abarcable y, en consecuencia, no se pueda analizar. La estructura cerrada del texto abarca tres tipos de órdenes o de *subsistemas,* dentro del mismo:

Las frases que componen el texto tienen un orden *lógico.* Hay unos factores de índole lógico-semántica que aparecen ordenados en el texto. Esta ordenación puede ser todo lo libre que el autor quiera; pero siempre existe.

Dentro del texto debe existir un orden *temporal,* que es también lógico, puesto que el tiempo forma parte de la estructura lógica de la proposición. En este sentido veremos cómo el tiempo se ordena atendiendo, al menos, a dos parámetros; el tiempo del narrador y el tiempo de la acción o de los personajes. Como siempre, dentro de la libertad del autor, estos parámetros pueden complicarse, pero un orden temporal, el que sea, es inevitable,

Hay, por último, un orden *espacial,* que *no* debe confundirse con que se asigne un espacio, en el sentido locativo, a los elementos del texto, sino que se refiere a la distribución de los elementos textuales, incluyendo aspectos en los que se integran elementos lingüísticos, como el ritmo. El lenguaje literario hace abundante uso de estos elementos, como se estudiará en el capítulo correspondiente.

Tras considerar las anteriores características y preguntándonos ahora por los problemas meramente sintácticos del texto, el resultado no puede ser más sencillo. Sintácticamente, del mismo modo que el párrafo no es sino un conjunto de oraciones, el texto es un conjunto de párrafos, o más simplemente, un amplio conjunto de oraciones. Como todo conjunto, puede estar compuesto por la unidad y entonces un texto coincide con una oración. La *interjección* puede ser un ejemplo extremo que nos ofrezca textos reducidos a la mínima expresión, si bien con la limitación de que su función no es representativa, sino meramente expresiva o conativa: no transmite significados conceptuales, sino que se limita a expresar sensaciones o a buscar un contacto en la comunicación. Se habla también de los *proverbios* como textos mínimos, pero generalmente tienen dos oraciones, pues se suelen construir como contraposiciones (aunque el predicado no se exprese: "cuanto más bruto (sea), más fruto [dará]"). Hay por supuesto, proverbios que son una sola oración y un solo texto: "año de nieves (es), año de bienes".

Es fácil prescindir, en todo caso, de estos extremos y señalar que, habitualmente, el texto está integrado por una serie de párrafos o conjuntos de oraciones.

El texto no exige más restricciones sintácticas que las que impone la construcción de la oración o la del párrafo. Admite mayor amplitud en algunos puntos, pero de orden sintacto-semántico, como puede ser el de la *referencia,* pero ello es consecuencia de su mayor amplitud, es decir, de una circunstancia física, no de un factor estructural: podemos referirnos a algo mencionado hace varios párrafos o, en el capítulo final de una novela, por ejemplo, a algo mencionado en el inicial y de lo que no se haya vuelto a hablar (es el sistema de construcción de muchas novelas policíacas); ello, sin embargo, no pertenece al orden sintáctico, sino al problema de la construcción del argumento o, en general, del sistema representativo del texto completo.

2. La situación y el contexto como factores determinantes del texto

El autor del texto, es decir, en último término, el hablante, se mueve en una cultura y un medio ambiente peculiares, que sitúan la lengua empleada dentro de unas condiciones generales. A ello se llama, en sentido amplio, *el contexto situacional,* o *contexto antropológico de situación,* puesto que es un concepto fundamental en Antropología. En este sentido está la siguiente afirmación de Malinowski:

> La concepción del contexto debe rebasar los límites de la mera lingüística y trasladarse al análisis de las condiciones generales bajo las cuales se habla una lengua. El estudio de cualquier lengua hablada por un pueblo que vive en condiciones diferentes de las nuestras y que posee diferente cultura debe llevarse a cabo en conjunción con el estudio de su cultura y de su medio ambiente.
>
> *Malinowski*

Se supone, por tanto, que en todo texto hay que considerar una serie de factores lingüísticos y otra serie de factores que no son propiamente lingüísticos. Estos factores se han llamado, con una concepción cerrada del hecho de lengua, *extralingüísticos*. También se podrían llamar factores de condicionamiento social de la realización lingüística o *sociolingüísticos* e incluso factores de uso, *pramalingüísticos* o *pragmáticos*.

En el párrafo anterior veíamos cómo la oración *entonces respiré tranquilo,* enunciada independientemente, tenía una serie amplia de interpretaciones, que se iban restringiendo a medida que el texto se ampliaba y el autor (Ernesto Sábato) nos iba dando más detalles, por medio de otras oraciones. La limitación progresiva del significado de la oración citada obedecía, por tanto, a factores de tipo lingüístico, que llamamos *contextuales*.

El lugar lingüístico en el que se instalan las expresiones concretas es su *contexto*. Así, si una palabra aparece en una frase, decimos que esa frase es su contexto. Por ejemplo:

LA CALLE DE VALVERDE (3.VII)

Las revoluciones las hacen los pueblos. Y para que tengan éxito es necesario que coincidan, en el tiempo, con unos dirigentes que sepan aprovechar su empuje. Eso se ha dado muy pocas veces en la historia.

Max Aub

La palabra *pueblo* aparece en el ejemplo anterior en la forma **pueblos.** Su *contexto* es todo el lugar lingüístico, es decir, el conjunto de palabras entre las que se sitúa.

Hay un *contexto reducido* y un *contexto amplio*. El *contexto reducido* puede limitarse a una frase, el *contexto amplio* puede extenderse a una novela completa o a toda la obra de un autor.

Lo importante del contexto es que se trata de algo *concreto*. Por esta razón *limita* el significado de las palabras que se insertan en él. En nuestro ejemplo podemos verlo con la palabra **pueblo**. Esta palabra significa normalmente dos cosas: 'conjunto de casas y calles de una localidad' y así decimos **Cercedilla es un pueblo de la Sierra**, o 'conjunto de habitantes de una región o país', lo que nos permite hablar del **pueblo español, el pueblo andaluz, los pueblos mediterráneos,** etc. En el *contexto* anterior, **pueblo** sólo puede ser interpretado en este segundo sentido, como conjunto de habitantes. El *contexto* ha limitado su significado.

Volviendo al texto de Sábato, se pueden considerar ahora otras circunstancias: éstas no tienen carácter lingüístico, sino que pertenecen a esa esfera social más amplia que condiciona el hecho lingüístico: son las circunstancias que rodean al hablante, el mundo externo en que éste se mueve. Estas circunstancias, que constituyen la *situación,* son las que enmarcan la frase en una serie de datos no lingüísticos, como el carácter masculino del hablante, su condición de habitante de Buenos Aires, el hecho de que estaba angustiado y ha dejado de estarlo (para volver a ello más tarde), que es un individuo de psiquismo inestable, que estaba en un edificio alto, que es tímido o reservado, que el edificio es de cierto carácter público (puesto que hay ascensorista), y otros muchos aspectos, que incluyen la relación con una muchacha, la organización del trabajo en ese mundo (la burocracia, oficina), etcétera.

Este conjunto de circunstancias que llamamos *situación* se da en todos los casos. Supongamos una frase banal, del tipo

está lloviendo

La interpretación de la frase no ofrece dudas, los valores de contexto permiten a esa expresión cualquiera de sus significados. Veamos ahora en qué circunstancias la pronunciamos:

Puedo emitir esa frase cualquier día invernal y lluvioso, la situación será entonces normal, y la frase no producirá contraste; puedo emitirla también con entonación jubilosa tras una larga temporada de absoluta sequía o con absoluto fastidio porque me impida ir de excursión al campo o porque sea un año de lluvia excesiva que estropea alguna cosecha; puede que me guste la lluvia o que me deprima y moleste. Todas esas circunstancias: sequía, situación de las cosechas, gustos personales, y otras muchas más, constituyen la *situación.*

La situación también puede determinar o delimitar el significado de una palabra.

Supongamos una frase como

ha salido el rey

en estas situaciones:

a) Un grupo de personas está jugando a las cartas en torno a una mesa; significa entonces que ha salido la carta que se denomina 'rey'.

b) Un grupo de personas en un palacio real, cerca de la puerta de salida; significa entonces que el rey ha salido a dar un paseo o a algún acto.

c) Un grupo de políticos con rostro inquieto y tenebroso o alegre y regocijado; en este caso puede significar que el rey abandona el país por haber perdido un referéndum, por ejemplo, y la cara de esos políticos depende de su afecto a la institución monárquica.

La situación y el contexto, en consecuencia, son factores que afectan a todos los textos y que los hablantes tienen naturalmente en cuenta a la hora de interpretarlos. En la composición de textos adquieren especial relevancia, y por ello son especialmente importantes en el análisis de la lengua literaria, uno de cuyos aspectos se empezará a considerar en el apartado siguiente.

3. La estructura del relato: fuerzas temáticas y "actantes"

Se analizará a continuación un relato breve, que consideraremos como un texto cerrado y que nos servirá para aplicar lo dicho anteriormente y para ampliarlo con la consideración de los elementos constituyentes del mismo.

En cuanto a la *situación* general del texto, debe tenerse en cuenta que se trata de un relato breve, o cuento, contemporáneo, es decir, que tiene *in mente* las condiciones y estructuras de la sociedad occidental actual, y que se refiere a un mundo separado por el espacio y el tiempo (Asiria, hace cientos de años), un mundo con el que el lector tendrá o no que buscar puntos de contacto, como quiera. (El cuento se publicó en la revista *Papeles de Son Armadans,* dirigida por Camilo José Cela, en el número de noviembre-diciembre de 1975.)

EL PALACIO DE ASURBANIPAL

Una tarde densa, de aire amazacotado y polvoriento. Tras los pesados tapices que ocultaban las calientes vidrieras soleadas, la reina madre luchaba consigo misma, tratando de ocultar su preocupación y su ... miedo (¿por qué no decirlo?). Icha Sernasicás era una mujer fría y dura. Los años habían ido acentuando los rasgos enérgicos, casi despiadados, su rostro apergaminado, en el que destacaban los ojos grandes y profundos sobre la nariz afilada, como una amenaza que saliera de la cara blanquísima, jamás expuesta al sol. A lo largo de los años en que había sido la dueña absoluta de aquel rincón de Asiria, jamás se había sentido preocupada, jamás había vacilado ante una dura decisión, por atrevida que hubiera de ser. Su pulso no había temblado ni siquiera para la sentencia de muerte de su mejor amigo, el general Paltasar, despeñado por ciertas veleidades sucesorias. Pero ahora ...

Cardianabbí, el médico mayor de palacio, recorría inquieto sus habitaciones. Los últimos años habían ido eliminando de su alma la incontrolada alegría que le había abierto los corazones de las jóvenes asirias, en sus años de mocedad, y que había dado tantas preocupaciones al palacio, ansioso de velar por una aparente piedad en la ortodoxia de Ahura-Mazda. Se asomó a la balconada y apoyó sus manos en los ladrillos rojizos y ardientes. Por encima de la estrecha franja verde, a ambos lados del río, por detrás de los palmerales esbeltos y gráciles, como danzarinas cretenses de pechos desnudos, el sol ponía la roja nota de su ocaso en la dorada arena, como una bandera definitivamente arriada. Los campesinos, con sus rayados albornoces pardinegros, cubiertos los rostros, abandonaban la amplia plaza del palacio, donde los guardias se aprestaban a cerrar las puertas. En las espaldas cansadas de los porteadores se acumulaban los cestos ligeros, con su alta panza vacía y abierta, esperando la carga de los días infinitos por venir. Así había sido y así sería siempre. Nada parecía cambiar y nada parecía avecinarse, no se movía una hoja de árbol en el país sin que lo conociera el palacio, la casa de la seguridad. Cardianabbí, pese a todo, sentía oprimido su pecho por la punzante necesidad de saber y la amarga dolencia de la espera. Una nube de polvo fue llenando, despaciosa, un punto cualquiera del horizonte. Las manos del médico se aferraron a los ladrillos, sobre los que se crisparon, No cabía duda, un carro se acercaba velozmente a la puerta. Desde debajo de su imponente manto purpúreo se podía oír el angustioso palpitar del pecho casi omnipotente. Separó la mano derecha de la baranda, en una muda seña al jefe de la guardia para que mantuviera franca la puerta. Abajo, en el patio, se oyó el apresurado golpeteo de las lanzas de los guardianes, dispuestos a cubrir la entrada al palacio con sus cuerpos, ante la puerta abierta. La nube de polvo se acercaba sin detenerse. De pronto, en el tenso silencio, que sólo rompía el entrechocar de las ruedas con el suelo pedregoso, resonó una voz potente:

– Servicio del rey.

Los guardianes apenas tuvieron tiempo de apartarse. Dos hombres, cubiertos con ricos mantos verdes, descendieron del carro, todavía en movimiento, mientras dos palafreneros sujetaban los frenos de los espumeantes caballos.

Los dos hombres ascendieron la oscura escalera interior del palacio en la que los hachones, permanentemente encendidos, vieron oscilar sus llamas al pasar velozmente, Sibilgar, ex-jefe de la policía, y Matuzamán, ex-jefe del ejército. En el primer piso coincidieron con Cardianabbí y los tres, silenciosos pero apresurados, entraron en las habitaciones de la reina madre.

Al otro lado del desierto, en la ciudad extensa y populosa, los jefes de las tribus abandonaban la abierta plaza de su reunión. El repentino frío del crepúsculo les obligaba a envolverse en los mantos. Los ojos apenas mostraban un rayo de luz que transportara el secreto de sus almas. Acostumbrados a temer y obedecer se habían acostumbrado también a callar y disimular. La noche, en su rápida caída, envolvía este silencioso misterio común. No todos se fueron. En la grada central, donde un escaño dorado mostraba la preeminencia, un hombre viejo, envuelto en un amplio ropaje azul, apoyaba una mano pequeña y enérgica en el hombro de su compañero, mucho más joven. El segundo hablaba:

– Creo que no hemos debido ceder, el palacio nos pertenece y ha de pertenecer al sucesor que la asamblea eligió en vida de nuestro difunto rey.

Por el rostro del más viejo se deslizó una lágrima traicionera:

– El heredero será coronado, mandaremos al otro a una embajada lejana, como siempre. Daremos el palacio a Icha Sernasicás, la reina madre. Un palacio no vale la guerra civil.

El relato anterior, por su brevedad y por la simplicidad de su acción, puede servirnos de base para explicar las *fuerzas temáticas* y los llamados, con un galicismo, *actantes*.

Este tipo de relatos breves se caracteriza por su *unidad temática*. Los relatos más complejos, como las novelas, complican la acción con varias acciones secundarias, lo que provoca una multiplicidad temática, que hace más ligera la arquitectura en un texto más largo.

El relato puede desenvolverse, con una estructura *analizante,* dándonos primero el tema general para desglosarlo luego en acciones varias o, por el contrario, con una estructura *sintetizante* puede ir presentando diversos temas que coinciden al final en el tema central.

Nuestro texto tiene una estructura *sintetizante:* las distintas fuerzas temáticas presentes son recogidas al final, donde se nos plantea el *tema* del cuento. Incluso se cierra el texto con una *sentencia* o frase que recoge la intención moral del relato entero o, mejor, la intención que el autor ha querido dar a su relato.

1. Un primer apartado está destinado a presentarnos a la reina madre, Icha Sernasicás, el tema es el del *poder absoluto* que, de pronto, encuentra limitaciones.
2. El segundo apartado, que nos presenta al personaje del médico, Cardianabbí, se mueve, inicialmente, en torno al tema de la pérdida de la alegre *irresponsabilidad*

tras el cambio. La noción de *cambio,* como vemos, se repite en los dos apartados temáticos.

3. También en el segundo párrafo se produce una tercera acción o tercera fuerza temática: la *espera.*

4. En el tercer párrafo el tema es la llegada del *mensajero.*

Grupo temático A: hasta aquí hay una unidad temática, unos personajes, vinculados al régimen representado por el rey fallecido, se sienten inquietos ante el cambio inevitable. El tema o subtema A sería la *resistencia al cambio,* pero con *temor.*

5. En el cuarto párrafo se nos presenta a los jefes de las tribus, es decir, a la representación popular: la reunión ha terminado, y se marca *el silencio* y *el disimulo,* situados en la órbita general del *temor.*

6. Dos nuevos personajes, uno viejo y otro joven, mantienen opiniones contrapuestas acerca del tema central, que hasta ahora no conocemos: la *pertenencia* del palacio al pueblo o a los descendientes del rey muerto (= régimen anterior).

Grupo temático B: actitud de los "representantes populares", también parece condicionada por el *miedo.* Hay discrepancia y vergüenza (= lágrima), pero determinación de ceder, por *prudencia,* para lograr el *cambio.*

La *conclusión* recoge estas fuerzas temáticas, *miedo* y *prudencia,* en torno a la cesión del palacio, pero les da un sesgo diferente y plantea el *tema central* del cuento: la cesión del palacio es una prudente contrapartida que el grupo "popular" ofrece a cambio de la coronación del heredero, frente a otro candidato, del grupo "continuista", *el miedo* que ambos grupos se tienen marca los límites de su prudencia, que se plasma con toda crudeza en la sentencia final: "un palacio no vale la guerra civil". Cediendo se consigue lo importante, el *cambio.*

Como vemos, hay distintas fuerzas que intervienen en el relato y van dándole su estructura temática peculiar. Deliberadamente estamos tratando de interpretar estas fuerzas en una situación actualizada, si bien no sabemos si el autor escribió el cuento con ese fin o sólo con una intención estética. A lo largo de la historia son frecuentes los usos de material literario, escrito con finalidad ajena al momento presente, para lograr una movilización de los ánimos: la *Numancia* de Cervantes ha servido, en varias ocasiones, de revulsivo de la conciencia de la Libertad, en muy distintas épocas, alguna reciente. Es curioso que con ello ha cambiado la interpretación del tema central: la resistencia ante el invasor se ha convertido en la resistencia frente al opresor.

La máxima esquematización posible del tema, que se puede reducir a una sola palabra o frase, nos da el *motivo.* En nuestro relato parece claro que el motivo es el *cambio.*

Pasemos ahora al problema de los *actantes* o clases de personajes que intervienen en la acción. Nótese, para empezar, que el actante no es el personaje concreto, sino el *tipo* o *clase* de personaje.

El concepto de *actante* procede de la *Sintaxis Estructural* del profesor francés Lucien Tesnière, quien da la siguiente definición:

> Los *actantes* son los seres o las cosas que, con cualquier motivo y del modo que sea, incluso como simples comparsas y de la manera más pasiva, participan en el proceso (expresado por el verbo). (Son, pues, los *participantes* en la acción.)
>
> Así, en la frase *Alfredo da el libro a Carlos, Carlos,* e incluso el *libro,* aunque no actúan por sí mismos, son tan *actante*s como *Alfredo.*
>
> Los *actante*s siempre son sustantivos o equivalentes. Viceversa, los sustantivos siempre asumen el papel de *actantes* en la frase, en principio.

En este sentido amplio, meramente sintáctico, queda claro que los sustantivos del texto anterior serían actantes, puesto que son sustantivos y participan en la acción.

La Teoría Literaria, sin embargo, ha precisado los *modelos actanciales,* lo que llamaremos, en español, *estereotipos de participantes.* Esquematizando, podríamos aplicar de este modo las propuestas del semiólogo lituano-francés Algirdas Julien Greimas:

El *actor* se diferencia del *actante* en que el *actor* es el personaje concreto, identificado (Romeo, Hamlet, Don Quijote, Fortunata), mientras que el a*ctante* es la *clase,* el *tipo.*

Hay seis *divisiones* o *grupos de actantes:*

1. El sujeto de la acción o proceso. (El *héroe*).
2. El objeto de la acción o proceso.
3. La fuente o el remitente: el que emite el mensaje (en Literatura, el *narrador*).
4. El destinatario: el receptor del mensaje (en Literatura, el *lector*).
5. El ayudante.
6. El opositor (el traidor o antihéroe, se opone al desarrollo de la acción por el *sujeto*).

Algunas categorías admiten o necesitan precisiones. Los papeles de *remitente* y *destinatario,* que corresponden, en teoría de la comunicación, al *emisor* y al *receptor,* pueden ser precisados en los distintos subgéneros literarios de otro modo. En una novela epistolar, por ejemplo, pasarán a ser el supuesto autor del texto epistolar (remitente) y el supuesto destinatario o receptor de las epístolas. Es decir, se precisará y concretará el papel general que les hemos asignado, en abstracto, en la categoría general: Literatura.

Fuera de la Literatura, es interesante repetir aquí, por lo que pueda tener de ejemplo, el empleo que un autor como el francés Greimas hace de estos estereotipos a la hora de analizar la Filosofía clásica frente a la marxista (dialéctica).

	Filosofía	Dialéctica
Sujeto	Filosofía	Hombre
Objeto	Mundo	Sociedad sin clases
Remitente	Dios	Historia
Destinatario	Humanidad	Humanidad
Oponente	Materia	Clase burguesa
Ayudante	Espíritu	Clase obrera

En el cuento anterior, habría que determinar quién es la *fuente* o *remitente* y quién el *destinatario,* pues los demás papeles están bien distribuidos:

Sujeto: la voluntad popular.
Objeto: el cambio.
Ayudante: el palacio.
Oponente: los "continuistas".

Es decir: la voluntad popular (la asamblea de jefes) desea el cambio (la coronación del heredero) y cuenta con la ayuda que supone entregar el palacio para vencer la resistencia del oponente, la reina madre y los suyos.

Si suponemos que el texto quiere servir de advertencia, el *destinatario* será el público implicado y la *fuente* el miedo o, más concretamente, el miedo del autor. Si, como es normal, el texto no tiene más intención que la literaria, el *destinatario* podría ser el pueblo asirio, y la fuente el narrador en tercera persona o autor, o la simple necesidad de creación, según el nivel de abstracción al que nos remontemos.

Esta consideración nos lleva, finalmente, a señalar un aspecto de la construcción del relato que no se ha tratado hasta ahora: el narrador puede participar en la acción (normalmente en primera persona, a veces en segunda), en ese caso pertenece a uno de los estereotipos de participantes, es un actante más, y puede ser sujeto (héroe), oponente u opositor (antihéroe), o cualquier otro tipo.

El papel de sujeto, como se ve en nuestro ejemplo, no tiene por qué ser ocupado o desempeñado por un solo personaje. Nosotros hemos visto un caso en que un protagonismo colectivo, la voluntad del pueblo, es el que provoca que se logre el cambio objeto de la acción. Puede darse el caso, frecuente en la novela moderna, de que haya un personaje que actúe como sujeto principal; pero no sea el único. Es decir, que lleve la voz cantante, pero junto a otros personajes, que no son simples ayudantes, sino que también intervienen como sujetos que provocan el desarrollo del proceso.

En la medida en que se produzca la relación entre la fuente y el destinatario se habrá logrado una de las finalidades fundamentales del relato, la de comunicar un mensaje por medio de un proceso comunicativo secundario.

4. Ejercicios

Para este capítulo pueden aplicarse diversos tipos de ejercicios, basados siempre en textos.

Un primer tipo sería de tipo analizante, pasivo: elegir cualquier texto breve y analizar sus componentes desde el punto de vista del contexto y la situación.

En segundo tipo podría ser creativo: construir un texto breve propio y presentarlo con un análisis de los elementos que se han querido implicar en la construcción, desde los dos puntos de vista: contexto y situación.

X. EL LENGUAJE DE LOS TEXTOS TÉCNICOS Y CIENTÍFICOS

1. Características del lenguaje técnico y científico
2. El vocabulario científico
3. Creación de terminología científica
4. Exigencias gramaticales y semánticas de la exposición científica
5. Ordenación del contenido en el discurso científico
6. Comprensión y síntesis de textos
7. Ejercicios

1. Características del lenguaje técnico y científico

ECUACIONES DIFERENCIALES ORDINARIAS

B) Sistemas y ecuaciones lineales

   4. Teoremas de existencia, unicidad y prolongación.

   1. *Introducción*. —Los sistemas y ecuaciones lineales son los más importantes. Son importantes en sí mismos, porque en la formulación matemática de problemas físicos y técnicos surgen espontáneamente y con frecuencia, ecuaciones diferenciales lineales.

   Pero el estudio de tales sistemas y ecuaciones ocupa un lugar preferente, sobre todo porque plantean una extensa clase de problemas que en general pueden ser estudiados más a fondo y más fácilmente que los problemas a que dan lugar las ecuaciones no lineales. De ahí que se linealicen problemas físicos que en realidad no son lineales, pero que como tales son inabordables; y de ahí también que los sistemas lineales sean empleados como medio para el estudio de los no lineales; de donde resulta que poseen además un carácter fundamental. En el capítulo anterior se han tratado los teoremas de existencia con espacios funcionales de funciones reales para datos y soluciones. Por ejemplo, al decir que se requería $f \in C(I)$, se entiende por $C(I)$ el espacio vectorial sobre el cuerpo real **R** de las funciones definidas en un intervalo $I \subset$ **R** y que toma valores también en **R**, es decir, si $x \in I$ ha de ser $f(x) \in$ **R**.

Los resultados obtenidos se generalizan sin dificultad cuando se toman como funciones permisibles para datos o soluciones, espacios vectoriales de funciones definidas en un intervalo real **I**, pero que toman valores en el cuerpo de los números complejos **C**. Estos espacios de funciones complejas de variable real resultan especialmente convenientes en los sistemas lineales, como ya puede presumirse de lo dicho en las secciones anteriores de este capítulo.

Por tanto, en este capítulo, cuando por ejemplo pongamos $\varphi \in C^{n}$ (**I**), deberá entenderse que φ está definida en un intervalo real $I \subset$ **R** y que toma valores en **C** de modo que $\varphi = \varphi_1 + i\varphi_2$, donde φ_1 y φ_2 son dos funciones reales definidas en I cada una poseyendo n derivadas continuas. Evidentemente el espacio vectorial C^{n} (**I**) de funciones reales está contenido en el espacio vectorial C^{n} (**I**) de funciones complejas.

Asimismo, en $\bar{f} \in$ **C** (**D**), siendo $\bar{f} = \bar{f}$ $(x, \bar{y})$, $\bar{y} = (y_1, ..., y_n)$, $\bar{f} = (f_1, ..., f_n)$ debe entenderse que cada una de las componentes f_i es continua en el dominio **D** de la variable real x y de las n variables complejas $y_1 ..., y_n$, de modo que **D** tiene $2n+1$ dimensiones reales. Finalmente, si se escribe **F** $(x, \bar{y}, \bar{m})$, como en el teorema 9.2, debe entenderse que las **l** componentes $m_1, ..., m_j$, del vector $\bar{m}$ pueden variar en el plano complejo.

En toda la sección presente supondremos el intervalo I=[a, b], $a<b$, compacto y por tanto cerrado. En general, para hacer el estudio en intervalos abiertos o en los no acotados conviene partir del estudio en intervalos compactos [a, b]; y la consideración de intervalos abiertos no suele ofrecer dificultad.

2. *Sistemas*. – Sea el sistema lineal en forma normal

$$\frac{dx_1}{dt} = a_{11}(t) \cdot x_1 + \cdots + a_{1n}(t) \cdot x_n + b_1(t)$$

$$\frac{dx_2}{dt} = a_{21}(t) \cdot x_1 + \cdots + a_{2n}(t) \cdot x_n + b_2(t)$$

$$\cdots\cdots\cdots\cdots\cdots\cdots\cdots\cdots\cdots\cdots\cdots\cdots\cdots\cdots\cdots\cdots\cdots \qquad [4.1]$$

$$\frac{dx_n}{dt} = a_{n1}(t) \cdot x_1 + \cdots + a_{nn}(t) \cdot x_n + b_n(t)$$

que abreviadamente podemos escribir en la forma vectorial

$$x' = A(t) \cdot x + b(t) \qquad [4.2]$$

donde *x'*, *x*, *b* son vectores *n*-dimensionales y A (*t*) es una matriz *n* x *n*. Si *b* es el vector idénticamente nulo, el sistema se llama *homogéneo*. En caso contrario se llamará *no homogéneo* o *completo*.

Nos proponemos demostrar el siguiente teorema fundamental relativo a la existencia, unicidad y prolongación de la solución del problema de Cauchy para [4.2].

TEOREMA 4.1. – *Sea* I = [a, b]; b_i, $a_{ij} \in$ **C** (I) *para todo i, j*=1, 2, ..., n. Sean $t_o \in$ I, $x^0 \in$ **C**^{n}.

Entonces existe una única función vectorial φ (*t*) *definida en I -que se llama solución particular, integral particular* o *curva integral que pasa por* (t_o, x^2)*- tal que:*

1) *tiene derivada continua:* φ $\in$ **C**^{1} (I);

2) *satisface la ecuación vectorial*

$\varphi^1(t) = A(t)\varphi(t) + b(t)$, *t* $\in$ I

3) *verifica* $\varphi(t_0) = x^0$.

Alberto Dou

La primera característica del lenguaje técnico y científico es su carácter d*e lengua de grupo*, limitada o "secreta". Sólo una parte de la comunidad que ha recibido una preparación previa puede entender un texto como el que copiamos arriba, a pesar de que, una vez dentro de ese grupo de iniciados ya no ofrece problemas específicos y es, más bien, de carácter introductorio y general.

El lenguaje técnico y científico no se dirige a toda la comunidad, sino que tiene un carácter reservado o limitado.

Si se trata de una lengua técnica de tipo didáctico o pedagógico, hará un uso de los medios lingüísticos comunes y generales para su propia explicación. Como se ve en el texto que precede, el autor usa la lengua común para explicar las peculiaridades técnicas y científicas en las que profundiza.

El lenguaje de la ciencia y la técnica se apoya en la función metalingüística del lenguaje ordinario: usa la lengua para explicarse.

Además de esa lengua ordinaria, que sirve de base a la expresión científica, hay una necesidad imperiosa de este tipo de lenguaje, la de ser *preciso,* para lo cual debe evitar todo tipo de ambigüedades, de modo que ha de caracterizarse por su *especialización semántica:* los términos empleados deben tener un referido único, de modo que nunca se pueda usar un mismo término para dos referidos distintos, es decir, para dos seres reales o conceptuales (cosas o ideas) diferentes.

El lenguaje científico debe evitar la ambigüedad.

Para evitarla, es necesario que exista un acuerdo, lo que da a esta lengua otro de sus rasgos característicos: su *convencionalidad.* La lengua científica y técnica es el resultado de un acuerdo entre los usuarios, de un consenso, a veces tácito, o sea, no explícito, pero efectivo.

El lenguaje científico es convencional.

Esto quiere decir, en resumen, que

- La lengua de la ciencia y la técnica usa como base expresiva el lenguaje ordinario.
- Con función metalingüística predominante, va usando su lenguaje para explicarse a sí misma, para hacerse inteligible.
- Su ideal es que cada concepto sea expresado por un solo término, y que, viceversa, cada término exprese un solo concepto, es decir, evitar la ambigüedad.
- Para ello se construye un lenguaje convencional, en el que los términos se definen y son generalmente aceptados, de modo que todos los utilicen del mismo modo.

El lenguaje científico busca como metas específicas la precisión y la claridad.

Para lograr estas metas, el criterio clásico ha sido la búsqueda permanente de definiciones satisfactorias. Para ello, cada autor establecía previamente lo que quería decir con cada término o a qué escuela terminológica se adhería. Hecho esto, debía resultar claro que siempre se atenía a esa definición propia o de su escuela.

Requisito imprescindible es la coherencia terminológica: una vez que se ha empleado un término en un sentido o con un valor definido, es preciso mantenerlo.

Para evitar los inconvenientes del sistema clásico, que se presta a discusiones vacías, puramente nominalistas, es decir, sobre el valor de los términos en sí mismos y no del concepto que recubren, la ciencia moderna recurre con toda la frecuencia posible a la *formalización*. Se busca un lenguaje formalizado, unívoco, en el que no quepa, desde el principio, más que una interpretación de cada uno de sus símbolos.

La formalización es un recurso del lenguaje científico para lograr la univocidad necesaria.

No todas las ciencias admiten el mismo grado de formalización; las matemáticas o la cibernética, por ejemplo, son susceptibles de un grado mayor, lo que contribuye, como veremos inmediatamente, a la creación de su vocabulario propio, d*e su léxico específico*.

En nuestro texto hay una gran cantidad de elementos lingüísticos que están resaltados para indicar que se toman con su valor especializado:

R (versal, negrita) es el *cuerpo real* (todos los números reales [-5, 7, $\sqrt{4}$, 3/4], con las operaciones de suma y producto).

f (cursiva) es una función.

I (versal, negrita) es un *intervalo,* o sea, una parte del conjunto total, con propiedades características (cualquier subconjunto **no es** un intervalo).

C (versal, negrita, cursiva) es el *espacio vectorial sobre un cuerpo real* **R** de funciones continuas.

Los paréntesis en torno a I indican que esas funciones se definen precisamente en **I**.

⊂ indica que lo que le precede *está contenido* en lo que le sigue.

∈ indica que lo que le precede *es un elemento* de lo que le sigue.

C (negrita) es *el cuerpo de los números complejos.* (Un número complejo es un número no real [$\sqrt{-5}$ =$\sqrt{5}$ i donde i=$\sqrt{-1}$, que es una parte imaginaria]. Todo número complejo tiene una parte imaginaria y otra real.)

Se utiliza, por tanto, un conjunto de signos especiales o especializados, que no forman parte, como tales, del lenguaje ordinario. Pero, además, el lenguaje ordinario también se especializa, como se verá a continuación.

2. El vocabulario científico

Además de esta simbología que, aplicada a nuestro texto, se resumía en el párrafo precedente, ya hemos aludido a la especialización léxica que constituye el vocabulario científico, especialización presidida por la necesidad de evitar la ambigüedad y de alcanzar la mayor claridad posible.

Por ello, y sin abandonar el texto que comentamos, se nota inmediatamente que son específicos términos como *sistema* o *estructura* (un conjunto con una operación), *ecuación* (relación de igualdad), *lineal y linealización* (de primer grado), *ecuación diferencial, función, vector, espacio vectorial, cuerpo real, definido, intervalo, número complejo, variable,* etcétera.

Estos términos pueden encontrarse en los diccionarios usuales, pero en ellos se encontrarán con una serie de distintos sentidos, mientras que aquí sólo pueden tener uno. Sólo en ciertos casos puede que el diccionario usual nos aclare la especificación habitual de un término. Así, el diccionario académico de 1970 recogió en sus ampliaciones esta enmienda a *función:* "*5. [Enmienda] Mat.* Número que resulta de efectuar determinadas operaciones con uno o varios datos numéricos". El diccionario, por tanto, nos indica ya que ese empleo de función, con esa acepción *5*, está restringido a las Matemáticas.

Las ciencias usan términos que son o se tienen por patrimonio de otras distintas, como sucede entre la Matemática y la Física. Así, el término *vector*, que se emplea arriba, quedó definido por el diccionario académico, en sus adiciones de 1970, de esta manera: "[Enmienda a la 1.ª acepción) *Fís.* Toda magnitud en la que, además de la cuantía, hay que considerar el punto de aplicación, la dirección y el sentido. Las fuerzas son vectores."

Para penetrar en la significación de un texto del carácter de los que aquí nos ocupan, se precisan, por tanto, dos requisitos:

– Conocimiento de la semiología de esa ciencia, es decir, de los símbolos y sistema de formalización.
– Conocimiento de los elementos que incorpora del lenguaje ordinario y de cómo construye, a partir de ellos, su vocabulario específico.

Sigamos con nuestro texto y con la ciencia a la que pertenece. En Matemáticas, como en Física, son fundamentales dos conceptos que aquí vemos aplicados, el de *constante y* el de *variable*. Es fácil dar de ambos una definición intuitiva, que se ajusta bastante al empleo usual, por otra parte: se usa *constante* para lo permanente, lo que no sufre variación, o, con otras palabras, el símbolo en el que la relación entre la expresión y el contenido es constante. *Variable,* en cambio, es lo que admite variación, es decir, el símbolo en el que es variable la relación entre expresión y contenido.

*V*eamos unos ejemplos: **5** (cifra arábiga) o **V** (cifra latina) son constantes, su contenido es siempre el mismo, es decir, "cinco", y lo mismo sucede con todas las cifras que corresponden a los números. Las letras latinas, en cambio, se utilizan generalmente en estas ciencias para las *variables,* sobre todo las últimas letras del alfabeto, así decimos:

$$5 + 3 = X$$
$$6 + 3 = X$$
$$5 + 1 = X$$

donde X ha valido, sucesivamente, "ocho", "nueve" y "seis", es decir, X es una variable, porque su contenido no es permanente, sino que depende del valor que arbitrariamente se le quiera dar, en cada caso.

Atendiendo a ello podemos entender ahora otro aspecto de nuestro texto, adecuado al lenguaje matemático: la letra x se utiliza en él para *cualquier* "variable real" y la letra y para *cualquier* "variable compleja"; la letra n, como de costumbre, es la expresión de un número indeterminado, y m_i es cualquier componente de $\overrightarrow{m}$, que es, a su vez, un vector cualquiera.

3. Creación de terminología científica

Éste es un problema grave para la supervivencia de las lenguas actuales, dominadas por el peso del inglés, con su facilidad para la adaptación de términos de carácter clásico, *latín y griego,* y la permisividad en la formación de compuestos, de escasa longitud cuando proceden del léxico anglosajón: piénsese e*n input, output* para "entrada de datos y programa" y "salida de datos", en la cibernética, por ejemplo, en el carácter más vago, en relación con ellos y en castellano, de *entrada* y *salida,* y en lo rebuscado de otros términos propuestos, que incluso son desagradables al oído, como *inducto y educto.* Mientras que para un hablante inglé*s input (*in "en" put "poner") y *output* (out "fuera") son inmediatamente transparentes, no se puede decir lo mismo de cualquiera de los términos latinos propuestos arriba que pretendan sustituirlos. En estas condiciones lo que sucede es que triunfa la comodidad, que, en la ciencia, viene dada por la univocidad o falta de ambigüedad, y se acaba diciend*o input* y *output* en español anglicado, con lo que se introducen dos anglicismos más en la lengua.

Dada la gravedad de la situación, no cabe duda de que todos estamos obligados a contribuir con nuestra ayuda, favoreciendo las soluciones que eviten los barbarismos y evitando la multiplicación de las mismas, pues el peligro contrario es que cada cual se invente o se afilie a la traducción de *input y output* que más le guste, con lo que el problema se agrava y, al final, se hace necesario volver a las palabras inglesas para entenderse.

Hay, naturalmente, soluciones, como una comisión de la UNESCO para la terminología científica, o el denodado empeño de las academias, incluyendo rápidamente en el diccionario los términos técnicos generalizados. Ha habido también iniciativas particulares, como en I.B.M. desde muy temprano, por ejemplo, y otras empresas, pero, en general, falta la cohesión necesaria que podría imponer una institución de coordinación de terminología científica, de la que, al menos operativamente, carecemos.

El recurso a las lenguas clásicas, tan útil a lo largo de toda la historia del español y tan provechoso en francés, por ejemplo, se hace cada vez más difícil, al haberse reducido lamentablemente este tipo de estudios, de modo que se hace necesario tener conocimientos ya no normales para explicarse la ecuación *odontólogo = dentista,* y tantos otros casos, que pertenecían al acervo de una cultura poco más que elemental hace pocos años. En estas condiciones, el empleo de términos latinos o griegos, en vez de los anglosajones, resulta igualmente artificial y hasta más incómodo, desgraciadamente, y los abandonamos, al no resultarnos, tampoco, motivados.

Esforzarse por crear una terminología propia y ello tanto en castellano como en vascuence, en catalán o en gallego, es un trabajo de lucha por la propia cultura y se engaña quien se crea instalado en una lengua y sin necesidad de vigilarla o reformarla, adaptándola a las necesidades del momento, porque los hablantes toman lo que necesitan de donde lo encuentran, y el resultado es una invasión de extranjerismos (barbarismos) que es grave ya cuando somos conscientes de ella.

En épocas pasadas de adaptación a ciencias que venían del exterior (más o menos próximo), como los siglos XIII (árabe) y XVIII (francés), el criterio fue aceptar lo que no tenía equivalente en español, y sustituir el barbarismo por la palabra española cuando ésta existía. Para ello es imprescindible, más que un conocimiento de la gramática, un conocimiento de la lengua, logrado por la lectura y una preocupación por la misma, vinculada a nuestra responsabilidad de defensores de una cultura que no es nuestra para hacer con ella lo que queramos, sino para transmitirla, enriqueciéndola con nuestra aportación.

CARTAS ERUDITAS

Concédese que, por lo común, es vicio del estilo la introducción de voces nuevas o extrañas en el idioma propio. Pero ¿por qué? Porque hay muy pocas manos que tengan la destreza necesaria para hacer esa mezcla. Es menester para ello un tono sutil, un discernimiento delicado. Supongo que no ha de haber afectación, que no ha de haber exceso. Supongo también que es lícito el uso de voz de idioma extraño, cuando no hay equivalente en el propio; de modo que, aunque se pueda explicar lo mismo con el complejo de dos o tres voces domésticas, es mejor hacerlo con una sola, venga de donde viniere. Por este motivo, en menos de un siglo se han añadido más

4. Exigencias gramaticales y semánticas de la exposición científica

Ya se dijo que la exposición científica utiliza la lengua común, si bien con ciertas peculiaridades especializadoras. Desde el punto de vista gramatical, las reglas de construcción de frases que se usan habitualmente son las mismas en la expresión de la ciencia: no existen frases que se puedan construir para exponer una cuestión de *Química,* pero no para hablar normalmente y viceversa.

La base gramatical del lenguaje de la ciencia y la técnica es la misma del lenguaje ordinario.

Ningún tipo de exigencias justifica el empleo de incorrecciones lingüísticas en un texto científico; ni el recurso a la brevedad, ni una (supuesta) claridad, ni la (falsa) creencia de que el lenguaje de la ciencia no es importante desde el punto de vista lingüístico. Por desgracia, el descuido se impone en muchos de los escritores científicos y no falta quien dice descuidar a propósito las reglas de la gramática, como si ello pudiera excusar cualquier tipo de ignorancia.

El mayor peligro para que nuestras ideas no sean comprendidas es que estén mal expresadas. Una frase mal construida puede ser ambigua, grave falta en este tipo de lenguaje, o incomprensible, lo que también atenta a la claridad exigida. En el quinto párrafo de nuestro texto el autor usa: φ_1 y φ_2 *son dos funciones reales definidas en* **I** *cada una poseyendo n derivadas continuas.* El gerundio *poseyendo* le habrá parecido, sin duda, más corto y sencillo que *de las cuales posee,* pero, con su construcción (y su aversión a las comas) lo que podría entenderse (y, en rigor, debería entenderse, aunque fuera inexacto) es que "son dos funciones reales cada una de las cuales está definida en **I** y que poseen (no se sabría si cada una o conjuntamente) n derivadas continuas". No es lo mismo, como se ve, y por ello es muy conveniente evitar este tipo de gerundio, tan cómodo como falso.

Desde el punto de vista semántico no cabe sino insistir en lo que se viene diciendo desde el principio: las exigencias de claridad y univocidad obligan a elegir cuidadosamente los términos que se deben emplear y a utilizarlos con precisión y coherencia, es decir, manteniendo su uso y su valor, haciéndolos constantes. Para ello es conveniente, en cada caso, ser conscientes de los elementos semánticos que se utilizan y de su valor exacto.

La lengua de todos los días nos ofrece algunos ejemplos de deturpación del vocabulario científico. Recogeremos uno de esos ejemplos, tan repetido que ha provocado ya un cambio semántico y lleva a situaciones de incomprensión. Se trata de la palabra *álgido,* en la frase *punto álgido.* Originariamente significa "muy frío" y, en Medicina, se usa para los momentos en los que desciende la temperatura, con riesgo mortal, como el *punto álgido del cólera morbo.* Este frío coincide con momentos críticos, por lo tanto. La confusión semántica se produce porque generalmente el carácter crítico no se vincula al frío sino al calor. Así *momento álgido* o *punto álgido,* que eran las ocasiones en las que la bajada súbita de la temperatura ponía en peligro la vida del enfermo, se reinterpretan como "momento culminante", o "momento crítico". Esta interpretación se apoya en el estado crítico del enfermo o en el punto culminante de un preparado químico que deba hacerse en esa temperatura más baja. La evolución y el cambio de sentido son inmediatos. Lo "crítico" se relaciona habitualmente con el calor, de modo que, por ejemplo, el momento de más calor en una discusión es el "punto culminante" de la misma. Por eso se dice que sea "el punto álgido", con un cambio total de sentido, puesto que *álgido* pasa (por error) a significar "caliente" o "ardiente". Pierde así su valor originario, totalmente opuesto, de "muy frío". Si un hablante utiliza la palabra con el valor (originario) de "muy frío", y otro con el valor (nuevo y contrario a la etimología) de "muy caliente", la confusión será inevitable.

En el terreno estrictamente científico, cuestiones similares se plantean cuando la terminología no está unificada: es lo que sucede, por ejemplo, con el término *morfema,* que, para los estructuralistas de tipo americano incluye los *morfemas léxicos* y los *gramaticales,* mientras que, en la versión europea, sólo se aplica a los *gramaticales,* obligando a usar en Europa el término *monema* para traducir el *morfema* americano.

No hay ninguna razón por la que la lengua científica no deba ajustarse a las condiciones de adecuación y elegancia de la lengua común, al mismo tiempo que es necesario que evite toda ambigüedad semántica o de construcción.

5. Ordenación del contenido en el discurso científico

La exigencia fundamental de *claridad* no es sólo imprescindible en la selección terminológica, sino también y muy especialmente, en la construcción del texto.

Hemos presentado, al iniciar este capítulo, un texto de A. Dou en el que se observan perfectamente las partes fundamentales de una construcción científica:

El texto se abre con un *título general,* "Sistemas y ecuaciones lineales" en el que se enuncia el contenido de lo que se tratará. Digamos que es el enunciado del *tema,* para dar al lector la orientación más amplia posible.

La orientación del título general es muy poco precisa, lo que obliga a un *subtítulo* o título del *epígrafe* o *apartado 4.* "Teoremas de existencia, unicidad y prolongación", que nos da una información mayor, al mismo tiempo que limita la comprensión: el número de personas que han oído hablar, aunque sea vagamente, de sistemas y ecuaciones lineales es, desde luego, mayor que el que ha oído hablar de teoremas de existencia, unicidad y prolongación.

El *título* del capítulo o tema y el del párrafo o apartado tienen, por tanto, un papel informativo imprescindible, lo que quiere decir que son totalmente necesarios para construir correctamente un texto científico. Nos dan una primera información y, al mismo tiempo, aunque sea de modo muy general, nos resumen el contenido.

Tras los títulos viene la *introducción,* que es el *planteamiento* de lo que se va a tratar, Una introducción completa debe reunir tres requisitos:

– Historia del problema.
– Estado de la cuestión, situación actual e implicaciones teóricas.
– Enfoque elegido para el acercamiento del tratadista.

Nuestro texto es un fragmento de otro mayor y por ello no recoge nada del primer punto. Sí lo hace del segundo, pues resalta su importancia al decirnos que "son importantes en sí mismos ..." y que "plantean una extensa clase de problemas ...". En cuanto al enfoque, queda también clara una coherencia con la exposición previa ("el capítulo anterior") así como la elección de este enfoque teórico por el carácter fundamental de los sistemas lineales, en sí y como medio para el estudio de los no lineales, por su carácter teórico y porque "en la formulación matemática de problemas físicos y técnicos surgen espontáneamente y con frecuencia, ecuaciones diferenciales lineales".

El enfoque se complementa con los datos de carácter técnico que son específicos de la ciencia en cuestión y que a nosotros no nos interesan aquí, porque no estamos tan pendientes de lo que dice como de cómo lo dice. En este punto entra todo lo relacionado con $f \in C(\mathbf{I})$, $\varphi \in C^n(\mathbf{I})$, $\bar{f} \in C(\mathbf{D})$, es decir, lo estrictamente técnico.

Se encuentra a continuación la entrada en materia, que tiene tres partes de las que sólo se recogieron dos: en el apartado *sistemas* se presenta el contexto en el que se demostrará la verdad o falsedad de lo que se enuncia, es decir, se limita el campo de aplicación de lo que sigue. Esta limitación es muy característica de la ciencia, y obedece al rigor necesario.

Se expone inmediatamente después el *teorema,* es decir, la verdad que se intenta demostrar y que debe reunir los requisitos de rigor, a los cuales nos hemos referido en todo este capítulo. El teorema plantea una condición lógica: si es cierto que se dan tales y tales requisitos, que, como en este caso, se especifican, debe cumplirse también, en consecuencia, tal o cual cosa. En nuestro caso son tres las consecuencias de las premisas, expuestas en los epígrafes 1), 2) y 3) del teorema.

Tras el teorema viene la *demostración,* que nosotros ya no hemos recogido, y tras ésta la *conclusión,* en la que se afirmará, tras la demostración, si el teorema se comprueba o no, si es o no aceptable.

En conjunto, pues, se trata de la proposición de una *tesis* que se pretende demostrar, de los *razonamientos* encadenados que suponen esa demostración, y de la *conclusión* en apoyo o rechazo de esa tesis.

Los elementos constituyentes del discurso científico se ordenan en un planteamiento, una limitación o señalamiento de restricciones, la postulación de una tesis o teorema, su demostración y unas conclusiones, afirmativas o negativas.

No hace falta insistir en que éste es el orden lógico del discurso científico y que la alteración de estos elementos puede producir confusión y desajustes en la comunicación científica, hasta la incomprensión total.

6. Comprensión y síntesis de textos

A continuación, se tratará de comprender, desde el punto de vista del lenguaje, lo que se nos dice en el texto que abre este capítulo, para sintetizar, inmediatamente, sus puntos principales.

De todos los sistemas y ecuaciones, los lineales son los más importantes. Son importantes en sí mismos, porque surgen espontánea y frecuentemente ecuaciones diferenciales lineales en la formulación matemática de problemas físicos y técnicos. Y son importantes, sobre todo, porque plantean una extensa clase de problemas en los cuales se dan dos circunstancias que faltan en los problemas a los que dan lugar las ecuaciones no lineales: 1) se pueden estudiar más a fondo, y 2) se pueden estudiar más fácilmente. Ello conduce al interés de "linealizar" problemas no lineales, usando los sistemas lineales como medio para estudiar los no lineales. De ahí se deduce que tienen un carácter fundamental.

El autor del texto recogido, en un capítulo anterior de su libro, presentaba situaciones del tipo:

$$f \in C\,(\mathbf{I})$$

es decir:

1) "*f* es una función de $C\,(\mathbf{I})$".
2) "$C\,(\mathbf{I})$ se lee C de $\mathbf{I}$".
3) "$C\,(\mathbf{I})$ es el espacio vectorial sobre el cuerpo real $\mathbf{R}$ de las funciones definidas en un intervalo $\mathbf{I}$ contenido en $\mathbf{R}$, y que toman valores en $\mathbf{R}$".
4) Un *espacio vectorial* es un conjunto de cuatro elementos: El primero es el *conjunto* cuya estructura se quiere establecer (por ejemplo, aquí las funciones continuas, o sea, lo que estamos llamando C).

   El segundo es un conjunto de *escalares* (los escalares son los números, que, frente a los vectores, son magnitudes sin dirección ni sentido).

   El tercero es la *operación interna* "suma" (una *operación interna* es aquella en que los dos operandos pertenecen al conjunto sobre el que se está definiendo la operación: 3 peras + 8 peras, pero no 3 peras + 8 manzanas; aquí lo que se suma son funciones de C).

   El cuarto es la *operación externa* "producto", que se obtiene operando un elemento del conjunto de escalares (números) con un elemento del conjunto primero (en nuestro caso, C).

   Ese conjunto de estos cuatro elementos que acabamos de definir tiene que tener, respecto de la suma y del producto, tal y como quedan definidos, las propiedades características que le dan esa estructura y en las cuales no entramos. Recuérdese que lo que nos interesa no es explicar un tema matemático, sino ver la complejidad que se esconde debajo de un texto científico con su lenguaje especial.
5) Un *cuerpo real,* como ya sabemos, es el conjunto de los tres elementos: $\mathbf{R}$ (números reales), + (suma), (producto), con las propiedades que estas operaciones tienen que cumplir.
6) *Una función definida en un intervalo* $\mathbf{I}$ es una función $f(x)$, donde la variable "x" toma valores del intervalo $\mathbf{I}$.
7) Decir que las funciones "toman valores en $\mathbf{R}$" significa que $f(x) \in \mathbf{R}$ (*f* de *x* pertenece a $\mathbf{R}$), o sea, que en lugar de "x" hay que colocar siempre un número, pero precisado luego como uno de los que corresponden al intervalo $\mathbf{I}$, es decir, sólo una parte de los de $\mathbf{R}$.

A continuación, se insiste en la fácil generalización de los resultados obtenidos, reiterando lo tratado.

Se habla luego de una formalización de este capítulo:

$$\text{“}\varphi \in \boldsymbol{C}^{\,n}(\mathbf{I})\text{”}$$

que se lee "la función φ es un elemento de $\boldsymbol{C}^{\,n}(\mathbf{I})$" (la n voladita significa que todas las funciones (φ) de $\boldsymbol{C}$ son n veces derivables).

Se dice también que las funciones (φ) toman valores en $\boldsymbol{C}$, que es el cuerpo de los números complejos, es decir, que tendrán una parte real y otra imaginaria

$$\varphi = \varphi_1, + i\varphi_2$$

lo que quiere decir que la función φ es igual a una parte real, $\varphi_1 \in \boldsymbol{C}^{\,n}(\mathbf{I})$ y otra imaginaria $i\,\varphi_2$, en la que i es la unidad imaginaria, $\sqrt{-1}$, y $\varphi_2 \in \boldsymbol{C}^{\,n}(\mathbf{I})$.

No entraremos en el párrafo en que aparece $\bar{f}$, que es una función vectorial, porque estamos en un plano muy complejo y tendríamos que explicar el dominio $\mathbf{D}$, la ecuación de un sistema diferencial F y el teorema 9.2.; sólo diremos que un vector se representa con una letra con una raya o una flechita sobre la letra que lo significa, que las m son las derivadas correspondientes, e $\mathbf{I}$ el conjunto de subíndices. En todo el párrafo se insiste en la extremada concisión que caracteriza este tipo de lenguaje.

La introducción termina con la definición del intervalo $\mathbf{I}$. $\mathbf{I}$ es un subconjunto del conjunto de números reales que abarca los números a y b y todos los que haya entre ambos. Definido así, es $\mathbf{I} = [a,\, b]$. Por ejemplo, si a=5 y b=6, I= {5, ..., 5, 5, ..., $\sqrt{30}$, ..., 6}, a es menor que b y, además, es *compacto,* noción topológica fundamental, sobre la que no podemos extendernos; [que es *cerrado* implica que a y b son elementos de $\mathbf{I}$, junto con todos los intermedios, si fuera *abierto* sólo serían elementos de $\mathbf{I}$ los intermedios, no a ni b. La notación abierta sería $\mathbf{I}=(a,\, b)$].

El texto pasa luego a definir el *sistema: lineal,* porque sólo tiene derivadas en primer grado, sólo deriva una vez; *en forma normal* quiere decir que aparecen todos los sumandos posibles, el desarrollo máximo y, a la vez, más sencillo, porque todo está explícito, no hay nada que no se exprese. De hecho, comenta inmediatamente una posibilidad, al decir "si b es el vector idénticamente nulo ...", lo que significa que todas las componentes de b (o sea, b_1, b_2, ..., b_n) sean $\varnothing$. En este caso mutilaríamos las ecuaciones en su último sumando y el sistema se llamaría *homogéneo.* Aquí, en cambio, el sistema está *completo* (no es homogéneo), y así se llama.

Lo que se representa en el texto es un sistema de n ecuaciones, en las que aparece la derivada respecto de *t*, representada como

$$\frac{dx}{dt}$$

Las "*x*" son funciones de *t*, que es la variable.

El *teorema* busca demostrar la existencia de una única solución del sistema, para lo cual tiene que cumplir tres condiciones, que se enumeran, y estar situada en el marco propicio dado mediante el intervalo **I**= [*a*, *b*] y las funciones continuas b_j, $a_{ij} \in C$ (**I**).

Que φ (*t*) [φ de *t*] sea solución nos lo da justamente la condición 2), es decir, satisface la ecuación vectorial que aparecía abreviada en el texto

$$x'=A(t)\ x+b(t)$$

[para φ sería: φ'(*t*)=*A*(*t*)φ(*t*)+*b*(*t*); ya hemos dicho que *t* era la variable, perteneciente a **I**, o sea, *t* ∈ **I**].

El apartado 3) indica cuál es exactamente la solución buscada, ya que, hemos dicho, tenía que ser única y podrían ser infinitas sin esta condición [φ (t_0) tiene que pertenecer a un espacio complejo C^n y ser igual a un x^o (C^n), es decir, fijamos previamente tanto "t_0" como "x^0"].

Para **resumir** el texto seguiremos las líneas fundamentales de su construcción:

- *Introducción*: Recoge planteamientos previos encaminados a demostrar la importancia de los sistemas y ecuaciones lineales. Intenta aclarar los conceptos sobre los que *va* a trabajar, en cuanto a exponer una notación precisa en cada caso. Va definiendo *f* ∈ *C*(**I**), φ ∈ C^n(**I**), al igual que concreta quién es **I**.

- *Sistemas:* Explicita el sistema lineal para el que va a enunciar el teorema de existencia y unicidad de solución.

- Enuncia un *teorema,* el cual afirma que *existe una única función* que satisface tres condiciones explícitas y la llama *solución particular.*

No se olvide que sigue la *demostración,* que prueba la veracidad del teorema, y que no se ha recogido.

Este texto es, sin duda, sumamente complejo y ha sido elegido como caso muy representativo del lenguaje más preciso y formalizado.

7. Ejercicios

1. A continuación, se incluyen textos para realizar ejercicios de comprensión y síntesis:

Texto A

A título de ejemplo, nos permitiremos guiar este comentario con algunas preguntas:

— ¿De qué se compone el Universo?
— El primer párrafo contiene una definición de la Química, ¿qué parte de la composición del Universo estudia?
— ¿Por qué es demasiado limitada esta definición de la Química?
— ¿Por qué es demasiado amplia?
— ¿Cómo se entiende que una definición pueda ser a la vez amplia y limitada?
— ¿Qué conclusión saca el autor acerca de la delimitación del campo de la Química?
— ¿Qué ciencias se relacionan con la Química?
— ¿Qué conclusión saca el lector?
— ¿Por qué el lector está o no está de acuerdo con el autor?

Veamos otro texto del mismo autor:

Texto B

1–5. El método científico. - Un motivo importante para el estudio de la ciencia es aprender el método científico de abordar un problema. Este método puede ser valioso no sólo en el campo de la ciencia, sino también en otras actividades: mercantiles, jurídicas, sociológicas, etcétera. Es imposible presentar una relación completa del método científico en pocas palabras. De momento, se da una visión parcial que se ampliará ... Aquí deseo expresar que el método científico consiste, en parte, en la aplicación de los principios del razonamiento riguroso que se ha desarrollado en las Matemáticas y en la Lógica a la deducción de conclusiones ciertas a partir de una serie de postulados aceptados. En cualquier rama de las Matemáticas, los postulados básicos se aceptan como axiomas, y después todo lo demás se deriva de estos postuladas. En la ciencia y en otros campos de la actividad humana, los postulados básicos (principios, leyes) no se conocen, sino que deben ser descubiertos. El proceso de descubrimiento se llama *inducción*. El primer paso para aplicar el método científico consiste en buscar algunos hechos por observación y experimentación; en nuestra ciencia, estos hechos corresponden a la Química descriptiva. El paso siguiente comprende la clasificación y agrupación de los hechos por medio de una relación. Si ésta es tan general que incluya en sí misma un número grande de hechos, se llama *ley*, a veces *ley de la Naturaleza*.

– Explíquese el contenido del texto.
– Resúmase.

Texto C

*LOS ELEMENTOS DE EUCLIDE*S (traducción)

NOCIONES COMUNES (κοινάι έννόιαι)

Las nociones comunes o axiomas vienen a ser distintas de los postulados, según Proclo, no tan sólo por el carácter constructivo de estos últimos, de los cuales sobradamente se ha hablado, mas también por ser los axiomas principios comunes a varias ciencias (o relativos a la magnitud en general) y de los postulados pertinentes a la particular disciplina geométrica. Una distinción del mismo género, entre principios o cosas comunes (τά κοινά) y principios particulares, se encuentra, sin embargo, en Aristóteles (*Analyt. pos*t. I, II, 77 a 30). Mas es notable que Aristóteles no hable nunca de *nociones* comunes usando el término pitagórico de axioma ἀξιώματα (dignidad); en cambio la palabra ἔννοια no parece encontrarse tomada con significado técnico en Platón o Aristóteles, sino solamente más tarde entre los Estoicos. Pero las deducciones que cada uno (Tannery) ha querido sacar de esta circunstancia, poniendo en duda la autenticidad de las Nociones euclídeas, caen ante la observación que la voz ἔννοια se encuentra en un fragmento de Demócrito. Y porque entre la obra perdida de éste hay un tratado de geometría, que por su disposición recuerda los *Elementos* de Euclides, es lícito argumentar que el texto democríteo pudiese aportar precisamente esta denominación de los axiomas, y que de aquí Euclides la tomara (v. Enriques: *Per la storia della Logica,* cap. I).

Federico Enriques

2. Exposición y desarrollo de temas científicos y técnicos

Este capítulo puede complementarse con otros ejercicios de desarrollo libre en clase. Estos ejercicios tendrán la finalidad de enseñar a los alumnos cómo exponer y desarrollar textos científicos. Por ello, bastará con señalar que estas redacciones deben estructurarse, de acuerdo con lo que se ha repetido en este capítulo, en tres puntos mínimos:

Introducción y planteamiento.
Desarrollo.
Conclusiones.

Entre la introducción y el planteamiento puede incluirse un apartado de *crítica* de las opiniones anteriores. Antes de las conclusiones puede incluirse un apartado de *defensa* de la propia aportación, de *justificación* del trabajo realizado.

XI. TEXTOS JURÍDICOS Y ADMINISTRATIVOS

1. Rasgos lingüísticos
2. Fórmulas fraseológicas y léxicas
3. Análisis semántico de textos jurídicos y administrativos
4. Ejercicios

1. Rasgos lingüísticos

Del mismo modo que el lenguaje técnico y científico, el lenguaje jurídico debe ser preciso y evitar la ambigüedad. Hay, sin embargo, una gran diferencia entre ambos: el lenguaje científico recurría a la formalización, según se analizó, y de ese modo conseguía la exactitud requerida. Esta formalización no puede conseguirse de modo similar en los usos del derecho, por lo cual este lenguaje ha de recurrir a un procedimiento característico:

El lenguaje del derecho se caracteriza por la mención explícita de todos los supuestos y referencias necesarios.

Nos encontramos así con una lengua de un léxico amplio y rico, en el que se utilizan sinónimos para expresar todo tipo de matices. Por ejemplo, supongamos una escritura pública (redactada ante notario y registrada) de venta de un piso, en la cual se menciona que una de las partes (comprador o vendedor, el segundo en este caso) está representada por una persona que es su *apoderado,* es decir, que tiene un documento notarial de *poder* actuar en lugar de otro. No basta con mencionar que ese *poder notarial* existe, sino que es necesario aclarar explícitamente este hecho, de esta manera (u otra similar):

Intervienen: El primero (ya mencionado antes) como vendedor, en representación de D. XX, según escritura de apoderamiento otorgada en día F. ante Notario de Y, D. ZZ, bajo el número NN, que confiere las facultades siguientes: ---------------------------------

"Comprar, vender, suscribir, canjear y pignorar valores y cobrar sus intereses, dividendos y amortizaciones. Comprar, vender, permutar pura o condicionalmente, a retro, con precio confesado, al contado o plazos, toda clase de muebles, inmuebles, derechos reales y personales.---------------------------------

En lo omitido no hay nada que limite, modifique, condicione o restrinja lo inserto literal y parcialmente.---------------------------------

Podemos, a la vista del texto anterior, además de ese rasgo definido como empleo de sinónimos para evitar la ambigüedad, dar otra segunda caracterización:

Otro rasgo distintivo es el empleo de fórmulas y expresiones fijas, en las que se incluyen latinismos y arcaísmos.

En este sentido hemos de considerar la locución latina *a retro* 'desde atrás', del texto.

Esta complejidad formularia lleva a una complicación textual notable, que veremos en los textos correspondientes y que, parcialmente, se soluciona con el recurso a una serie de *abreviaturas* características, también convencionales, que constituyen el *recurso formalizador* del lenguaje legal, Véase una muestra, a partir de uno de los manuales más usados:

*MANUAL DE FORMULARIOS CIVILE*S (17ed. por Arturo Majada, t. 1)

ABREVIATURAS MÁS FRECUENTES

Abog.: Firma del Abogado.

ADC.: Anuario de Derecho Civil, Madrid.

Continuidad del asunto, *números* ...: Se refiere a que los formularios aludidos en dichos números forman parte todos del mismo pleito.

C. civil: Código civil.

C. comercio: Código de comercio.

C. penal: Código penal.

D. A.: Demandante.

D. B., D. L.: Demandado.

D. C., D. F., D. S., D. T.: Testigos o peritos.

D. H., D. J., D.O., D. 1., D. U.: Otras personas que intervienen en el pleito.

DGMA: Dios guarde a V. muchos años.

D. L.: Secretario.

D.N., D. M.: Procurador.

EDH.: Antes del número indicador del modelo, se refiere, en general, a aquellas actuaciones que en definitiva figuran en el expediente de declaración de herederos *abintestato*.

J.: Esta llamada remite a la jurisprudencia, inserta al final del Apartado en que se encuentra el respectivo artículo. La jurisprudencia ha de consultarse también, en su caso, en el correspondiente Comentario práctico.

Ley de E. civil: Ley de Enjuiciamiento civil.

L.M., L. N.: Abogado.

LyF.: Lugar y fecha.

N.M., M. M.: Juez, Magistrado.

N. N.: Notario.

P.: *Pretor* (Revista jurídica), Madrid.

Proc.: Firma del Procurador.

PSA.: Pieza separada de administración del *abintestato*.

PSP.: Pieza separada de pobreza.

RCDI.: *Revista Crítica de Derecho Inmobiliario,* Madrid.

RDEA.: *Revista de Derecho Español y Americano*. Madrid.

RDP.: *Revista de Derecho Privado*. Madrid,

RGD.: *Revista General de Derecho*. Valencia.

RGLJ.: *Revista General de Legislación y Jurisprudencia,* Madrid.

RJC.: *Revista Jurídica de Cataluña*. Barcelona.

Este tipo de libros nos permite establecer ya un nuevo rasgo:

El empleo de formularios permite mantener convencionalmente este lenguaje, imponiendo fórmulas que se reiteran en todas las muestras del mismo.

2. Fórmulas fraseológicas y léxicas

Ya se dijo que, convencionalmente, se logran unos estereotipos, que se apoyan en un léxico y una fraseología especiales. En la lista anterior de abreviaturas pudieron verse los modelos léxicos más reiterados: *abogado, pleito, código, demandante, demandado, testigo, perito, secretario, procurador, expediente, abintestato* (latinismo, 'sin testamento'), *jurisprudencia* (usos jurídicos que, con su ejemplo, completan la ley, hacen fuerza legal, por costumbre), *magistrado, pieza, fuentes* (las revistas y repertorios que se indican), *actuaciones, rollo* ('pieza de autos'; se dijo así porque antiguamente se escribía en tiras de pergamino, que se arrollaban; en la actualidad se designan con tal nombre exclusivamente las actuaciones escritas ante los tribunales superiores), *sentencia, sala, proceso, rúbrica*.

Se utilizará como modelo un formulario de demanda de juicio, tomado de los *Modelos para la práctica jurídica procesal civil* de L. Prieto-Castro y Ferrándiz. Observaremos en él la distribución de la demanda en cuatro partes:

1. Dirección o encabezamiento: **Al Juzgado**.
2. Exposición de los hechos: **Hechos**.
3. Bases jurídicas en las que se fundamenta la demanda o petición: **Fundamentos de Derecho**.

4. Suplicatorio, expresión de lo que se pide exactamente al juzgado: **Suplico al Juzgado**.

Pueden añadirse, como en este ejemplo, algunas consideraciones más: **otrosí**, acompañadas siempre del **suplico** que recoge la petición exacta.

Modelo número 28

DEMANDA DE JUICIO DE MAYOR CUANTÍA

AL JUZGADO:

Don Zótico Bermúdez Biendicho, Procurador de los Tribunales, actuando a nombre y con la representación de "Industrial Arrocera, S. A.", domiciliada en Barcelona, calle de Balmes, 235, y acreditando esa representación con primera copia de escritura de poder que, declarada bastante, acompaño (doc. uno adjunto), ante el Juzgado comparezco y, como mejor proceda en Derecho, DIGO:

Que por medio de la presente demanda promuevo juicio de mayor cuantía contra la Compañía "Exportadora Peninsular, S. L.", con domicilio en Alicante, calle de Alcoy, 28, para reclamar el precio de una remesa de doscientos vagones de arroz, en junto, dos millones de kilos, intereses legales y costas, alegando al efecto:

HECHOS

PRIMERO. - Con fecha 25 de junio de 1967, mi principal recibió, por medio del agente comercial don Próculo Mendoza Lizarriturri, un pedido de dos millones de kilos de arroz en buen estado, entero y de la última campaña, al precio de quince pesetas kilo, importando, por consiguiente, la remesa, treinta millones de pesetas (docs. 2 y 3).

SEGUNDO. - Desde el 30 de junio al 30 de julio de dichos mes y año los 200 vagones fueron remitidos desde Valencia al consignatario designado por el comprador, la empresa japonesa "Fujiyama", en el puerto de Cartagena, siendo cargados con otras expediciones de distintas casas vendedoras, en el vapor "Butterfly", con destino a Nagasaki.

Al tiempo de recibir la mercancía, el representante del comprador no hizo reclamación alguna sobre la calidad y el estado del grano.

TERCERO. - Por el importe de la compra se giró a la demandada la factura, expresándose en ella el modo de remesa, que fue a porte debido.

Y, como facilidad para el pago, se concedió al comprador la de realizarlo mediante ingreso en la cuenta corriente de mi principal, en el "Banco Peninsular Español", Sucursal Urbana de Velázquez, 35, Madrid, en dos plazos; el primero, a los cuarenta días de la entrega del grano, y el segundo, a los ochenta.

Se adjuntan sub números cuatro y cinco de documentos, una copia de la factura y el duplicado del documento en que se convino el pago según lo dicho y donde el comprador se declaraba sometido a los tribunales de Madrid para las cuestiones que en el asunto pudieran surgir, con renuncia a todo otro fuero, documento, ése, firmado por la casa "Exportadora Peninsular".

CUARTO. -Según acredito con una carta original de aquella entidad bancaria, la sociedad compradora no ha realizado el ingreso de la cantidad de treinta millones de pesetas, dentro de los plazos pactados (doc. 6).

La causa alegada por la compradora para incumplir su obligación de pagar el precio, es que, como consta en un cable remitido desde Suez (doc. 7), a los pocos días de navegación del buque, que, según noticias, es de lenta andadura, se había observado que el arroz presentaba síntomas de agorgojamiento y recalentamiento, por lo que la empresa "Fujiyama" pensaba dejarlo de cuenta.

QUINTO.-Es obvio que mi principal rechaza semejante excusa para pretender una liberación del pago, sabiendo, como sabe, que el arroz fue cargado en perfectas condiciones, e ignorando, como ignora, por carecer de toda demostración convincente, que el grano haya experimentado aquella avería, la cual, en el peor de los casos, sería imputable a una negligencia ajena, como, por ejemplo, la mala estiba y los efectos del tórrido calor y de la humedad.

FUNDAMENTOS DE DERECHO

I. Refiriéndose, en primer lugar, a los requisitos procesales, resulta:

a) La competencia territorial corresponde a los Juzgados de Madrid ya que existe una cláusula de prorrogación expresa de la misma a favor de ellos, vinculante según el artículo 57 de la Ley de Enjuiciamiento Civil.

b) Por lo que se refiere a la competencia objetiva y a la clase de procedimiento, dado el valor del negocio, de él ha de conocer un Juzgado de Primera Instancia, en juicio de mayor cuantía, con arreglo al artículo 483 (reformado) de la citada Ley.

c) No es necesario el intento de conciliación, por dispensarlo el artículo 460, 5.°

de la repetida Ley.

d) En cuanto a la capacidad procesal de las partes, les está reconocida por las normas materiales sobre sociedades y por el artículo 2.°, II, de la misma Ley.

e) La legitimación existe, por tratarse de un negocio jurídico claro del que resulta la activa y la pasiva por la postura que en él tienen ambas partes litigantes.

II. En cuanto al fondo, aparece, en primer lugar, que nos hallamos ante un negocio jurídico de compraventa, a tenor del artículo 1.445 del Código Civil, del que nace, para el comprador, la obligación de pagar el precio en el tiempo y lugar fijados en el contrato (art. 1.500 ídem), ya indicados.

Asume, además este contrato, la característica de mercantil, dada la calidad de vendedor y comprador (art. 325 del Código de Comercio).

III. Por esa causa, la compradora ha contraído la ulterior obligación de pagar el interés legal (art. 341 del mismo Código), también impuesta por el artículo 1.108 en relación con el 1.101 del Código Civil; es decir, el del 4 por 100 anual, según la Ley de 7 de octubre de 1939 (art. 1°); interés a liquidar en periodo de ejecución de sentencia (art. 360 de la Ley de Enjuiciamiento Civil).

IV. La objeción que la demandada opone para eludir el pago del precio no puede ser acogida por el Juzgado al que tenemos el honor de dirigirnos. Contra ella se alzan diversas normas jurídicas:

a) Ante todo, el artículo 333 del mencionado Código de Comercio establece que los daños y menoscabos que sobrevengan a las mercaderías una vez perfecto el contrato y estando los géneros a disposición del comprador, en el lugar y tiempo convenidos, son de cuenta de éste; cuanto más, si ya se ha hecho cargo de ellas. El "periculum" no alcanza al vendedor.

b) La segunda posibilidad de redhibición se excluye en este caso por lo dispuesto en el artículo 336 del mismo cuerpo legal mercantil.

c) Por último, hasta el momento de la presentación de esta demanda, el comprador no ha hecho reclamación alguna dentro de los treinta días a que se refiere el artículo 342 de aquel Código, fundada en vicios internos del grano, y, por consiguiente, ha precluido cualquier posibilidad de resistencia a la imperiosa necesidad de pagar el precio.

V. Según el principio de temeridad que se aplica en estos casos, la demandada ha de ser condenada al pago de las costas si se opusiera a la presente Demanda, que además ha sido provocada por su conducta de incumplimiento (art. 1.902 del Código Civil y doctrina legal reiterada).

En virtud de lo expuesto:

SUPLICO AL JUZGADO que tenga por presentado y admita este escrito de demanda junto con el poder y documentos que se acompañan, y por promovido juicio de mayor cuantía contra la Compañía "Exportadora Peninsular, S. L.", a nombre de "Industrial Arrocera, S. A.", me considere como parte demandante en representación de la misma, mandando que se entiendan conmigo las ulteriores diligencias, y, en definitiva, previa la sustanciación legal, dicte sentencia en la que se declare que la demandada ha incumplido el contrato en cuestión y le condene al pago de la cantidad fijada como precio de venta de la mercancía vendida, treinta millones de pesetas, más los intereses legales a contar desde la admisión de esta demanda, que se liquidarán en el período de ejecución de sentencia, y de las costas todas del juicio, por ser justo.

Madrid, 2 de octubre de 1967.

Fl. Dr. Leoncio Negro-Campamento

Zótico Bermúdez

OTROSÍ: Como queda dicho, la Compañía demandada tiene su domicilio en Alicante, debiendo ser citada allí, por vía de auxilio judicial; y por ello:

SUPLICO AL JUZGADO que ordene expedir y que se me entregue exhorto dirigido al Juzgado Decano de Alicante, facultando en él a su portador para instar cuanto fuese menester a su cumplimiento.

II OTROSÍ: El poder que presento es general y se necesita para otros asuntos: y, en consecuencia:

SUPLICO AL JUZGADO que mande que el mismo me sea devuelto una vez se haya testimoniado lo suficiente en los autos.

Lugar y fecha expresados.

Fl. Dr. Leoncio Negro-Campamento

Zótico Bermúdez

El modelo anterior nos sirve de base para indicar una serie de elementos que son comunes en todo tipo de peticiones, sean demandas, como la presente, instancias, solicitudes o similares.

En la *introducción,* dirección o encabezamiento, tras hacer constar a quién se dirige el escrito, se *present*a el demandante (o solicitante), bien directamente, bien por medio de su procurador o apoderado. Esta presentación debe ser completa, es decir, de modo que quede constancia de todos los datos del demandante que interesan: nombre y apellidos, o razón social, domicilio, actividad profesional u ocupación, títulos profesionales (en su caso), y documentos acreditativos (el D.N.I., Documento Nacional de Identidad, por ejemplo).

En la *exposición* de los hechos se señalan y detallan todos y cada uno de los motivos que llevan a la presentación del escrito, demanda o solicitud. En el modelo se aprecia cómo los hechos van debidamente ordenados y separados, de manera que el receptor de la demanda comprenda con claridad cada aspecto de la cuestión, y vaya enterándose sucesivamente de cada nueva faceta de la misma: así se establecen los cinco párrafos del modelo.

En la *fundamentación legal* se detallan los motivos por los que el demandante o solicitante cree que, en justicia, debe acceder en su petición (o, en otro caso, por los que se cree con derecho a solicitar algo). El modelo ofrece una compleja casuística legal, con cita expresa de cada argumento, ley o costumbre en que se basa, para apoyar su demanda del modo más racional y seguro posible. También aquí se aprecia el desglose de todos los apartados, de manera que los apoyos legales no se confundan y pierdan fuerza, sino que, al acumularse, se refuercen.

En la *petición* final, presentada tradicionalmente como *súplica,* por formula, se resume concisamente el estado de la cuestión y se pide concretamente lo que constituye el objeto de la demanda.

El modelo ofrecido permite obtener, además, otra lección, y es que no se deben mezclar varias peticiones, sino exponer con detalle lo fundamental, y luego, si hubiera peticiones secundarias, éstas se deben colocar como *otrosíes,* seguidos de la súplica o súplicas correspondientes, a continuación.

La claridad se consigue con una adecuada *distribución,* en la que se diferencian claramente las partes de la demanda y, dentro de cada parte, sus distintos aspectos. Con ello se consigue una rigurosa progresión lógica: a medida que se lee aumenta progresivamente nuestro conocimiento de los datos, sin mezclarse o confundirse.

Las fórmulas convencionales contribuyen a esta claridad. Así, en lugar de repetir, en cada caso, "Don Zótico Bermúdez Biendicho, Procurador ... Balmes, 235", se dice, simplemente, el *demandante*, y, en vez de "la Compañía Exportadora ... Alcoy, 28" se dice, sin más, la *demandada*.

En cambio, los aspectos sustanciales del proceso se expresan completos y detallados en cada caso: no se habla del dinero debido, sin más, sino que se especifica siempre la cantidad, a la que se añaden explícitamente los intereses y las costas del juicio, todo ello debidamente razonado y argumentado.

Las convenciones lingüísticas del documento afectan a lo constante, mientras que los elementos peculiares reciben mención distinta y completa en cada caso.

Dentro de este tipo de demandas o peticiones el más sencillo es la **instancia**, La redacción de una instancia requiere, en efecto, la presentación del solicitante, la razón por la cual solicita, los motivos legales por los que cree que puede solicitar y la petición final de que se acepte su solicitud. Con todo esto y para acercarse al modelo conocido, se redactará una instancia. La solicitud de un puesto de trabajo, para ser profesor en una Escuela Secundaria, por ejemplo.

Asunto:

Solicitud de una plaza de profesor de Escuela Secundaria.

Señor/a Delegado/a Provincial de Educación:

El abajo firmante, Nicolás García García, con domicilio en la calle Salve, 000, Zamora-0, teléf. 000 0000, correo electrónico xxxxxxx@xxx.xx y DNI 00 000 000

EXPONE:

– QUE, existiendo vacantes de profesor de Lengua y Literatura Búlgaras en las Escuelas Secundarias dependientes de esa Delegación Provincial.

Y creyendo reunir las condiciones exigidas, a saber,

– SER licenciado universitario, por la Facultad de Letras de la Universidad de Salamanca.

Y poseyendo, además, las siguientes titulaciones, cuya certificación acompaña:

– Certificado del Instituto de Lenguas de Sofía, en el que consta su aprovechamiento en el curso de lengua búlgara ofrecido por este centro en el curso 2011–2,

– Certificado del Centro de Control Educativo, en el que se acredita su capacidad

---

para enseñar esta lengua y su literatura.

De esa Delegación SOLICITA

– Que le sea concedida una plaza de profesor de Lengua y Literatura Búlgaras en una de las Escuelas Secundarias dependientes de esa Delegación Provincial.

Gracias por la atención recibida.

Zamora, a veintinueve de febrero de 2013.

Firma y rúbrica

Fdo.: Nicolás García García

SR./A DELEGADO/A PROVINCIAL DE EDUCACIÓN

Se deben tener en cuenta varias cosas, a la hora de su redacción:

– La instancia se dirige al Delegado o la Delegada Provincial de Educación.
– El solicitante debe exponer claramente sus datos, con objeto de que la Delegación se pueda poner en contacto con él, si hay algún detalle que completar, o si tiene que comunicarle algo.
– La base legal para conseguir el puesto es ser Licenciado universitario, lo cual deberá hacerse explícito.
– Puesto que, se supone, habrá o podrá haber, varios solicitantes, conviene precisar los méritos parciales que acompañen a ese requisito legal y puedan favorecer la petición.
– El texto deberá terminar con la fórmula de petición, en la que se recoja el objeto de la instancia.
– Como se trata de un documento, la instancia deberá cumplir con las leyes vigentes, y estar debidamente registrada y, en su caso, reintegrada, es decir, presentar los números de registro o timbres que exija la ley del lugar donde se presente.

Tras tener en cuenta todos estos datos, puede verse ahora el documento: sólo se añadió, en la parte superior y en un lado, un resumen, con el epígrafe, *asunto*, que puede facilitar la labor burocrática de clasificación, si hay muchas instancias para fines diversos.

Como se ha podido ver, el texto se divide en las partes señaladas:

– Encabezamiento y presentación del solicitante, que constituye la **introducción**.
– El apartado **expone que** constituye la presentación de los **hechos**.

– La enumeración de las condiciones exigidas, que posee, son los **fundamentos de derecho**, a los que siguen, como los **otrosíes**, las titulaciones no exigidas, pero que pueden ser de utilidad para los fines perseguidos.

– La **solicitud** final (que sustituye a la antigua *súplica*) recoge la intención completa del documento o instancia, que se cierra con el saludo protocolario, el lugar y fecha, la firma y rúbrica, y el *firmado,* que explicita la firma.

– En nuestro ejemplo hemos puesto a fin de folio el encabezamiento o dirección (Sr./a Delegado/a ...), que también puede ir a la izquierda del folio, arriba.

El documento aparece lleno de fórmulas características, protocolarias y varias, que obedecen a esta condición convencional de la lengua jurídica y administrativa. Estas fórmulas pueden sustituirse por otras varias, de las que enumeraremos algunas:

– *El abajo firmante,* o *el que suscribe.*

– *Con toda consideración,* o *con todo respeto,* o *con la mayor consideración,* etcétera.

– *Existiendo, creyendo, poseyendo* son típicos gerundios del lenguaje administrativo, se mantienen por su concisión, pero sería más elegante sustituirlos por formas verbales personales, como *existen, cree, posee.* En ese caso la solicitud debería ir introducida por *todo lo cual.*

– Las fórmulas finales son muy simples en los usos contemporáneos; en documentos anteriores se encuentran fórmulas muy variadas, como *es gracia que espera alcanzar de V.I.,* o el simple *lo cual espera alcanzar de V.I.* y otras similares.

– La fórmula final tradicional, que tampoco está ya en uso, al menos en España, era *Dios guarde a V.I.*

Interesa conocer las fórmulas que ya no están vigentes si se trabaja con documentación o, simplemente, si aparecen en textos literarios.

Es preciso tener siempre en cuenta el carácter estereotipado de estas fórmulas. Su carácter extraño y anticuado para el ciudadano medio ha llevado a su desaparición. De todos modos no ofrecían ninguna dificultad, según los principios enunciados en este párrafo en cuanto a la distribución del texto, la claridad de los apartados y el carácter formal, vacío, de los estereotipos de la presentación. Se trata, naturalmente, de un lenguaje técnico, en último término y es normal que sean los técnicos de este tipo (abogados y administrativistas) los que deben ocuparse de sus detalles más minuciosos. Sin embargo, las exigencias de la sociedad actual imponen que el ciudadano medio tenga un conocimiento mínimo de las bases de estos textos, es decir, de su lenguaje.

También hay que tener en cuenta que, aunque las Academias se han pronunciado con claridad sobre la inconveniencia de usar el llamado "lenguaje inclusivo", es decir, de explicitar el llamado masculino y el llamado femenino en cada caso, con reiteraciones cacofónicas del tipo "ciudadanos y ciudadanas", lo "políticamente correcto" ha hecho que se multipliquen estas fórmulas, que parten del mantenimiento de los términos "masculino" y "femenino" para unas clases morfológicas que, en realidad deberían llamarse *no marcada* y *marcada*. Respectivamente. En algunas ocasiones, generalmente pocas, es necesario explicitar que se trata de las dos clases; pero generalmente basta con usar la clase no marcada para referirse a todo el conjunto. La confusión de categoría gramatical y sexo ha provocado ese uso erróneo. Esos preciosismos ridículos generalmente cambian con el tiempo.

3. Análisis semántico de textos jurídicos y administrativos

En el párrafo anterior, al mismo tiempo que se estudiaban las fórmulas de la demanda o la instancia, se anticipaba un análisis semántico de las mismas, por considerarlo inseparable. En este párrafo se estudiará un formulario general de demanda, para insistir en lo ya señalado, y se añadirán tres textos más, un escrito y dos sentencias, para ofrecer un muestrario de textos sobre los cuales se pueda organizar una sesión de seminario o ejercicios prácticos.

La Demanda, que tomamos también del formulario de Brocá, citado (y del que se recogió también la lista de abreviaturas), dice así:

Núm. 416

A) DEMANDA DE RECLAMACIÓN DE CANTIDAD

Al Juzgado

D. N., Procurador de D. A., según así resulta de la escritura de poderes que debidamente bastanteada acompaño para que se inserte por copia certificada con devolución del original, ante el Juzgado como mejor proceda comparezco y digo:

Que en la representación que ostento, no habiendo producido resultado la conciliación intentada en su día, he de promover demanda de juicio de mayor cuantía, por la cantidad de ... pesetas, al objeto de que se condene a satisfacer esta cantidad a D. B., que gira en esta plaza bajo la denominación comercial de ..., con domicilio en la calle ...

Formulo esta demanda apoyándola en los siguientes

Hechos

1.° Mi principal D. A., con fecha ..., entregó a D. J. y D. G., dedicados a la industria de ..., la cantidad de ... pesetas, en concepto de préstamo sin interés.

Dicha cantidad se estipuló que sería devuelta antes de la fecha de ... (acompaño, señalado de núm. ..., documento acreditativo de este extremo).

2.° En fecha ..., D. J. y D. G. traspasaron su industria a D. B., que gira en la actualidad personalmente y de modo exclusivo bajo la denominación comercial de ..., con domicilio en la calle ..., de esta ciudad.

El crédito de mi principal figuraba incluido entre las partidas del pasivo de la referida industria, aceptado, como los demás, por los nuevos adquirentes, quienes se hicieron cargo expresamente del activo y pasivo del negocio (así aparece de los documentos que acompaño, señalados de núms. ...).

3.° Poco antes de la fecha señalada en el hecho anterior, D. J. y D. G. notificaron a mi mandante su propósito de traspasar su industria a D. B., manifestando entonces mi principal, por escrito, su consentimiento a que fuera sustituida la parte deudora.

4.° Han resultado infructuosas cuantas gestiones amistosas se han verificado para cobrar la cantidad adeudada, a pesar de que D. B., único titular ahora de la referida industria, reconoció en la conciliación la existencia de la deuda, y que el recibo y los documentos firmados por él y entregados a mi mandante por D. J. y D. G., le fueron oportunamente exhibidos. Celebrado acto de conciliación, resultó inconciliado, como resulta de la certificación del mismo que acompaño (señalada como documento núm. ...).

A los anteriores hechos son de aplicación los siguientes

Fundamentos de Derecho

I. Toda obligación consiste en dar, hacer o no hacer alguna cosa (artículo 1.088 del C. civil).

II. Todos los derechos adquiridos en virtud de una obligación son transmisibles con sujeción a las leyes, si no se hubiese pactado lo contrario (art. 1.112 del C. civil).

III. Las obligaciones pueden modificarse: ... 2.° Sustituyendo la persona del deudor (art. 1.203, párrafo 2.° del C. civil).

IV. En la novación por sustitución del deudor, el consentimiento de éste se ofrece con caracteres tan acusados que adquiere aquél el rango de la asunción de deuda, acogida en este número. Lo típico de la novación subjetiva es que la nueva deuda mantenga la estructura sustancial de la antigua, siendo preciso destacar toda interpretación que conduzca a estimar que el crédito puro y simple originario fuera a convertirse en crédito original, subordinado en eficacia a un saldo en cuya existencia pudiera jugar exclusivamente el arbitrio de los deudores (S. 11 de abril de 1944),

V. En la transmisión del patrimonio mercantil, responden los nuevos titulares del mismo (principio general de derecho).

VI. El litigante temerario será condenado en costas (principio general de derecho).

En su virtud, ejercitando las acciones que se deducen de lo expuesto,

SUPLICO AL JUZGADO: Que admitiendo esta demanda en juicio de mayor cuantía, e inserto el poder por copia y originales los documentos acompañados, con sus respectivas copias para traslado a la parte contraria, se sirva, previos los trámites procesales oportunos, dictar sentencia en que se condene al demandado D. B. a satisfacer a mi principal D. A., la cantidad de ... pesetas, más los intereses legales correspondientes, y se le condene en las costas de este juicio, en caso de formular oposición con manifiesta temeridad.

Es justicia que respetuosamente pido, en L y F.

Abog.   *Proc.*

En esta demanda, además de reconocerse con claridad las cuatro partes típicas que ya se estudiaron y en las que no es necesario detenerse de nuevo, se pueden hacer algunas observaciones complementarias.

La primera de ellas afecta a las fórmulas, que no son exactamente las mismas, o a los tecnicismos: *bastanteada* 'declarada bastante', es decir, suficiente para dar valor legal a una actuación', *que gira en esta plaza,* donde se alude a su actividad comercial pecuniaria (domiciliación de efectos girados, como letras y similares), *mi principal,* en lugar del nombre del demandante a quien representa el procurador, *acto de conciliación* que *resultó inconciliado, novación* como sustantivo correspondiente a *nuevo, temeridad (*de someterse a juicio sin asistir la razón).

Los fundamentos de derecho que se aducen, por otra parte, se presentan en un orden significativo, de lo general a lo particular. El primero es una definición de carácter general o básico, de lo que se entiende por *obligación*. Desde ahí se pasa a considerar las *consecuencias* (derechos adquiridos) y los cambios o *modificaciones*. Los párrafos *IV* y *V* concretan, en este caso, los principios generales y menos generales de los tres primeros: la obligación pervive, aunque haya habido modificación y sus consecuencias se mantienen. Ello implica que, en las nuevas circunstancias, los fundamentos de derecho son válidos. El sexto párrafo es todavía más preciso y limitado, pues se reduce a algo concreto y dependiente en exclusiva de la existencia de proceso: la necesidad de que la parte temeraria pague las costas, es decir, los gastos judiciales. Es un nuevo principio general el que se aplica a una situación bien concreta.

En este caso, como en el anteriormente visto, se señalan detenidamente los objetivos de la demanda, el pago de la deuda, los intereses, las costas, todo ello bien especificado, y se precisan los documentos y garantías que se aportan, para que no haya duda.

Si se aplican ahora los esquemas comunicativos utilizados en capítulo IX, se podrán obtener, aplicados a los actos de derecho, los siguientes arquetipos:

Sujeto: Demandante   *Objeto:* Demanda
Remitente: Justicia   *Destinatario*: Sociedad
Oponente: Demandado   *Ayudante:* Ley

Los escritos jurídicos son muchos y de muchos tipos. Pueden consultarse con facilidad en los formularios a los que nos hemos referido y vamos a limitarnos ahora a recoger alguno más reducido o concreto.

Al ser la lengua de los tribunales el español o castellano y mientras esta disposición no se modifique, los documentos que no estén redactados en esta lengua han de presentarse traducidos, acompañados de un escrito como éste:

Núm. 492

ESCRITO PRESENTANDO UN DOCUMENTO REDACTADO EN IDIOMA DISTINTO DEL CASTELLANO

Al Juzgado

D. N., Procurador de los Tribunales, en nombre y representación de D. A., en el juicio de mayor cuantía sobre ... contra D. B., como mejor en derecho proceda, digo:

Que con este escrito acompaño en concepto de prueba documental y para que se una a la pieza separada de prueba de esta parte, el contrato de ... otorgado en fecha ... en la Ciudad de ... (...), redactado en idioma ...

En su virtud, con fundamento en lo dispuesto en los arts. 600 y 601 de la ley de E. civil.

SUPLICO AL JUZGADO: Que teniendo por presentado este escrito y documento acompañado con sus copias, se sirva admitirlos y dar traslado a la parte contraria, a los efectos dispuestos en el segundo párrafo del art. 601 de la Ley Procesal; remitiendo el documento original, caso de impugnación de su traducción, a la Oficina de Interpretación de Lenguas del Ministerio de Asuntos Exteriores, mediante suplicatorio por conducto del Excmo. Sr. Presidente de esta Audiencia Territorial.

L y F.

Abog.   Proc.

El escrito mantiene las cuatro partes de rigor: introducción o presentación, exposición de los hechos, limitada en este caso a la existencia de prueba documental en otro idioma, el fundamento de derecho (artículos de la Ley de Enjuiciamiento civil), y la súplica de que se incluya en la documentación del caso.

Este nuevo testimonio se aduce porque permite insistir, una vez más, en el carácter reiterativo y formal del lenguaje jurídico, que ofrece unas constantes muy claras, que se pueden apreciar perfectamente en la lectura de cualquier texto de este tipo.

Los textos considerados hasta ahora son escritos dirigidos a los juzgados. Ahora, en cambio, se considerarán dos escritos emanados de los tribunales. Se trata de dos sentencias, una de Audiencia Provincial y otra del Tribunal Supremo, en las que se dicta nueva sentencia, tras interposición de recurso.

Conviene situar estos textos, de modo general: se ha celebrado un primer juicio, con la sentencia correspondiente; una de las partes (lógicamente, la que ha perdido) no está de acuerdo con esa sentencia e interpone un recurso, lo que supone que se celebra un nuevo juicio, o se revisa el anterior, y se dicta una nueva sentencia. Esta nueva sentencia es la que interesa aquí, en las dos modalidades posibles.

634 ARRENDAMIENTOS URBANOS, RESOLUCIÓN. DESOCUPACIÓN.
– Procede la acción cuando se acredita el desarraigo total del arrendatario de la ciudad donde radica la vivienda, que no ocupa desde hace años.
(*Sentencia de 13 de marzo de 1970. Ponente: Don Mariano Jiménez Motilva.*)

CONSIDERANDO que, dirigida la demanda contra el aquí recurrido y, "ad cautelam", también contra su esposa, apoyándose en la causa once del artículo 114, en su concordancia con la tercera del 62, ambos de la Ley de Arrendamientos Urbanos, se dictó sentencia en que se desestimó dicha demanda y no se dio lugar a la resolución del contrato de arriendo que en ella se solicitaba, por no estar desocupado el piso a que se refiere, y contra la misma se promovió el presente recurso, en que su motivación se reduce a impugnarla por errónea interpretación de la prueba y, en su consecuencia, indebida aplicación de aquellos preceptos.

CONSIDERANDO que de un análisis de la prueba practicada en el juicio y de la aportada para mejor proveer, por no haberse acompañado en el oportuno período, aparecen demostrados los siguientes hechos: 1.° Que en 10 de octubre de 1952 se arrendó por el recurrente al apelado el piso 2.o de la calle Monte, número 14, de esta ciudad, el que habitó con su esposa e hijos. 2.° Que, en virtud de demanda interpuesta por la esposa ante el Tribunal Eclesiástico de este Arzobispado, se dictó por el mismo sentencia en 16 de abril de 1963, en que fue declarado culpable y se condenó a citado señor U, decretándose la separación indefinida de los cónyuges, confiándose a la mencionada esposa los cuatro hijos del matrimonio, y en ejecución de aquélla se señaló como domicilio exclusivo de tan nombrada esposa e hijos el ya anotado de la calle de Monte, que abandonó el aludido apelado, dejando de empadronarse en esta capital. 3.° Que susodicha esposa, en el mes de enero de 1969; cambió su domicilio y el de sus hijos a la calle Alonso, número 9, segundo izquierda, 4.° Que el primitivo piso familiar no ha sido ni es ocupado por su titular arrendaticio, por tener su residencia en Barcelona, donde está empadronado desde 1960, y recibe la asistencia de la Seguridad Social a través de su profesión de Interventor de la Renfe, con servicio en la ruta Barcelona-Madrid.

CONSIDERANDO que aunque las causas de resolución contenidas en el artículo 114 de la Ley antes mencionada han de interpretarse restrictivamente, según reiteradamente mantiene la jurisprudencia, si la ocupación a la que, "a sensu contrario", hace referencia la causa tercera del artículo 62 de aquélla, a tanto equivale, según entre otras, las sentencias del Tribunal Supremo de 11 de junio de 1960 y 27 de noviembre de 1961, como a habitación, utilización de morada o empleo de la vivienda para su propio uso, en forma constante e ininterrumpida, al menos por más de seis meses, es decir, continuada y no accidental, por el inquilino que sea titular arrendaticio, es obvio que la prueba testifical propuesta por el apelado para contrarrestar la documental practicada, e incluso su propia confesión, además de venir a abundar sobre su desligamiento de esta ciudad, no logra acreditarse que el piso que se arrendó para vivienda familiar lo ocupe, ni aun de manera esporádica, y lo evidencia la forma vacilante e incierta en que testimonió su propio hijo, al tratar de comprobar ese extremo (folios 31 vuelto y 22), y como también se justifica que esa desocupación data de más de seis meses, es por lo que habrá que revocar la sentencia apelada, con estimación total de la demanda.

El texto no recoge la sentencia entera. Se ha mantenido el resumen de la misma, que tiene misión informativa, para el abogado que recorre el repertorio de sentencias en busca de jurisprudencia y que sirve para dar una idea del caso.

Lo recogido son los *considerandos,* fórmula que expresa lo que ha tenido en cuenta el tribunal.

Los dos primeros considerandos incluyen los *hecho*s, el primero de ellos recoge los que dieron origen a la primera sentencia, y la existencia del recurso, así como la razón del mismo, o *causa.* El segundo recoge las nuevas verificaciones y análisis de los hechos, que suponen modificación de la opinión mantenida en la sentencia previa.

El tercer considerando toma en cuenta los *fundamentos de derecho,* artículos legales, jurisprudencia (sentencia del Tribunal Supremo), argumentos del mismo proceso (declaración confusa), y *dicta nueva sentencia, revocando la anterior.*

El texto, como se ve, mantiene las cuatro partes fundamentales, aunque aquí no se vea la primera, la introducción, porque no se ha copiado en el repertorio de donde se tomó la sentencia.

Para terminar puede repasarse otro recurso, procedente del *Repertorio de Jurisprudencia,* que tiene un resumen inicial más amplio y científico, con inclusión de las referencias detalladas, seguido de los considerandos:

1011   S. 14 febrero 1969. CRIM. Estafa: engaño: solvencia. Penalidad: revisión por cambio legislativo.

Preceptos estudiados: C. P. arts. 529 núm. 1.° y 10 circ. 15:

Condenado el procesado Antonio O. F. como autor de un delito de estafa del art.

529 en relación con el 528 núm. 2.°, concurriendo la agravante 15 del art. 10, todos del C. P., a la pena de cuatro años, dos meses y un día de presidio menor, recurrió en casación alegando la infracción de los citados preceptos, por su indebida aplicación.

El T. S. desestima el recurso.

Ponente: Excmo. Sr. D. Alfredo García Tenorio y San Miguel.

CONSIDERANDO: Que el primer motivo se ampara en al núm. 1.° del art. 849 de la L. E. Crim.; y ha de ser desestimado porque *para obtener el procesado un automóvil en régimen de utilización sin chofer, mintió a determinada empresa que se dedicaba al alquiler de esa clase de vehículos una solvencia que estaba lejos de disfrutar* y *defraudó a la misma en el precio concertado por cuanto no pudo pagarle, dándose, pues, con el engaño penal típico y la defraudación mediante él lograda en cuantía que excede de 10.000 pesetas y no es superior a 50.000, los elementos configuradores del delito de estafa de los arts. 529, núm. 1.° y 528, núm. 2.°, del C. P., en la redacción que tenían cuando la sentencia se dictó.*

CDO.: Que el segundo motivo por el mismo cauce procesal ha de ser desestimado también porque *se propugna la aplicación de norma penal inexistente cuando la sentencia fue dictada, siendo así que a las entonces vigentes son a las que es preciso atender para resolver en casación, sin perjuicio de que el Tribunal "a quo" dé cumplimiento en su caso a la regla 3.ª del art. 5.° de la Ley de 8 abril 1967* (R. 700 y Ap. 51–66, 2505) *y rectifique su resolución por aplicación taxativa de los preceptos de ésta y no por utilización de arbitrio judicial.*

CDO.: Que el tercero y último motivo por el mismo precepto de la Ley rituaria ha de ser rechazado porque la circunstancia agravante 15 del art. 10 que la Audiencia estimó concurrente se ofrece indudable por la comisión en 30 junio 1961 de un delito de estafa, que en la fecha de la sentencia -21 octubre 1966–, seguía mereciendo la misma consideración, ya que las cuantías referentes a los de su clase no fue alterada hasta la ley de 8 abril 1967, o sea posteriormente.

En este caso, los *hechos* se establecen y resumen en el párrafo previo a los considerandos. Los tres considerandos, por tanto, expresan los *fundamentos de derecho* que se aplican, y lo hacen con todo lujo de tecnicismos y formalismos. La *sentencia*, que desestima el recurso, va incluida también en cada uno de los tres considerandos, y apoyada en cada caso por los fundamentos a los que nos hemos referido, y que se citan explícitamente. La *Ley rituaria* es la ley procesal.

El texto supone una cierta variación formal, en cuanto la conclusión, o sea, la sentencia se apoya en los fundamentos de derecho y se expresa junto con ellos. Sin embargo, nótese que no hay lugar a confusión, porque cada tipo va perfectamente separado y diferenciado y lo único que varía es el orden lógico. Hasta aquí se habían presentado ejemplos de un orden de *causa a efecto* (de estos hechos y estos fundamentos se desprende esta conclusión: demanda o sentencia), mientras que aquí tenemos un orden d*e efecto a causa* (dictamos esta sentencia por las siguientes razones). Lo verdaderamente importante, que es la precisión y rigor del texto, por la presencia en él de los cuatro requisitos permanentes, no se ha alterado.

La finalidad de este capítulo ha sido mostrar unos rasgos básicos de los textos jurídicos y administrativos, al mismo tiempo que ofrecer unos ejemplos de los tipos más corrientes o llamativos. Esta caracterización puede servir de introducción a una discusión pormenorizada de los mismos, en la que el manejo del diccionario académico o de los diccionarios jurídicos especializados será muy útil.

4. Ejercicios

1. El texto administrativo siguiente, publicado en el *Boletín Oficial del Estado* el miércoles 18 de junio de 2014, es un ejemplo de una disposición ministerial que sufrió sucesivos errores y que hubo de ser revisada varias veces. Estúdiese el proceso y señálense las diferentes secuencias del mismo.

> *V. Anuncios*
>
> *A. Anuncios de licitaciones públicas y adjudicaciones*
>
> *MINISTERIO DE DEFENSA*
>
> 21943 *Anuncio de la Junta de Contratación del Ministerio de Defensa por el que se hace pública la modificación del "Anuncio de la Junta de Contratación del Ministerio de Defensa por el que se hace pública la modificación del Anuncio de la Junta de Contratación del Ministerio de Defensa por el que se hacen públicas las modificaciones de dos anuncios relativos o una misma licitación. El anuncio de la Junta de Comercio del Ministerio de Defensa por el que se convoca la licitación del acuerdo marco para el servicio de operador logístico paro las Fuerzas Armados en el Ministerio de Defensa y el anuncio de la*

> *Junta de Contratación del Ministerio de Defensa por el que se hace pública una modificación del anuncio de la Junta por el que se convoca la licitación para el acuerdo marco para el servicio de operador logístico para las Fuerzas Armados en el Ministerio de Defensa".*

En el texto anterior hay ligeras variaciones en la formulación, señálense.

Expliquen, con sus propias palabras, el anterior anuncio, separando los distintos momentos del proceso.

Estudien el uso relativo de elementos formularios y elementos del lenguaje ordinario.

2. En la película *Una noche en la ópera* los hermanos Marx atacan con ironía hiperbólica las facetas especializadas del lenguaje administrativo. Puede verse la versión doblada al español de este fragmento de la película en diversos lugares, basta con buscar en internet "la parte contratante".

3. Busquen, en internet, ejemplos del lenguaje jurídico y administrativo de distintos países hispanohablantes y discusiones de los usuarios a diversas presentaciones. Pueden emplear para la búsqueda fórmulas como "Lenguaje administrativo México" y cambiar el nombre del país por el que les interese.

XII. TEXTOS PERIODÍSTICOS Y PUBLICITARIOS

1. Modalidades de la comunicación periodística: información, opinión y propaganda
2. Crítica de los mecanismos lingüísticos y extralingüísticos de la alteración de mensajes informativos
3. Análisis y redacción de distintos tipos de textos periodísticos
4. Los textos publicitarios: sus rasgos icónicos y verbales
5. Procedimientos sintácticos y semánticos de manipulación del lenguaje por la publicidad
6. Ejercicios para el estudio crítico de mensajes publicitarios

1. Modalidades de la comunicación periodística: información, opinión y propaganda

Un diario o periódico tiene primordialmente la misión de informar a sus lectores. Debieran haber pasado ya los tiempos en los que una persona, falta de argumentos en una discusión, podía apoyarse en que "lo dice el periódico". Es recomendable desarrollar una mentalidad más crítica, porque se comprueba a diario cómo se deforma la noticia para presentarla en favor o en contra de lo que interesa.

Estas razones llevan a que el periodismo actual diferencie claramente tres actividades o tres maneras de informar. En primer lugar, está la *información* escueta, simple enunciado de las noticias, que puede ser más o menos orientada, como veremos. En segundo lugar, está la *opinión,* lo importante no es la noticia sobre la que se opina, que puede ser ya muy conocida, sino el enfoque que se da a esa noticia o problema; es hoy la parte más importante de un periódico y, literariamente, la más noble, puesto que no tiene agobios de tiempo y permite un estilo de autor, lo cual exige, por supuesto, cierto reposo. La *propaganda,* por último, puede interpretarse en un sentido muy amplio, que incluye todo tipo de anuncios, publicidad y demás, o en un sentido más restringido. En ese sentido limitado hay dos posibilidades. En un diario realmente independiente se presentará la publicidad que se apoya en un tipo de información presentada objetivamente. En los casos de diarios que pertenecen a un partido político o que están dirigidos por miembros o simpatizantes de ese partido, se favorecerán los escritos de defensa de las tesis del partido por disciplina del mismo. Esto permite que haya escritos que estén entre dos de estas clases, y también habrá que señalarlo.

Se presentarán, en primer lugar, con unas breves acotaciones, tres textos característicos de los tres tipos, o sea, un texto informativo, un texto de opinión y un texto de propaganda. Se han buscado textos lo suficientemente asépticos como para no provocar susceptibilidades, especialmente teniendo en cuenta que la discusión en clase sobre este tipo de lenguaje es más fácil, puesto que se puede comparar y comentar el periódico que se quiera, de la fecha que se quiera. Para mantener la distancia se usarán textos de finales de los años 1970, distanciados claramente del presente.

TEXTO INFORMATIVO

En este texto tendremos en cuenta dos aspectos:

1) Comunicación o transmisión de la noticia:

Se informa de la reunión del Consejo de Ministros con los datos de lugar y presidente y se relacionan los puntos más importantes que fueron aprobados por el mismo, así como los no aprobados.

2) Orientación de la noticia:

Esta escueta información, aparentemente objetiva, está, sin embargo, orientada negativamente. La dirección del diario, dentro de la orientación del mismo, considera más importantes otros temas y éstos no han sido tratados. Para que no haya ninguna duda se utilizan dos procedimientos lingüísticos claros, los dos negativos.

El primero de ellos es la utilización del término *aplazamiento,* sinónimo de 'retraso'.

El segundo es la negación que acompaña a la noticia destacada: *no aprobó.*

Aplazamiento de las elecciones a vocales de Cámaras Agrarias

El Gobierno no aprobó la abolición de la pena de muerte

El Consejo de Ministros, reunido ayer en el palacio de la Moncloa bajo la presidencia de Adolfo Suárez, no aprobó ninguno de los temas que se esperaban, tales como el proyecto de abolición de la pena de muerte, las medidas especiales antiterroristas y la preautonomía para Andalucía.

Por el contrario, el Consejo aprobó el aplazamiento de las elecciones a vocales de las Cámaras Agrarias, así como la evaluación y control de las prestaciones farmacéuticas de la Seguridad Social. A este respecto cabe indicar que las farmacias de Madrid realizaron ayer un paro de dos horas.

Por otra parte, el Consejo de Ministros acordó remitir a las Cortes varios proyectos de ley, con los que el Gobierno considera terminado el programa de reforma fiscal en su aspecto sustantivo. Dichos proyectos afectan especialmente a la tributación de las empresas y a la totalidad de la imposición indirecta. El Gobierno ha concedido también una bonificación a la importación de papel-prensa.

También el Consejo de Ministros aprobó un acuerdo por el que se distribuyen 7.495 millones de pesetas en créditos para planes provinciales de obras y servicios. De ellos, 1.365 millones van destinados a financiar actuaciones en áreas deprimidas.

Página 11

Figura 1

Estos aspectos negativos de la noticia se ven todavía reforzados por el hecho de que, a continuación, se enumeran las esperanzas fallidas, es decir, los temas de los que no se ocupó el Consejo, cuando se esperaba (según el diario) que lo hiciera.

El resultado es claro: el lector ha sido informado de lo que se trató, pero, al mismo tiempo, ha sacado la impresión de que no se hizo todo lo que se suponía que se iba a hacer y que hay retrasos y aplazamientos. La noticia ha servido para mantener al lector expectante e intranquilo.

TEXTO DE OPINIÓN

Este texto refleja ya un estilo personal, que proporcionó a su autora un público fiel en muchos diarios nacionales y regionales. Las ideas se presentan de forma variada y atractiva, por contraste. Se recurre a artificios literarios, como el diálogo. Todo ello sirve para hacer más amena una tesis optimista, que es el tipo de mensaje que el lector habitual de esta autora esperaba encontrar en sus escritos. Supone, como se ve, una actitud ante la vida, que no es de un optimismo ciego, por otra parte, sino de contrapeso, y así lo demostró en múltiples ocasiones.

ESCRIBE: JOSEFINA CARABIAS

PRENSA Y POLITICA

Mucha gente se queja de que los periódicos ahora se ocupan demasiado de política.

—Bueno; de política o de pornografía, o de los dos temas mezclados. ¿Quién nos iba a decir que esto se iba a poner así? Te aseguro que si yo tuviera dinero me iría a vivir a Francia —me decía el otro día una señora de las que antes sólo hablaban de vestidos, de abrigos, de viajes, de problemas domésticos y de lo ocupados que andaban siempre sus maridos con las cacerías, los cargos o los negocios.

—Pues te advierto que en Francia la política está ahora que echa chispas, y de "lo otro", ¡ya te puedes imaginar! ..., ¡como siempre!

Sí, pero como yo no sé francés ni es mi patria, viviría allí tan tranquila ... ¡Allá ellos! En cambio, lo de aquí me importa ..., Cuéntame tú, que estarás bien enterada. Todo va fatal ... Yo creo que no podemos seguir así. Como no quiten pronto este Gobierno caemos en seguida en el comunismo. O en algo peor ... Porque cuando nosotros estuvimos en Rusia para ver aquel partido de fútbol, nos dimos cuenta de que, por lo menos, allí había orden.

—Oye ..., que tú empezaste quejándote de que los periódicos sólo se ocupan de política, y resulta que todos los que nos rodean esta tarde, empezando por ti, tampoco se ocupan de otra cosa ...

—Es que es distinto. Cuando hablamos estamos todos de acuerdo. En cambio, en los periódicos se lee cada cosa que subleva. ¿Quién nos iba a decir que en tan poco tiempo se iban a poner todos como se han puesto?

* * *

Ocurre también —por lo menos a mí me ocurre con frecuencia— tropezar casi al mismo tiempo y a veces en el mismo sitio con otras personas —señoras, señores o gente joven— que también se quejan amargamente, pero en el sentido contrario.

—¿Has visto? ... Todo sigue lo mismo ... ¡Como si no hubiera pasado nada! ¡Y para esto nos molestamos en ir a votar el quince de junio! Para que todo esté igual que antes ...

—Bueno, tanto como igual ...

Parecidísimo. Algunos ya pueden gritar: pero aquí siguen mandando los mismos. Mira, yo tengo un cuñado al que le pusieron coche oficial en mil novecientos cuarenta y ocho y ahora le han puesto otro.

—Será que el primero estaría ya muy viejo ... Figúrate, con treinta años de uso ...

No, no ... Si se lo cambiaban a menudo. Le han puesto otro para que tenga dos. Porque el cargo que ocupa ahora es mucho más importante que los que tuvo antes. Convéncete de que esto no puede seguir así ... ¡Se va a armar la gorda!

—Eso mismo me han dicho hace diez minutos. Que se va a armar "la gorda"; pero no por ir despacio, como dices tú, sino exactamente, por lo contrario. Por ir muy deprisa.

En España —intervino un tercero— el armamento de "la gorda" se ha anunciado siempre y algunas veces se armó. Pero no tantas. Incluso hubo un periódico satírico en el siglo pasado que se llamaba así, "La Gorda". Era un semanario revolucionario, pero en cuanto vino la revolución de mil ochocientos sesenta y ocho "se pasó al moro" ... Perdón, he querido decir que se vendió a los que boicoteaban aquel cambio, tan celebrado y glorificado por el pueblo y los políticos en un principio. Los periódicos de entonces, como estaban hechos sólo para atacar, eran así de volubles.

—¡No me hables de periódicos, que ésos son los que tienen a la gente intoxicada de política! ...

—Pues se ve que los intoxicados quieren todavía más droga. Porque a los periodistas nos vuelven locos preguntándonos "qué es lo que pasa" y (lo que es aún peor y nos pone en mayores aprietos) "qué es lo que va a pasar". Figúrate si nosotros lo supiéramos ... Pondríamos consultas de adivinos, que ahora está eso mucho mejor visto y no es pecado ni está prohibido desde que, en lugar de brujos, los llaman futurólogos.

* * *

En vista de todo lo que me dicen y todo lo que oigo comentar, he llegado a la conclusión de que lo que les pasa ahora a muchos españoles es que les gusta más la política hablada que la política escrita. Sobre todo, si el periódico que leen les dice las cosas como son y no como cada uno querría que se las dijera.

Durante años, el público se ha estado quejando de que todos los periódicos decían lo mismo, de que había que leer entre líneas. Ahora que se puede decir lo que pasa, muchos se quejan de que es demasiado. Todos quieren saber noticias políticas, pero no se quieren molestar en leerlas. Prefieren que les vengan en forma de "chisme" y, si puede ser, aderezado con un mordaz chascarrillo. Los hay de izquierdas y de derechas. Algunos valen para todos.

* * *

Vivimos, sin duda, un momento delicado, aunque no tan grave como lo ven los temerosos o los que fomentan de palabra y obra esos temores, en la seguridad de que podrán sacar partido de ellos, para unos u otros fines.

En cuanto a la prensa en general —me refiero a la seria, a la informativa y moderada—, quienes se quejan de que se da demasiada importancia y concede demasiado espacio a la política deberían leer un magnífico libro de María Cruz Seoane —muy trabajado, muy ameno y bien escrito— publicado por la Fundación March. A pesar de llevar un título poco llamativo, "Oratoria y periodismo en la España del siglo XIX", resulta de lo más sabroso y hasta diría que muy actual en estos finales del siglo XX.

Allí pueden ustedes aprender cosas interesantísimas sobre el arte de la oratoria, que no se sabe si volverá a resurgir —aunque Dios quiera que no sea con aquellas imágenes retóricas tan floridas que levantaban oleadas de entusiasmo—, pero que, de momento, ha desaparecido por completo.

En cambio, la prensa diaria, que fue casi exclusivamente política, terriblemente polémica y con frecuencia insultante, tuvimos la suerte de que empezara a convertirse hacia finales del siglo pasado en prensa de información, sin descuidar, por eso, ser también orientadora de la opinión pública. Esto no pudo ocurrir hasta que se formaron empresas periodísticas, capaces de atraer un público y una publicidad que, lejos de hacerla "prensa mercenaria", como decían los "papeles" estrictamente políticos, que se vieron desplazados por los nuevos periódicos, pudo llegar a ser independiente y mantener con decoro a los verdaderos profesionales del periodismo, una "especie" que tampoco existió hasta que funcionaron esas empresas editoras responsables. Claro que el periódico independiente puede tener también sus simpatías o antipatías —como las tiene el lector—, pero sin ocultar la verdad de los hechos.

Figura 2

Se defiende el carácter primordialmente informativo de la prensa, que debe ser hecha por profesionales.

Se critica el alarmismo y la desconfianza provocada, que conduce a tensiones y enfrentamientos y va contra el normal desarrollo pacífico de la democracia.

Se informa, al mismo tiempo, de que la prensa tiene normalmente un carácter político y lo ha tenido siempre, lo que no debe estar reñido con la información detallada y verídica (aunque esto no impida las "simpatías y antipatías").

Todo ello se podía haber presentado con la forma de un largo y sesudo artículo, en el que, a partir de la premisa: "la prensa siempre se ha ocupado de la política y debe hacerlo, dentro de su misión profesional informativa", se hubieran desarrollado, analíticamente, los argumentos a favor de esta tesis y rechazado los argumentos en contra. Es posible que así hubiéramos obtenido un texto de carácter sociológico, tal vez interesante, pero estaría desprovisto de la amenidad y la gracia que le dan los recursos de la autora, quien:

Ha introducido al lector en el relato, presentándole ciudadanos comunes "señoras, señores o gente joven", que manifiestan preocupaciones o quejas generalizadas.

Ha presentado estas quejas en un estilo conversacional, en forma de diálogo, lo que da mayor dramatismo al desarrollo del texto, acercándolo al lector.

Al mismo tiempo y dentro también de su línea informativa periodística, ha dado noticia de la aparición de un libro sobre el asunto del que se está ocupando y ha hecho una reseña positiva del mismo. Los lectores habituales sabían que este modo de introducir información cultural era habitual en los escritos que reflejaban la opinión de la autora.

Aunque básicamente de opinión, hay algunos aspectos informativos en el texto, en el que no falta también un punto de propaganda: se defiende una visión optimista de la situación que se vive, lo que, indirectamente, apoya al gobierno.

PROPAGANDA

El texto que se ofrece a continuación es más publicitario que propiamente propagandístico. Sin embargo, para ser objetivos, habría sido necesario introducir aquí textos de la mayor parte de las tendencias, si se hubiera presentado propaganda de otro tipo, Eso resultaba imposible. Como no es difícil encontrar textos en los que se argumente a favor de determinadas posturas sindicales o colectivas, parece que será fácil completar ese aspecto de este capítulo, aunque advertimos que somos conscientes del detalle.

A diferencia del puro texto publicitario en el que, como se verá más adelante, se busca la atracción subjetiva del lector u oyente, en el texto propagandístico lo importante es dar razones *real o aparentemente objetivas.*

La propaganda propiamente dicha, distinta de la publicidad, siempre supone *un mínimo de información.*

Nuestro texto ofrece, por ello esa información, en dos aspectos:

1) Criterio de autoridad: es un prestigioso investigador (y, además extranjero, con lo que parece más importante).
2) Criterio técnico: nomenclatura técnica, en aparatos y términos, que da la impresión de que se dicen las cosas muy objetivamente, cuando de lo que se trata. en realidad, es de que se sigan las consignas del propagandista (en este caso, comprar en un determinado lugar, que se expresa).

Solución para los sordos y los operados de laringe

Usted oirá y hablará PERFECTAMENTE

Los días 3, 4 y 5 de mayo llegará a Madrid el prestigioso especialista alemán CZILCHERTEMAYER, quien, como conocedor de las más avanzadas técnicas sobre audiometrías, audiologías y laringofonías, adaptará los últimos modelos de aparatos para una perfecta audición o modulación del lenguaje a cuantas personas precisen resolver cualquiera de estos inconvenientes.

La pantalla de rayos catódicos y oscilógrafo, que origina curvas sinusoides del AUDIOMETRO ELECTRONICO, con el que efectúa sus mediciones audiométricas, ratifica en forma visual la dureza auditiva, confirmando, por consecuencia, la prótesis idónea en cada caso.

El eminente técnico alemán en audiometría y laringofoniatría, asistido por el prestigioso equipo de especialistas de OPTICAS SAN GABINO, presentará por primera vez en nuestro país los últimos modelos en electrolaringófonos, el NEOVOX ELECTROLARYNX Y AMPLICORD, con los que podrán hablar perfectamente quienes por la intervención quirúrgica u otra causa hayan perdido la facultad de hablar.

Así mismo adaptará los últimos modelos de audífonos retroauriculares e intrauriculares (todo dentro del pabellón auditivo) de las marcas mundialmente acreditadas MERCURY W. MONACH ELECTRONIC GERMANY INTERTON, equipado con micrófono Electrec, con garantía total contra golpes y caídas de aparato que en su zona posee OPTICAS SAN GABINO en exclusiva.

Nuestra organización se siente satisfecha por haber podido complacer a cuantos, por precisarlos personalmente o bien alguno de sus familiares, nos habían interesado los ELECTRO LARINGOFONOS.

Resolveremos sus problemas, evitando que usted sufra y haga padecer a sus familiares.

Rogamos a las personas interesadas, para evitar aglomeraciones en OPTICAS SAN GABINO, Espoz y Mina, 18, reserven hora con la suficiente antelación llamado a los teléfonos 221 78 72 y 232 60 74. OPTICA SAN GABINO. MADRID. -R.

Figura 3

La actitud del propagandista, por supuesto, es perfectamente lícita y honesta, desde el momento en que no oculta la finalidad que persigue con sus afirmaciones. El problema de la verdad o falsedad de lo que afirme ya no es lingüístico, sino legal, y no nos interesa aquí. La propaganda, sin embargo, además de lo que hemos dicho, suele incidir en el tópico (caso del prestigioso 'extranjero'), cuando no busca el halago de las pasiones de aquél a quien se dirige, con lo cual va tomando aspectos subjetivos que la llevan a ser pura publicidad.

Finalmente, la propaganda está siempre *orientada,* tiene una finalidad muy concreta, que es lograr algo de aquél a quien se dirige: que compre un producto, que vote algo, que haga algo; es de *finalidad práctica,*

2. Crítica de los mecanismos lingüísticos y extralingüísticos de la alteración de mensajes informativos

Volvemos ahora a los textos informativos, para insistir sobre algo esbozado antes: es habitual que los textos informativos no se limiten a dar la noticia, sino que la *orienten* (acercándola así a la propaganda). De ninguna manera se quieren recoger aquí ejemplos en los cuales esa alteración sea dolosa y pueda constituir delito. Se trata de ofrecer ejemplos bastante claros de cómo unas preferencias determinadas llevan a alterar la presentación de la noticia, sin faltar a la verdad.

El texto informativo de la Figura 1 ofrecía, según se resaltaba al comentarlo, una evidente orientación de las noticias: se buscaba que el lector enfocara el Consejo de ministros desde una perspectiva determinada, básicamente, que se notara más lo que no había aprobado el Consejo que lo que había aprobado.

Este mecanismo en la presentación de la noticia se apoyaba en unos usos lingüísticos, que se señalaron entonces, y en otros usos, extralingüísticos, los siguientes:

Las tres informaciones negativas: *aplazamiento, no aprobó* y, de nuevo, *no aprobó*, figuran en los tres párrafos iniciales de la noticia, resaltados con letras en tipo mayor o en negrita, mientras que la información no destacada se da en tipo redondo, normal.

Los dos procedimientos extralingüísticos de orientar la información son *destacar* y *disimular.* La noticia se *destaca,* total o parcialmente, colocándola en una página importante del periódico o realzándola con tipos de imprenta mayores o con mayor espacio en una página. Los textos en página impar reciben más atención del lector de diarios que los de página par. En cambio, se *disimula* la noticia cuando se le da poco espacio, sin tipos de letra especialmente llamativos y en una de las páginas interiores, pares, o últimas.

Estos procedimientos se observan con claridad en los ejemplos de la Figura 4 y la Figura 5, en los cuales la misma noticia ha sido transmitida de modo bien distinto:

A la vista de los textos, está claro que los dos diarios, que se llamarán A (Figura 4) y B (Figura 5), han dado la noticia, es decir, han informado de la entrega del documento, pero también está claro que no la han dado del mismo modo.

Factores extralingüísticos:

Dos columnas en A, una en B.

Encabezamiento con tres tipos de letra en A, con uno en B.

(Añádase que la página en A era más importante que en B, aunque en la reproducción, al no reproducirse la página completa, con su numeración, no se aprecia. Además, dentro de la página, la proporción era todavía mayor en A que en B, por la diferencia de formato de ambos. El formato de B es mayor que el de A)

Dentro del texto, A destaca dos encabezamientos, mientras que B no destaca nada.

Factores lingüísticos:

Las diferencias son mayores en este caso.

Contenido: El diario A da la noticia completa, literalmente, y la precede de una nota aclaratoria, en la que hace notar su opinión favorable: "este respaldo numérico es ya el mayor". El diario B no da la noticia completa ni literalmente y los textos que se supone que cita literalmente son fragmentarios y están sacados de su contexto. El diario B tiene un primer párrafo en el que da escuetamente la noticia del escrito, su entrega y número de firmantes, y un segundo párrafo en el que reproduce de modo incompleto los aspectos parciales del texto que le permiten apoyar su postura, no expresa, en contra del mismo.

Expresión: Lo que se dijo anteriormente se comprueba con la simple lectura comparativa.

El diario A expone uno tras otro los puntos por los que la AIPU no puede responder a la encuesta ministerial y, también uno tras otro, los ocho puntos en los que estas setecientas personas que ocupan puestos de máxima responsabilidad en la Universidad no van a negociar. Se entrecomillan todos los textos, que se citan *íntegros*.

El diario B quiere dar la impresión de cita textual, pero recorta los textos, manipulando así la información. Entrecomilla "en el ámbito del desarrollo de las ciencias y de la correlativa

EL DOCUMENTO DE LA A.I.P.U. SOBRE LA REFORMA, ENTREGADO AL MINISTRO

MADRID. (De nuestra redacción.) La Asociación Independiente de Profesores Universitarios (A.I.P.U.) ha entregado al ministro de Educación y Ciencia un escrito en el que se critica duramente el procedimiento de consulta sobre la «reforma universitaria» y se expresan otros puntos no negociables sobre dicha reforma. El documento cuenta con el apoyo de más de 700 profesores doctores (socios o no de la A.I.P.U.) de los cuales más de 600 son catedráticos y profesores numerarios en las distintas Universidades. Aunque la A.I.P.U. no ha cerrado todavía la posibilidad de recibir adhesiones, este respaldo numérico es ya el mayor que se recuerda durante las últimas décadas en el ámbito universitario.

El documento, firmado por el presidente y por el secretario general de la A.I.P.U., profesores Ruipérez y De la Oliva Santos, respectivamente, sostiene, en primer lugar, «que gran número de problemas de la Universidad no son susceptibles de abordarse y resolverse racionalmente por grupos en los que se igualan de modo artificial y falso a sus miembros desiguales. Desiguales son -dice - quienes desempeñan un papel distinto en la vida universitaria y quienes establecen una relación diferente (transitoria o estable) con la Universidad, y tampoco son iguales aquellos a los que se imputa una responsabilidad que es siempre necesariamente diversa y que, por tanto, se corresponde con una diversa capacidad de decisión».

NO SE FORMULA CON SERIEDAD. El escrito afirma que la circular ministerial es incompatible con las anteriores consideraciones y, tras estimar que la consulta no se formula con seriedad, continúa: «En el ámbito del desarrollo de las ciencias y de la correlativa transmisión y adquisición de los saberes no rigen mayorías. Hay parcelas de la actividad humana a las que resulta insensato aplicar los esquemas utilizados para la participación general en la gestión de la República.» Se ofrecen, acto seguido, otros motivos adicionales para rechazar la circular, entre los que destacan los siguientes:

a) «La actual imposibilidad de responder, si no es con vaguedades, a un buen número de cuestiones que se suscitan al hilo de los seis puntos de la consulta. En efecto, como reconoce la propia circular, "están aún sin precisar determinados condicionamientos básicos, y el primero de ellos, la nueva Constitución política".»

b) «La aceptación expresa por parte del Ministerio del sistema asambleario de "participación", que no es sólo incompatible con una verdadera deliberación, sino también contrario a lo que la misma circular llama "las nuevas circunstancias políticas y constitucionales" (habrán querido decir "constituyentes". Y aunque, según se ha dicho, los esquemas jurídicopolíticos no son trasplantables a la Universidad, es oportuno recordar que en España se pretende establecer un régimen de representación popular en el Parlamento, no una "democracia directa" de asambleas .»

c) «La referencia general al "criterio mayoritario de los órganos representativos de cada Universidad", cuando es sabido que algunos de esos sedicentes órganos representativos están constituidos contra toda razón y derecho.»

d) «La tácita consagración de un método de "participación" que, de ser utilizado en otros ámbitos, conllevaría consecuencias tan pintorescas como la de una consulta a todos los funcionarios y a todos los administrados con anterioridad a cualquier reforma de la Administración Pública. Al mismo tiempo,

semejante método oscurece, como mínimo, la función que en este tema corresponde al Ejecutivo y a los legítimos representantes del pueblo, que han de asumir la responsabilidad de respetar aquellas exigencias inmanentes de la Universidad, que ninguna opinión y ninguna decisión pueden defraudar sin afectar al ser mismo de esta institución.»

PUNTOS NO NEGOCIABLES.- Los ocho puntos no negociables son:

• «La autonomía universitaria, entendida como autonomía de las Universidades, no debe confundirse ni implicarse necesariamente con la autonomía de las regiones y territorios. La Universidad tiene que ser autónoma frente a las instancias de Poder en los territorios autónomos.»

• «Cualquier manifestación de cantonalismo o pueblerismo constituye no sólo una falsa autonomía universitaria, sino una degradación de la Universidad.»

• «Se considera conveniente conceder inmediatamente a las Universidades una autonomía de gestión económica, siempre que se arbitren mecanismos para exigir responsabilidad por esa gestión. También es exigible a corto plazo que los títulos académicos sean expedidos por cada Universidad, aunque se les reconozca validez oficial en todo el ámbito de soberanía del Estado español.»

• «En cuanto a la formación de los planes de estudio, la selección y adscripción del profesorado y el acceso de nuevo alumnado, la consideración de nuestras peculiaridades y la experiencia de otros países aconsejan vivamente que la autonomía esté limitada por un cuadro legal común.»

• «Por lo que respecta a la selección del profesorado, se estima que la habilitación para la docencia debe obtenerse sometiéndose a pruebas públicas de ámbito nacional, juzgadas por especialistas de acuerdo con criterios exclusivamente académicos .»

«El profesorado se someterá a un control verdaderamente académico de su rendimiento docente e investigador.»

• «En atención a las posibilidades de los centros y a la eficacia de la enseñanza, deben establecerse pruebas de aptitud, objetivas e imparciales, para el ingreso de nuevos alumnos.»

• «La investigación en la Universidad está inseparablemente limitada a la enseñanza y merece ser fomentada como inversión social de primer orden.»

• «El gobierno de las instituciones universitarias debe confiarse a órganos funcionales integrados por personas de reconocida capacidad y experiencia. La necesaria participación de estudiantes, profesores y personal no docente se articulará distinguiendo los diversos ámbitos y aspectos de la vida universitaria, sin que sea admisible una cogestión indiferenciada o general.»

Figura 4

Setecientos profesores, contra la reforma universitaria

MADRID, 15 (D B y XXX Press), La Asociación Independiente de Profesores Universitarios (AIPU) entregó ayer por la mañana al ministro de Educación y Ciencia un escrito, al que se han adherido 745 profesores doctores (socios o no de la AIPU), en el que se rechazan los cuestionarios ministeriales sobre la reforma universitaria y exponen ocho puntos no negociables sobre dicha reforma.

Los profesores firmantes del escrito estiman que la consulta ministerial no se formuló con seriedad, y añaden que «en el ámbito del desarrollo de las ciencias y de la correlativa transmisión y adquisición de saberes no rigen mayorías.»

Los doctores aducen la imposibilidad de responder, si no es con vaguedades, a las preguntas formuladas, ya que aún están sin precisar determinados condicionamientos básicos, como la Constitución. Los profesores reprochan asimismo al Ministerio «la aceptación expresa del sistema asambleario de participación».

Figura 5

transmisión y adquisición de saberes no rigen mayorías", cuando el texto completo decía (además) "hay parcelas de la actividad humana a las que resulta insensato aplicar los esquemas utilizados para la participación general en la gestión de la República". Es decir, el diario B quiere presentar a los firmantes como opuestos a la gestión mayoritaria (manera peculiar de entender la democracia) cuando los firmantes lo único que dicen es que hay parcelas, por otro lado, muy precisas, en las que no es cuestión de mayoría o no (la mayoría de la humanidad creyó que la tierra era plana o no se podía ir a la Luna). También entrecomillan "la aceptación expresa del sistema asambleario de participación", cuando el texto completo indicaba que ese sistema asambleario se utiliza en la Universidad a pesar de no ser una forma de gestión reconocida ni querida por el Gobierno (legítimo y democrático). Se quiere dar la impresión, en B, de que la AIPU es una asociación derechista, opuesta a la gestión colectiva de la Universidad y por eso B oculta que el escrito sostiene que "Desiguales son quienes desempeñan un papel distinto en la vida universitaria y quienes establecen una relación diferente (transitoria o estable) con la Universidad, y tampoco son iguales aquellos a los que se imputa una responsabilidad que es siempre necesariamente diversa y que, por tanto, se corresponde con una diversa capacidad de decisión".

Algunos aspectos son más sutiles: puesto que B trata de presentar el texto como procedente de la derecha conservadora, no da el nombre de los dos primeros firmantes de la AIPU, porque difícilmente podría situar, al menos a uno de ellos, en cualquier tipo de derecha. También, aunque no entrecomillado, achacan al escrito "que la consulta ministerial no se formuló con seriedad". En este hecho coinciden los dos diarios y la razón es clara, los dos ejercen su oposición al gobierno, por lo que no les conviene decir las razones por las que la AIPU califica la consulta de poco seria (son razones universitarias, no de política general) y ambos se alegran de criticar al gobierno, aunque sea con un pretexto nimio.

Esta última afirmación nos dice con claridad que la manipulación de la información (entendida como orientación, sin intención dolosa, por supuesto) no es exclusiva de los diarios de la tendencia A o B, sino que se practica cuando conviene y es el lector quien ha de estar atento para no dejarse sorprender.

Si se produce una polémica posterior, el diario B dirá que él también ha informado, pero al lector le toca preguntarse con qué periódico se ha sentido verdaderamente informado en este asunto. Es evidente advertir que A ha actuado así porque convenía a su orientación en este caso concreto, en otro podría ser a la inversa. La vida diaria ofrece la ocasión de comparar, en dos periódicos de distinta tendencia, cómo se da una noticia que afecta a unos y otros de modo distinto, o sea, que no es neutra. Esa comprobación, que puede ser un buen ejercicio de seminario demostrará que la manipulación, en ese sentido de orientación, es inevitable.

3. Análisis y redacción de distintos tipos de textos periodísticos

Este apartado es de carácter práctico, por lo que nos limitaremos a dar algunos textos, con orientaciones breves para su análisis. En este tipo de textos es preferible recurrir a lo actual, es decir, a un diario reciente, por lo que el texto periodístico reproducido en un libro siempre pierde fuerza.

Desde este silencio

ANTONIO SENILLOSA

Nueve años. Hace ya nueve años. Con cierto temor me dirigí al despacho de Xavier de Echarri, director de *La Vanguardia,* después de haber hablado con Horacio Sáenz Guerrero, por aquel entonces subdirector del diario. Horacio me había animado, incluso creo que me aconsejó la supresión de un párrafo y también que suavizara alguna expresión para que pudiera ser publicado. Horado Sáenz Guerrero fue siempre. para mí y para otros muchos, un maestro y un amigo.

He dicho que acudía con temor y no es la palabra exacta. Yo no había cumplido aún cuarenta años y detrás me acompañaba un historial político, seguramente pequeño, pero agitado, poco confortable y demasiado repleto de riesgos para que me atemorizara un despacho de periodista. Me presentaba ante Echarri con tristeza por el reciente falleci-miento y con un cierto nerviosis-mo, pues; temía que lo que llevaba en las manos iba con toda probabi-lidad a ser rechazado. Estába-mos en pleno franquismo. Se trataba de un par de holandesas que llevaban el título de "Desde este silencio". Acababa de morir en el exilio Su Majestad la reina doña Victoria Eugenia y escribía un monárquico airado y en queja por tantos años de calumnia y por la imposibilidad de hablar o de escribir para defender la institu-ción monárquica, cuando ni los muchachos del Frente de Juven-tudes ni Santiago Carrillo, si la memoria me es fiel, no la de-fendían con tanto entusiasmo como ahora. No pedíamos que nos dejaran gritar, porque teníamos razón; ni pretendíamos poner énfasis en nuestras palabras, porque lo que decíamos era justo: ni buscábamos violencias o brus-quedades que no queríamos y que, además, hubieran abierto nuestras heridas. Pero sí in-tentábamos hablar con firmeza, pues ni podíamos, ni queríamos, ni sabíamos, renunciar a nuestra lealtad.

Xavier de Echarri era un caballero. Como Ridruejo, como Montarco. como Torrente Ba-llester, Laín, Tovar o muchos otros, había sido falangista por generosidad, por impaciencia juvenil, por deseos de entregarse plenamente, arriesgadamente, a una patria a trozos. Y como tan-tos otros, monárquicos, liberales, carlistas, partidarios de Renova-ción Española, de la Lliga, de Falange o de la CEDA, había si-do estafado y desplazado por ha-bilidosos camaleones. Leyó Echarri mis cuarlillas aprobando con la cabeza, asintiendo a veces con la voz, y me dijo: "Tienes toda la razón. Vamos a publicarlo, aunque nos cueste un disgusto." Luego me pidió algún retoque y la supresión de una clara alusión a cierto personaje en el Poder desaparecido ya del mundo de los vivos, pues a *La Vanguardia* nunca le han gustado los términos contundentes y prefiere utilizar un tono moderado. Así, mi artículo, como tantos otros, se fue reduciendo en extensión y en agresividad.

Me habló luego Xavier Echarri de su monarquismo, de su afecto a la Familia Real. a la que había tratado asiduamente en Lisboa, afecto que, me consta, le era correspondido. Y entramos enton-ces en una larga conversación so-bre la lealtad, el riesgo, el valor, la dignidad, el honor.

Bien se me alcanza que todos estos términos, hoy, han caído en desuso, desprenden un cierto olor a naftalina y harán sonreír a más de un oportunista que atacaba entonces a la Monarquía y simula ahora una gran fidelidad con el sospechoso fervor del recién con-verso. Sé también que muchos bromearán al leer estas "grandes palabras", como si vieran a quie-nes las practican empolvados, con pelucas y salidos de antiguas carrozas. Muy bien. Pero algunos creemos todavía, con perdón. en unos valores esenciales; morales. intelectuales, culturales e incluso personales. Y tenemos, además, la presunción de estar orgullosos de creer en ellos. Vamos por el mundo pensando que es preciso esforzarse en tener el suficiente valor para no caer en la indigni-dad; que la lealtad es un lujo caro, un privilegio sólo al alcance de los verdaderamente grandes; el deshonor nos ofende, nos humilla, nos irrita; los insultos a España. a Cataluña, a sus banderas o al Rey nos indignan. En fin, que somos unos pájaros raros e incorregibles. Tal vez la edad nos haga sentar la cabeza. Porque la ingratitud no ha logrado conseguirlo.

La vida es un viaje para el que se necesita llevar las alforjas lle-nas de paciencia. Vamos dejando en él pedazos de nosotros mis-mos. Físicamente perdemos ca-bellos, dientes, dioptrías, decibe-lios, y sólo ganamos, en cambio, colesterol, bronquitis, arterio-esclerosis y una cosa vaga y ambi-gua que hemos dado en llamar experiencia. Moralmente deja-mos en la cuneta afectos, amigos, familiares, seres queridos, viejos compañeros que recorrieron con nosotros un trecho del largo viaje. Víctor Hugo decía que los niños son necesarios. Evidentemente. Pero también lo son los viejos. Los necesitamos para apagar nuestra insaciable sed de recuer-dos, para oír de viva voz historias que no pudimos conocer directa-mente. Y quizá también porque los viejos, al haber perdido res-ponsabilidad. han colgado en el perchero toda falsedad, toda hipocresía, todo convencionalis-mo y se han convertido en unos seres auténticos.

«Cualquier lugar fuera de España donde viva, siempre lo consideraré provisional», escri-bió pocos meses antes de morir la reina Victoria Eugenia. Y en su testamento se leían estas genero-sas palabras: «Pido perdón y per-dono sinceramente cuantos agra-vios se me hayan causado, y su-plico a Dios que conceda a Es-paña y a todos los españoles paz, justicia y prosperidad.» ¡Cuán lejos estamos de conseguir tan hermosos deseos! Porque «chi offende non perdona», dice el refrán italiano. Y los ofensores, los que atacaban a la institución y a sus representantes, siguen en sus puestos, mientras quienes la ignoraban intentan con éxito es-calar posiciones. Me viene a la memoria; no sin irritación, que mientras los Condes de Barcelo-na y sus hijos pasaban serios apu-ros económicos por una escrupu-losa honradez llevada a los extre-mos más estrictos, muchas damas de la llamada buena sociedad barcelonesa recaudaban fondos, desde luego no para ayudar a sus señores, sino para regalar joyas a doña Pepita, señora de Acedo Colunga, gobernador civil de Barcelona, como obsequio de despedida de un mandato bru-talmente antimonárquico.

«Desde este silencio» titulé mi artículo cuando lo escribí hace nueve años. Entonces fui repetidamente amenazado, pero en compensación altísima recibí unas cariñosísimas palabras del Conde de Barcelona y también una amable carta de la infanta María Cristina. El silencio fran-quista se ha convertido ahora en una algarabía bullanguera que producen los euro franquistas que mandan y quienes, en la calle, se creen que están en la democracia porque les dejan romper escapa-rates, apedrear policías y gritar .

«Mañana, España será republicana».

Por eso, «Desde este silencio» titulo hoy también estas líneas, dejados atrás nueve años de his-toria, mientras, tristemente, con-templo cómo tantas ratas siguen todavía en sus agujeros o han tre-pado al ático de un edificio en construcción. Sin el optimismo de nuestra voluntad sería impo-sible soportar hoy el pesimismo de nuestra inteligencia.

Figura 6

1. El texto es, básicamente, un artículo de opinión. Se defiende la idea monárquica.

2. La idea defendida es pura, opuesta a la demagogia a favor y en contra.

3. ¿Puede hablarse de una cierta propaganda de la idea monárquica?

4. Se ejerce una dura crítica social.

5. Se quiere dar una lección de historia, recalcando valores éticos.

Dos individuos, uno

----

de ellos extranjero

Detenidos por
no pagar el hotel

Un individuo de treinta y dos años ha sido detenido por inspectores pertenecientes a la comisaría de Chamberí, después de que fuera formulada contra él una denuncia por parte de un representante del hotel HHHH, debido a que no había abonado una factura de casi doscientas pesetas, importe de su estancia en dicho establecimiento,

El sujeto en cuestión fue identificado como XXX XXXX XXXX XXXXX, que posee antecedentes por estafa, cohecho y falsificación.

En similares circunstancias ha sido aprehendido el súbdito boliviano NNN NNNN NNNN de veintiocho años de edad, quien tampoco abonó los gastos de hospedaje ocasionados en el hotel Eurobuilding, cantidad que asciende a casi ocho mil pesetas.

NNN NNNN, cuyas diligencias han sido tramitadas por la Brigada Regional de Extranjería, posee antecedentes por robos en Madrid y otras capitales europeas y tenía prohibida su entrada en España.

---

1. Texto informativo, características de objetividad.

2. Diferencias de tipo, fundido y tamaño en los encabezamientos y en la noticia.

3. Un curioso error en la información: la factura sería de 200.000 pesetas o, en cualquier caso, no de doscientas.

4. Intención de precisión en los detalles de la noticia.

5. Medios de realzar la condición de extranjero de uno de los individuos.

6. Ausencia de elementos subjetivos.

CURSILLO DE FORMADORES

Dentro de la labor de Cáritas son necesarias muchas cosas. Una de las más importantes es poseer un equipo de formadores lo más amplio posible. Y ésta es la meta que pretende abarcar el cursillo que a finales de abril ha tenido lugar en El Escorial.

Todas las actividades de la vida necesitan un equipo cuya finalidad sea animar y encauzar los grupos y comunidades de las diócesis en el campo específico de Cáritas.

Como el cursillo quiere ser práctico, incide en un conocimiento profundo de los contenidos de Cáritas, de los objetivos y de las realizaciones actuales de la misma, presentando, a la vez, los métodos y términos más asequibles para la educación de los adultos, jóvenes y niños en esta parcela de la pastoral.

La preparación de quienes quieran colaborar en Cáritas hará más eficaz el trabajo en las parroquias, grupos o comunidades.

Siguiendo el ritmo de la vida, se pretende en Cáritas Española, y con la colaboración de sus servicios centrales, crear equipos de formadores regionales, que traten los problemas de las mismas y busquen soluciones.

No se trata simplemente de un cursillo aislado, sino de promover un plan permanente de formación, que esté siempre al día y que responda a nivel de zona, de diócesis o nacional a toda su problemática.

1. Texto propagandístico, con elementos informativos.

2. Exposición clara de los objetivos de los cursos.

3. Valores sociales de la noticia.

4. Petición al lector, carácter propagandístico.

4. Los textos publicitarios: sus rasgos icónicos y verbales

El primer modelo de texto publicitario es el simple *anuncio*. Su fórmula más sencilla es la simple enunciación de lo que se ofrece. Este mensaje publicitario, absolutamente objetivo, es el que domina hoy en las comunicaciones oficiales de carácter meramente burocrático, como ésta:

AYUNTAMIENTO
DE SAN SEBASTIAN
ANUNCIO

En el "Boletín Oficial de Guipúzcoa" número 43, de fecha 10 de abril de 1978, y en el "Boletín Oficial del Estado" número 98, de fecha 22 de abril de 1978, se ha publicado un anuncio relativo al concurso para la contratación de las obras de reconstrucción del barandado del paseo de la Concha en 108 tramos que figuran en el plano adjunto.

El tipo de licitación es de dos millones de pesetas,

Las proposiciones para optar a dicho concurso deberán presentarse en el Negociado de Contratación de Secretaría, sito en la Casa Consistorial, admitiéndose las mismas hasta las trece horas del día 17 de mayo de 1978.

San Sebastián, 24 de abril de 1978. El Alcalde (firmado), Fernando de Otazu y Zulueta.

El elemento *icónico,* figurativo, del anuncio anterior es el tipo de letra, fundido distinto en la cabecera y tamaño mayor de los tipos, en negrita, en las tres primeras líneas. Por lo demás, está compuesto de elementos verbales. "Icónico" no significa que tenga que haber una figura, sino que hay un componente gráfico, de imagen, puede ser una línea, la negrita o el tipo de letra, el fundido que se haya elegido. No hay nada más sencillo; pero quien haya tratado de poner un anuncio en un periódico sabrá que no se paga lo mismo si hay un procedimiento de hacerlo resaltar que si se dice todo en el tipo normal de letra y formato.

La primera preocupación del mensaje publicitario es atraer la atención.

Figura 7

Desde que el hombre sintió la necesidad de ofrecer a sus vecinos algo, se ha preocupado por la presentación de esa oferta. Sin embargo, nunca como ahora la publicidad ha sido una fuerza socioeconómica de primer orden, de la que a veces pueden depender cuestiones tan vitales como la libertad informativa: un periódico sin anunciantes tiene que depender de un grupo que lo financiará, pero le impondrá su ideología; otro financiado por una publicidad de cierto tipo no podrá tomar una línea opuesta a los intereses de sus anunciantes, y así sucesivamente,

Para atraer la atención del público la publicidad ha ido complicando sus medios: dibujo, color, movimiento, sonido, todos los adelantos de la técnica actual se han puesto al servicio de este poder. De todos ellos, sin embargo, el que, junto a la manipulación lingüística, es fundamental, es la *imagen*, es decir, el componente *icónico* figurativo.

Este mensaje publicitario ofrece una completa integración de los elementos icónicos y verbales:

El elemento **verbal** *suave* es el único no integrado en la imagen, pero no el único del mensaje: no interesa sólo la invitación a beber, sino que lo que se beba sea un producto de una marca determinada, la etiqueta de la botella, integrada en la imagen, ofrece la información verbal complementaria.

El elemento icónico, frente a lo que pudiera pensarse, tampoco se desliga del verbal, sino que se ha buscado un contraste entre la palabra *suave* y la mano varonil que sirve la bebida. Al mismo tiempo, por el enfoque contrapicado de la imagen, se indica que *se impone*, es decir, se expresa una relación de superioridad. El tipo de vaso es un detalle de lujo (no es un vaso corriente de agua). Todo ello contribuye, dentro de la economía de formas y colores, a dar al espectador o lector una impresión atractiva. Hay también una presentación *activa*, no se muestra un simple ejemplo del producto, sino que se ofrece el producto en acción, se quiere dar la impresión de que ese vaso es para para quien ve la imagen: una mano amiga, varonil, ofrece una copa, signo tradicional de amistad. La leyenda verbal, "suave", puede estar en la línea de que es una bebida para todos, hombres y mujeres, o, simplemente, resaltar la facilidad con la que se adquiere la costumbre de tomar ese nuevo producto, ya que los rasgos semánticos del término son positivos.

5. Procedimientos sintácticos y semánticos de manipulación del lenguaje por la publicidad

El propósito de la publicidad, como tipo de propaganda, es activo: convencer; busca un cambio en la *actitud* del *consumidor*. Esto produce un círculo de influencias, porque se requiere una *predisposición* para ser persuadido en una dirección determinada, la *persuasión,* a su vez, transforma la predisposición en *disposición* decidida, la cual, bajo el influjo de una nueva corriente propagandística se convierte en *actitud* firme (en su último extremo esa actitud se manifestaría como *fanatismo*). La buena publicidad, por tanto, más que buscar una persuasión desde fuera, busca reforzar las predisposiciones que pudiera haber, por eso es muy importante la consideración del público a quien se dirige (anuncios de detergentes en TV, por ejemplo).

La *manipulación* se apoya en la indiferencia o, mejor, en la falta de resistencia: el consumidor no está educado para resistirse a la publicidad, sino que se busca dejarlo inerme ante ella, en una especie de lucha de las grandes marcas por conquistar esa tierra de nadie. Por ello el profesor y filósofo español Aranguren señaló que se plantea un problema ético: no se busca convencer con argumentos, sino suscitar estados de ánimo puramente emocionales que permitan dirigir la conducta.

La concepción publicitaria del mundo arranca de un reforzamiento de la actividad social, así como de la conciencia de masa: sociedad consumista, sociedad del ocio. La tendencia es crear un "mundo feliz", con su cielo y sus "estrellas", implacablemente utilizadas para la satisfacción de los instintos del animal de consumo. La "imagen" sustituye a la realidad y el mensaje publicitario ocupa incluso el lugar del literario o artístico (los niños cantan los anuncios de moda, los hablantes repiten los anuncios con sonsonete o rima). La publicidad puede usarlo todo como pretexto: la vida, lo que nos rodea, que nos muestra para indicarnos que nos es familiar, el lenguaje, en el que utiliza sabiamente todo tipo de recursos, no sólo ordinarios, sino estilísticos.

Dado su carácter de estímulo, debe atraer la atención, para lo que debe adecuarse al estereotipo del receptor, atrayéndolo con palabras "mágicas", halagos verbales, procedimientos potenciadores como éstos:

1) Uso de voces y expresiones *poéticas, imaginativas, interesantes, pintorescas.* Lo cotidiano se transforma en imaginario.

2) Empleo de la *recurrencia,* característica del lenguaje poético: rima, reiteración, aliteraciones.

Estos recursos ponen de relieve los signos lingüísticos que conforman el texto. El relieve es tan importante que, al contrario de lo que sucede con la información normal, lo menos fijo, lo más novedoso, es lo que llama más la atención y produce mayor influjo y aceptación.

El carácter insistente, reiterativo, de cada mensaje publicitario le hace buscar en sí mismo su refuerzo. Por ello se combinan rasgos icónicos y *v*erbales, para apoyarse mutuamente; es corriente que la figura exprese la idea básica y el texto los rasgos que se desprenden de ella.

En el párrafo siguiente se ofrecerán ejemplos concretos de distintos tipos, de modo que aquí nos limitaremos a recoger los distintos tipos de procedimientos que el lenguaje publicitario emplea:

1) *Palabras-claves* o mágicas, que apelan a tendencias como la distinción, el patriotismo, la ensoñación femenina con el varón o la atracción inversa, el confort, el lujo, el éxito social, la libido, etcétera.

El encendedor del **maharajá**

2) *Potenciación* de las expresiones, con lo que se consiguen enunciados que llaman la atención, o empleo de vocablos muy de moda, o extranjeros.

¿Grand Marnier con Finley? **Oh, la, la.**

3) *Recurrencias:*

Banco *Central, su* **banco** *amigo.*

4) *Deícticos:*

Ésta *es la hora.*

5) Procedimientos *sintagmáticos,* como los triángulos de términos (de adjetivación o designación).

Calentadores de agua **elegantes y automáticos**, ***para*** **lavabo, ducha y baño**

6) *Refuerzo* del pronombre, con el uso explícito (dominaba el *usted* en el siglo XX, mientras que en el XXI se va imponiendo el tú).

Y **usted** *lo sabe*

7) Procedimientos semánticos, como la *antítesis:*

preocúpese **hoy** *de* **mañana**

o el *eufemismo:*

a buen precio = 'barato'.

8) *Amplificaciones,* con comparativos o superlativos:

Blanco, **blanquísimo**

Es **más** *jabón*

o con el superlativo de sentido o semántico:

la *colonia (*= por excelencia)

Todos los procedimientos tienen en común su carácter exótico en relación con el empleo normal del lenguaje y se refuerzan con la imagen o el sonido, de modo que la entonación o el enfoque resalten lo que se afirma.

6. Ejercicios para el estudio crítico de mensajes publicitarios

1.

Se recogen a continuación una serie de textos publicitarios que se prestan a discusión, para ofrecer un material de trabajo, con algunas orientaciones iniciales; los números remiten a los apartados anteriores y tipos de procedimientos:

1. Abrigos Cortefiel, con detalles que marcan *la* diferencia (8).
2. Cava Segura Viudas, *la gran diferencia* (1 y 8).
3. Clásicos Bruguera, un regalo de *prestigio* (1).
4. Galería de Arte *Lepanto* (1).
5. Nuevos Austin Victoria, los hemos hecho así de *amplios* porque España es un *amplio* país (3 y 1).
6. Hidalgo. Una colonia para hombres, que se queda *en la imaginación de las mujeres* (1).
7. *Brutalmente femenino*. El pequeño automático de Citizen (7).
8. *Merry Christmas, Happy New Year. And* Winston ... (2).
9. *Sea* quien sea tiene su Parker (3).
10. ¡A mi *plin!* Yo duermo en *Pikolín* (3).
11. *Éste es* el hombre. *Éste es* el brandy (3 y 4).
12. Wrangel resiste, mientras *tú* resistas (6, 7 y 3).
13. *Paso a paso, sorbo a sorbo* (3).
14. Ariel *es blancura* (8).
15. *Un* gran vaso de leche en cada tableta (4 y 8).
16. No tien*e nada* que perder, *sólo* la caspa (7).
17. Presénta*le* a Cola-Cao (6). ...
18. *Ahora* es el momento (4).
19. Maggi *se* lo da hecho (6).

2.

Para la combinación de elementos *icónicos y verbales* se han recogido dos anuncios: en el primero, los rasgos verbales son predominantes, en el segundo es el icónico (la fotografía del futbolista que da nombre al negocio, especialmente) el que llama la atención. En ambos casos, la motivación es la misma, se llama la atención del público con un motivo de actualidad rabiosa entonces, el Campeonato del Mundo de Fútbol que se celebraba en España en 1982. En el primer ejemplo lo que se busca es llevar a los varios locales comerciales de la entidad anunciante a muchas personas, con objeto de que de ahí salgan clientes potenciales (ayudándose de la publicidad nueva que se les ofrecerá en cuanto entren en ellos, naturalmente). En el segundo ejemplo se ofrece un producto concreto, especialmente atractivo para ver un gran campeonato, y una sola figura de atracción, relacionada con ese campeonato y con el negocio que se anuncia:

HOY,
CONCENTRACION FUTBOLISTICA
EN EL CORTE INGLES
Esta tarde, El Corte Inglés va a tener la mejor selección:
En
Preciados:
RUBEN CANO Y SANTILLANA
En Goya:
JUANITO Y LEAL
En Generalísimo:
MARCELINO Y SAN JOSE
En Princesa:
MIGUEL ANGEL Y CAPON
Todos estos extraordinarios futbolistas firmarán banderines, posters, fotografías y todo tipo de artículos promocionados por la Asociación de Futbolistas.

Horario de firma:

DE 6 A 8 DE LA TARDE

Figura 8

TV COLOR 72.000 PESETAS TOTAL
Promoción especial: Regalo adicional de 4.000 pesetas
● AMPLIAS FACILIDADES DE PAGO ● OBSEQUIO BALON DEDICADO POR PIRRI
● Las mejores marcas, con exposición y venta hasta las 9 de la noche
PIRRI tv color
Paseo de la Castellana, 56
(esquina plaza Emilio Castelar)
¡NADIE VENDE MAS BARATO NI MEJORES MARCAS!

Figura 9

XIII. EL USO DEL LENGUAJE EN LAS DISCIPLINAS HUMANÍSTICAS

1. El vocabulario abstracto
2. El lenguaje doctrinal y especulativo
3. Argumentación y dialéctica
4. Análisis lingüístico de textos humanísticos
5. El ensayo
6. Redacción de trabajos monográficos
7. Síntesis de textos expositivos
8. Ejercicios: desarrollo de un tema a partir de una idea central

1. El vocabulario abstracto

Los *sustantivos abstractos,* a diferencia de los *concretos,* se refieren a objetos que sólo tienen independencia mental o que se piensan sólo con independencia mental. Así, pensamos en la *belleza,* en el *bien,* y les damos independencia con el pensamiento a partir de seres bellos o buenos, que, en cambio, tienen independencia real.

Las disciplinas humanísticas, como parte de la ciencia en general, se caracterizan por el empleo de términos y expresiones de carácter abstracto motivados por la necesidad de precisión terminológica a la que ya se aludía al hablar del lenguaje científico. Es más, es falso separar el lenguaje de la ciencia y la técnica del de las disciplinas humanísticas, puesto que el objetivo de ambos es el mismo: explicar o, al menos, describir su objeto completamente, evitando la ambigüedad. Uno de los medios más claros de evitarla es la creación de una terminología precisa, de carácter necesariamente abstracto porque se refiere a categorías y no a objetos, a clases y no a elementos de ellas. Otro rasgo propio de todas las ciencias es el empleo del lenguaje en el grado superior de abstracción, que se marca por subrayados, comillas, corchetes, paréntesis y, en suma, todos los medios posibles de diferenciar el sentido usual de un término y su sentido científico.

Recurramos, como es habitual, a un ejemplo:

LOS PROBLEMAS DE LA FILOSOFIA (traducción)

La filosofía debería exponernos la jerarquía de nuestras creencias instintivas, empezando por las que mantenemos de un modo más vigoroso y presentando cada una de ellas tan aislada y tan libre de adiciones superfluas como sea posible. Debería ocuparse de mostrar que, en la forma en que son finalmente establecidas, nuestras creencias instintivas no se contraponen, sino que forman un sistema armonioso. No puede haber razón para rechazar una creencia instintiva, salvo si choca con otras; pero, si hallamos que se armonizan, el sistema entero se hace digno de aceptación. Es, sin duda, *posible* que todas o algunas de nuestras creencias nos engañen y, por consiguiente, todas deben ser miradas con un ligero elemento de duda. Pero no podemos tener *razón* para rechazar una creencia sino sobre el fundamento de otra creencia. De ahí que, al organizar nuestras creencias instintivas y sus consecuencias, al considerar cuál de entre ellas es más posible o si es necesario modificarla o abandonarla, podemos llegar, sobre la base de aceptar como único dato aquello que instintivamente creemos, a una organización sistemática y ordenada de nuestro conocimiento. En ella subsiste la *posibilidad* del error, pero su probabilidad disminuye por las relaciones recíprocas de las partes y el examen crítico que ha precedido a la aquiescencia.

Bertrand Russell

Todo el texto, como se ve, se centra en torno a un término abstracto: *Filosofía,* en relación con otros dos abstractos también: *creencia e intuición.* En la discusión se toma otro como contraste: *razón.* Incluso se establece un sentido de razón, en general, y otro de *razón,* subrayado, específico. La referencia a lo *posible* y la *posibilidad* también está destacada gráficamente.

Además de estos términos abstractos centrales, predominan estos elementos léxicos en el texto, con formas como *sistema, modo, adición, aceptación, fundamento, consecuencia, organización, conocimiento, error, relación, aquiescencia.*

La necesidad de precisión de toda ciencia, en la que deben incluirse las disciplinas humanísticas, obliga al empleo de un vocabulario muy preciso, en el que predomina la abstracción.

2. El lenguaje doctrinal y especulativo

La diferencia básica entre estas dos orientaciones de las disciplinas humanísticas radica en el hecho de que el lenguaje doctrinal o relacionado con la doctrina, contiene reglas y preceptos y arranca de la "enseñanza que se da para instrucción de alguno". Es, por ello, de aplicación, práctico. El especulativo, en cambio, expresa la meditación, reflexión, consideración o examen de un tema u objeto, por lo cual es de tipo teórico.

La gramática puede ofrecernos claros ejemplos de diferencia entre estos dos lenguajes: una regla de la gramática normativa es de tipo *doctrinal,* nos dice, prácticamente, lo que se puede hacer o no. Las *consideraciones* que la gramática haga sobre una construcción, desde el punto de vista teórico, son de tipo *especulativo.* Un ejemplo contribuirá, sin duda, a aclararlo:

Un mismo párrafo de un texto, como el *Esbozo de una nueva gramática,* de la Real Academia Española, puede pasar del lenguaje especulativo al doctrinal:

Especulativo:

> Del hiato inverso */a.í/,* en la sucesión decreciente, se pasa también al diptongo */ái/,* con desplazamiento del acento de intensidad. Han seguido este proceso: *rei-na* ant. /re.ína/, *vai-na, vein-te, trein-ta, de-sahu-cia* ant. /de.sa.ú.θia/, probablemente *neu-tro,* entre otros, que pertenecen hoy a la lengua general.

Doctrinal (señala que hay un *uso* rechazable):

> Está considerada, en cambio, como vulgarismo, en muchos de los territorios donde se produce, la supresión del hiato en *ma-íz, ra-íz, ba-úl, sa-úco,* en formas verbales como *re-ís, le-ímos* y en algunas otras formas.

El primer texto nos describe una situación, la existencia de /a. í/, en dos sílabas, frente a /ái/, en una sílaba. El segundo, en cambio, nos dice que, desde el punto de vista práctico, se debe evitar decir /ái/ en una serie de casos, en los que se considera correcto decir /a. í/.

El carácter *doctrinal* queda claramente marcado en una *fórmula* que le es propia, la *regla o precepto*, en donde lo importante e inmediatamente perceptible es la *intención* de *obligar*. Este aspecto se observa con toda claridad en la regla ortográfica que corresponde a los puntos que acabamos de exponer, tal como la expresa la *Ortografía* académica:

> Cuando una vocal extrema tónica va delante o detrás de una vocal intermedia átona, no hay diptongo, sino hiato, y la vocal tónica llevará acento ortográfico. Ejemplos en voces agudas: *país, raíz, ataúd, baúl, Baíls, Saúl*. En voces llanas: *poesía, desvarío, falúa, dúo, tenía, sería, día, mía, pía, pío, píe, acentúo* (...).

La forma verbal de futuro, *llevará*, explica la obligación y muestra claramente el carácter *doctrinal* del texto.

El párrafo de B. Russell que recogimos en el apartado primero de este capítulo es, en cambio, un texto claramente *especulativo*: no se dice qué *debe* ser la filosofía, sino que se ofrecen pensamientos o consideraciones acerca de qué *puede* ser.

3. Argumentación y dialéctica

La *argumentación* comprende la exposición razonada de los propios argumentos y la discusión, también ordenada, de los argumentos ajenos. La dialéctica, en cambio, contempla el planteamiento de una *tesis*, de carácter teórico, a la que se contrapone una *antítesis*, obteniéndose una *síntesis* de la relación dialéctica entre *tesis* y *antítesis*. Esta *síntesis* funciona como nueva *tesis*, a la que se opone una nueva *antítesis*, y así sucesivamente.

Veamos, en primer lugar, un ejemplo de *argumentación*:

> *LOS PROBLEMAS DE LA FILOSOFIA*
>
> Descartes (1596–1650), el fundador de la filosofía moderna, inventó un método que puede emplearse siempre con provecho: el método de la duda metódica. Resolvió no creer en nada que no viera muy claro y distintamente ser cierto. Dudaba de todo lo que era posible dudar hasta alcanzar alguna razón para dejar de dudar. Aplicando este método se convenció gradualmente de que la única existencia de la cual podía

estar *completamente* cierto era la suya propia. Imaginó un demonio engañoso que presentara a sus sentidos objetos irreales en una perpetua fantasmagoría; era, sin duda, muy improbable que tal demonio existiera, pero era, sin embargo, posible y, por consiguiente, era posible la duda en relación con las cosas percibidas.

Pero no era posible la duda respecto a su propia existencia, pues si no existiera, ningún demonio le podría engañar. Si dudaba, debía existir, Así su propia existencia era para él absolutamente cierta. "Pienso, luego soy" *(Cogito, ergo sum);* y sobre la base de esta certeza se puso a trabajar para construir el mundo del conocimiento que la duda había arruinado. Al inventar el método de la duda y mostrar que las cosas subjetivas son las más ciertas, prestó Descartes un gran servicio a la filosofía, y esto le hace todavía más útil para todos los estudiosos de estos temas.

Pero es preciso proceder con cautela en el empleo del argumento de Descartes. "Pienso, luego soy", dice algo más de lo que es estrictamente cierto. Podía parecer que estamos completamente seguros de ser hoy la misma persona que éramos ayer, lo cual, en cierto modo, es indudablemente cierto. Pero es tan difícilmente asequible el yo real como la mesa real, y no parece tener éste la certeza absoluta, convincente, que pertenece a las experiencias particulares. Cuando miro mi mesa y veo un cierto color oscuro, lo que es absolutamente cierto no es que "Yo veo un color oscuro", sino, más bien, que "un cierto color oscuro es visto". Esto implica, desde luego, algo (o alguien) que vea el color oscuro; pero no supone esta persona más o menos permanente que denominamos "yo".

Russell

En este texto hay *dos argumentaciones,* la resumida de *Descartes:* duda, certeza de la existencia del yo, posible reconstrucción del mundo desde esa certeza y la argumentación de *Russell* a partir de Descartes: Russell expone el método cartesiano y lo critica, presentando una serie de argumentos, en el tercer párrafo, introducidos por *pero y cuando.* Notemos, de paso, que en la exposición del desarrollo de la argumentación cartesiana también había utilizado el *pero,* como punto de partida de Descartes (inicio del párrafo segundo), como un gozne entre el fin de una etapa y el principio de otra. Vemos así la sucesión de etapas ordenadas y el progreso del razonamiento que caracterizan la *argumentación,* venciendo dificultades. (El texto de Russell que se presentó en el párrafo primero de este capítulo es también un texto argumental.)

El término *dialéctica,* por su parte, puede entenderse en dos sentidos. En su sentido *clásico,* originario, tal como lo entendían los filósofos griegos, se trataba de apoyar la verdad de la argumentación o de los conocimientos adquiridos por ella en la discusión. La discusión de los argumentos de un autor sería *dialéctica* (y en ese sentido la discusión que Russell hace de puntos de Descartes sería dialéctica).

Este sentido, sin embargo, se ha incluido dentro del de argumentación. La dialéctica, en sentido *restringido,* ha pasado a entenderse como un método filosófico de conocimiento de la realidad, según el cual todo en el mundo se desarrolla y cambia. El *método dialéctico* se opone así al *metafísico.*

El ejemplo clásico de la dialéctica materialista es la *lucha de clases:*

Tesis: La clase burguesa se resiste al cambio de las estructuras de producción.

Antítesis: La clase obrera, junto con el sentido de la Historia hacia el progreso, lucha contra la clase burguesa, a favor del cambio.

Síntesis: La victoria (que se supone irreversible) del proletariado lleva a la sociedad sin clases.

Como es lógico, esta síntesis tendría que servir de tesis, a la que se opondría una nueva síntesis (la liberalización de la estructura socialista, como en la antigua Unión Soviética, por ejemplo), para evitarlo se implanta la *dictadura del proletariado,* con lo que el dirigismo del Partido se constituye como la nueva tesis que se opone al progreso.

4. Análisis lingüístico de textos humanísticos

Hemos visto hasta ahora una serie de textos filosóficos, que completaremos con otros, de distintos tipos. En general, el análisis lingüístico de todos estos textos tiene unos esquemas básicos, que se reiteran, del mismo modo que sucedía en los científicos o jurídicos.

1) Determinación de la idea central del texto: o bien se inicia con una idea fundamental o bien tiene esa idea como conclusión (esquemas *analizante* y *sintetizante,* respectivamente). Caben otras combinaciones, como que la idea central inicie y termine el texto *(encuadrado),* o que las ideas se expongan paralelamente *(paralelo),* pero estos dos últimos casos son, fundamentalmente, complicaciones de los dos primeros. Así, el texto de Russell del párrafo 1 arranca de la idea "La filosofía debería exponernos la jerarquía de nuestras creencias instintivas", que se va desarrollando sucesivamente. La idea central del segundo texto de Russell, de esquema también *analizante* sería que "el método cartesiano de la duda metódica sigue siendo útil". Esta idea central puede ir acompañada de una palabra *clave* o un sintagma *clave,* como "creencias instintivas" o "duda metódica".

2) Si existe la *clave* léxica, el análisis lingüístico continúa con los siguientes pasos:

   a) Determinación de las modificaciones que sufre esa *clave:* adjetivos, adverbios o proposiciones adjetivas o adverbiales que la matizan, restringen o amplían: "creencias instintivas engañosas", "duda metódica que no se practica sistemáticamente", etc.

   b) Elementos léxicos que giran en torno a la *clave,* y que mantienen su sentido y sus valores: "creencias instintivas", "creencias razonables", "creencias posibles", "duda metódica", "duda razonada", "autoexamen crítico", etc.

   c) Elementos léxicos que giran en torno a la *clave,* pero están situados en campos semánticos o conceptuales distintos y opuestos: Creencia/incredulidad; duda/certeza; o incluso, hiato/diptongo; existencia/nada. etc.

   d) Otros elementos léxicos que constituyan núcleos secundarios de conceptos, relacionados con la *clave* bien como los de b) o como los de c): posibilidad, estudio, armonía, organizar, modificar, abandonar, etc.

3) Si no existe la clave léxica, es decir, si en el texto se evita asociar la idea central con una forma concreta (una palabra o un sintagma), el procedimiento tiene que ser recoger todas las expresiones sinónimas y buscarles un denominador común, que será la *clave semántica* (no léxica, puesto que ahora no está asociada a un elemento léxico).

Hay que tener en cuenta que, dado el carácter científico de estos textos, y su necesidad de precisión, tanto la clave como la idea central pueden venir ya indicadas por el autor. El *título* del texto, capítulo o párrafo es un excelente sistema de hacerlo, y como ejemplo de ello tenemos simplemente la distribución de este libro, en el que los capítulos van encabezados por unos títulos, en los que se indican los temas fundamentales, y donde cada apartado lleva también su título e incluso su número de orden dentro del texto superior (capítulo o libro completo). Por todo ello es difícil que no exista esa clave léxica que, insistimos, no tiene por qué ser sólo una palabra, puede ser una frase, un sintagma.

Vamos a exponer, a continuación, unas líneas de análisis de un texto concreto, un *texto histórico*.

HISTORIA DE ESPAÑA

LA ÉPOCA MEDIEVAL. 5. Actividades de la sociedad hispanocristiana

Un mundo esencialmente rural

La Edad Media es, ante todo, una época campesina: la tierra es entonces la gran

---

protagonista; en ella se emplean los esfuerzos de la casi totalidad de los hombres y, a través de sus relaciones en torno a su posesión y disfrute, se estructura toda la jerarquía social, de la que sólo unos poquísimos individuos -los mercaderes incipientes-, no estarán en contacto obligado con el suelo. Pero siendo una minoría -importante pero escasísima: no llega al 10% de los habitantes-, no consiguen paliar la imagen de un mundo presidido por los ciclos agrícolas, fuertemente anclado en la tierra, en constante vigilancia de los mil peligros que, sin remedio, acechan su cosecha o su ganado. A pesar de su protagonismo, el mundo agrario medieval no ha tenido la densidad de literatura histórica que proporcionalmente le corresponde; y en España se ha visto todavía más reducida porque tales temas sólo han tenido, salvo muy contadas excepciones, cultivadores procedentes del campo de la historia de las instituciones, más interesados, por ello, en precisar la condición jurídica de campos y hombres que en analizar las características materiales de su puesta en explotación y la evolución de los sistemas de cultivo. Esta falta de estudios hace de este tema -sobre todo, si se aspira a delinear los marcos de un proceso, no a presentar intemporalmente las realizaciones- una empresa realmente ardua.

1.° *La unidad de producción y la evolución de las fórmulas de explotación de la tierra* permiten comprobar entre fines del siglo X y comienzos del XIV un doble proceso: la definitiva sustitución de la pequeña propiedad libre o alodio por el gran dominio o señorío territorial como unidad de producción agraria, operada antes del año 1050, y, posteriormente, entre esa fecha y fines del siglo XIII, el paso de la gran explotación agraria a un sistema de aprovechamiento de las rentas de la tierra, en las que las derivadas del señorío jurisdiccional alcanzan proporción superior a las propiamente dominicales, es decir, obtenidas del aprovechamiento físico de los recursos del dominio. Desde el punto de vista económico, esta unidad de producción agraria, el señorío, aparece por tanto con un doble aspecto: el de gran dominio, que recuerda en su estructura al de época tardorromana y visigoda -una *villa* repartida entre reserva y mansos-, y el de un poder de explotación económica, derivado de una interpretación, muchas veces abusiva, de las relaciones de dependencia de los habitantes del señorío respecto al *dominus* o señor de éste. Veamos a continuación ambos *aspectos económicos del señorío*:

El señorío territorial consta, a efectos de la explotación, de dos partes igualmente dispersas por un amplio territorio -los abadengos de Oña, Sahagún o San Millán de la Cogolla poseen tierras a más de cien kilómetros del edificio monástico-: la reserva y los mansos. *La reserva* incluye toda clase de propiedades pero, en el caso de los monasterios castellanos, leoneses o gallegos, con un significativo interés por englobar espacios de bosque y pastizal; dentro de ella, aunque claramente diferenciado, aparece *el coto* propiamente dicho; como centro de la administración del dominio y residencia de la familia señorial -laica o eclesiástica-, cumple dos funciones: la de servir de asiento a las edificaciones donde aquélla vive y realiza sus funciones espirituales, a las construcciones que constituyen los almacenes de los productos a consumir por la familia señorial, a las fábricas para su transformación - hornos, molinos, fragua-; y la de albergar un terreno que proporcione en fresco ciertos alimentos frecuentes en la dieta -hortalizas, pescado en el caso de los abadengos; carne en los solariegos- y conserve intacto un amplio espacio boscoso, de donde aprovechar no sólo madera y leña para construcción y calefacción sino la propia vegetación como alimento del ganado.

J. A. García de Cortázar

El título del libro, el de la sección, el capítulo y el párrafo nos sitúan claramente lo que podemos esperar de su contenido, realizan una primera limitación. Al continuar la lectura vemos que el texto es fragmentario, puesto que se incluye un apartado 1.° que hace suponer que al menos hay un segundo.

La información así recogida, inicialmente, nos dice que, en el contexto de la España medieval, y dentro de su sociedad hispanocristiana, se nos habla de aspectos rurales o agrícolas, limitados a un primer punto, que se centra en la unidad de producción.

Hasta ese punto primero hay una *introducción,* en la que se expresan tres ideas:

1) Predominio de la sociedad agrícola.
2) Minoría comerciante.
3) Escasos estudios sobre el mundo rural medieval.

La expresión que corresponde a estas ideas es *analizante*, pues se enuncia en primer lugar la idea, que se desarrolla luego brevemente. La introducción termina con una justificación del autor por la dificultad del tema.

El punto primero es el que ya se centra en un aspecto concreto. No hay tampoco dificultades lingüísticas para entender lo que se tratará en él, porque hay un título del punto que dice que será la unidad de producción y la evolución de las formas de explotación de la tierra. El desglose de esta idea expresa una transformación que consiste en la sustitución de la pequeña propiedad libre por el gran señorío territorial.

Si hasta aquí tenemos la base semántica o significativa del texto, vayamos ahora a sus aspectos léxicos: el texto, que tiene carácter *doctrinal,* está destinado a una finalidad práctica, *didáctica,* y muestra este rasgo en la necesidad de definir toda la terminología técnica, para hacerla comprensible. Este carácter se extrema incluso subrayando los términos fundamentales, que aparecen en *cursiva.* Así, *villa, dominus, señorío, reserva, coto.* Otro sistema de definir es el de las parejas de sinónimos, que permiten asociaciones de las que hemos situado en el grupo 2 b): *pequeña propiedad libre* o *alodio, gran dominio* o *señorío territorial,* en contraste con definiciones detalladas, como la de *reserva* o la de *coto.*

Al servicio de esta intención doctrinal, no meramente especulativa (no se discute acerca de la sociedad medieval, sino que se pretende enseñar cómo era), hay dos procedimientos lingüísticos, la definición por *equivalencia* (**o**) y la definición por *paráfrasis* (explicación del término). Se logra con ello una cierta armonía y se evita la lentitud que sigue a la definición detallada y simétrica para cada término.

En cada apartado o grupo unitario se presenta una serie de elementos léxicos secundarios (que incluiríamos en nuestro 2 d), como *bosque* y *pastizal* dentro de 'reserva' o como todos los elementos que constituyen el *coto,* y que se van enumerando.

La lengua se sitúa claramente al servicio del esquema *analizante* del texto, que de acuerdo con su intención *doctrinal* va progresando apoyado en *equivalencias* y *definiciones*, las cuales le llevan a tratar con cierto rigor un léxico especializado relativamente amplio, que va quedando definido, y agrupado en relación con la idea central: evolución de la unidad de producción rural, o con las ideas secundarias que componen esa primera: concepto de coto, de reserva, de dominio, y similares.

La sintaxis está exclusivamente al servicio de esta necesidad de aclarar los distintos elementos léxicos que se van introduciendo, de manera que no hay complicaciones sintácticas, sino abundancia de coordinadas (para la expresión de equivalencia con una *o* identificadora o aclaratoria) y de explicativas e incisos aclaratorios. Nótese el contraste entre estos procedimientos y los de los textos filosóficos vistos antes, en los que la coordinación adversativa, con *pero,* desempeñaba un papel central.

5. El ensayo

Con palabras de José Ortega y Gasset, el ensayo es una "disertación científica sin prueba explícita". En efecto, a partir de Montaigne, a quien se puede considerar creador del género, el ensayo, o estudio de tipo científico, en sentido amplio, que se quiere presentar, con modestia, como sin finalizar, en estado de elaboración y meditación, logra un gran desarrollo y es característico de la época actual.

A veces se dice que el ensayo tiene carácter incompleto, provisional. No es así, posiblemente eso es más un problema de presentación que de realidad. Con el título (o subtítulo) de *ensayos* se ofrecen al público verdaderos estudios monográficos que pretenden, por una parte, evitar la responsabilidad de un tratado monográfico o un estudio en sentido específico, y quieren, también, evitar la presunción de tratadista o especialista en el autor. Se dice que es diferenciador del ensayo el enfoque desde el yo del autor y ello es, en efecto, característico. Sin embargo, hay que reconocer que, actualmente, no hay límites claros entre ensayo y estudio. Puede verse en hechos significativos, como su agrupación conjunta en una de las colecciones de más prestigio de la edición española, que los edita conjuntamente bajo el epígrafe de "estudios y ensayos".

Alfredo Carballo señaló en su estudio sobre este asunto tres características propias del ensayo:

– En torno al yo: experiencias e impresiones personales.
– En torno al tú: reflexiones, consejos, vertiente práctica de la experiencia.
– En torno al mundo exterior: citas, anécdotas.

Científicamente, se podría señalar, como Carballo apunta, que el supuesto menor rigor del ensayo permite algunas libertades que no caben en el estudio: citas que no se reproducen al pie de la letra, recuerdos personales en lugar de compulsa bibliográfica detenida, y otras cuestiones similares. Hay que decir, en honor a la verdad, que la actitud de la crítica ha hecho más rigurosos a los ensayistas contemporáneos que a los decimonónicos, dentro de la mayor precisión que caracteriza a las actividades culturales de los siglos XX y XXI.

Además de este centro en el yo y de la referencia al *tú*, Ortega y Gasset señaló también el *carácter universal* del ensayo, que no conoce limitaciones temáticas y puede ocuparse y se ocupa de cualquier tema. El ensayo como sugerencia es muy utilizado y útil y es perfectamente capaz de esta tarea por su estructura abierta. Por ello Juan Marichal pudo señalar dentro de él cuatro puntos de abarque, que siguen:

1) *Impulso:* la referencia autobiográfica, sin hacer autobiografía estricta.
2) *Designio:* todo está centrado en el yo, como referente principal.
3) *Alcance:* con los tres sentidos principales de *anticipación, revelación* y *precisión.* Anticipa verdades o descubrimientos, revela temas que interesan a la comunidad a la que se dirige y, por último, precisa y delimita el tema, con la ventaja para el autor de la reducción subjetiva y libre.
4) *Asunto:* Todo. Es la universalidad que acabamos de señalar.

La longitud del ensayo es variable, desde el libro al artículo periodístico (en el grupo que hemos llamado de *opinión)*. Sin perjuicio de recomendar la lectura de ensayos más largos, como los de Unamuno o Marañón, a guisa de ejemplo se incluirá éste de Julián Marías, en el que se ha introducido una modificación: la numeración de las doce etapas de su pensamiento. Esta numeración no está en el texto original; pero es útil para comprender la estructura textual y la relación con el pensamiento del autor.

LA DEMOCRACIA COMO MÉTODO

1. Quisiera que los españoles sintiesen verdadero deseo de democracia. Espero muy poco de lo que no brota de esa realidad fontanal que es el deseo. Sólo de él puede nacer una democracia viva, jugosa, creadora, capaz de reconstituir y configurar a nuestro pueblo. (Se podría intentar el uso de esta perspectiva para comprender por qué la democracia florece y prospera en unos países y no en otros, por qué en unos echa raíces, mediante las cuales se nutre de la sustancia profunda del país, y en otros se reduce a una planta en maceta, desarraigada y postiza, que el menor viento arrastra en un remolino de polvo y papeles sucios.)

2. Nadie dice ahora que no es demócrata; se proclaman demócratas, muy especialmente, los que no lo son, para que la confusión sea mayor. Hasta los que profesan odio al liberalismo, se consideran demócratas, y así lo dicen repetidamente. Con cierto optimismo se puede pensar que la *vigencia* de la democracia es tal, que nadie se atreve a repudiarla o discrepar de ella. No alcanza a tanto mi optimismo. Si la democracia tuviese tan enérgica vigencia, más bien se callaría su nombre: no sería menester proclamarla, se la daría por sabida y supuesta. Pienso que más bien se trata de un *tabú* -fenómeno bien distinto de la vigencia, más relacionado con la magia que con el pensamiento político-. Aunque no siempre, el *tabú* se presenta como algo prohibitivo, negativo; con frecuencia, se trata de una mera fórmula con la que se salva algo impropio o impuro -algo no muy distinto de la expresión popular "con perdón"- que sigue a ciertos nombres que se consideran poco decentes o dignos. Una vez hecha la mención ritual de la democracia, se puede pasar a cualquier cosa que nada tenga que ver con ella -o que consista en su formal negación, como el partido único, expresión tan contradictoria que sería graciosa si no fuera porque siempre acarrea graves desgracias.

3. La democracia afecta primariamente y por lo pronto a la soberanía. Cuando la soberanía recae en el pueblo, es decir, el poder supremo le pertenece *y tiene medios*

legales de ejercerlo, entonces hay democracia. ¿Es esto claro? No suficiente, porque habría que precisar qué es el *pueblo,* ese *demos* del nombre griego "democracia". Ocurre lo mismo que con la palabra "autodeterminación"; pase que sepamos qué es determinación, pero lo problemático es en cada caso el "auto", el *autós* o "mismo" que se determina. Sobre esto será menester pensar con algún rigor, si queremos llegar a alguna parte habitable.

4. Pero, una vez aclarada esa cuestión capital, quedan otras. Hay que afirmar enérgicamente que *la democracia no es una solución.* Se difunde intencionadamente esa idea para que la decepción sea inevitable y arrastre consigo a la fe en la democracia. Cuando la democracia sea establecida, se verá que los problemas no quedan resueltos. ¡Naturalmente! Pero si se espera de ella una solución, acaso mágica, la desilusión, la impresión de fracaso, serán inmediatas. Que es lo que se trata de demostrar.

5. La democracia es un *método* para plantear los problemas políticos. He dicho "plantear", y no resolver, porque no es seguro que muchos problemas tengan solución -podría enumerar unos cuantos que desde luego no la tienen, pero no es útil desanimar desde el principio-. Cuando un problema se plantea bien, se está en camino de resolverlo, o en todo caso se ha conseguido acercarse a una solución, o por lo menos mostrar que no la tiene, con lo cual no se pierde tiempo en buscarla y se procura convivir con él, como se lleva una enfermedad crónica o el envejecimiento.

6. Pero esto quiere decir que la democracia puede ser buena o mala, es decir, se la puede usar bien o mal, inteligente o torpemente, con generosidad o mezquindad, con honestidad o corrupción. Es decir, que una vez implantada la democracia, lejos de terminar los problemas, empiezan. Lo que pasa, lo que me parece interesante, es que entonces empieza a haber problemas *políticos.* ¿Pues qué eran antes? -se dirá-. Cualquier otra cosa. En rigor, no eran problemas, porque un problema es algo que hay ahí delante de nosotros, con lo que tenemos que enfrentarnos para saber a qué atenernos y poder vivir una vida vividera.

7. Durante demasiado tiempo, en España no hemos tenido problemas políticos. Hemos tenido otras cosas: dificultades, molestias, presiones, amenazas, temores, privilegios, tentaciones. No problemas; nada que se pudiera resolver políticamente. Lo cual estaba unido, claro es, a la privación de la soberanía: por no ser los españoles dueños de su destino, no podían intentar resolver los problemas que ese destino plantea.

8. Si se mira bien, la situación que acabo de describir, más que un "régimen" es una enfermedad. No quiero decir, porque respeto a la verdad demasiado, que en España no haya habido un régimen durante cuatro decenios, ni que no hubiese más que enfermedad. Había un régimen, quién lo duda; pero no era un régimen *político*, sino meramente de administración y gobierno. Y España no *era* una enfermedad; pero estaba afectada por una *enfermedad política,* una enfermedad precisamente "carencial", como dicen los médicos: la carencia de política.

9. Esta situación está, por desgracia, muy difundida por el mundo. Lo cual no me consuela nada: mal de muchos, consuelo de tontos. Lo grave es que aproximadamente dos tercios de los países que integran las llamadas Naciones Unidas -y seguramente me quedo corto- carecen de regímenes *políticos* y padecen esa enfermedad carencial, que además es activamente contagiosa, ya que los que la sufren intentan inocular a los demás.

10. Repásense los esfuerzos que se están haciendo en España para que en ella llegue a haber democracia, y los que se hacen al mismo tiempo para que no llegue a haberla. Media hora de reflexión sobre esto contribuiría a que cada español aclarase sus ideas sobre punto tan importante. Ante cada propuesta política, cada decisión de gobierno, cada artículo o discurso, cada declaración, asamblea, cada alianza, cada huelga, cada amenaza, trátase de determinar si nos acerca a la democracia o nos aleja de ella o intenta dinamitarla.

11. Preguntémonos, sobre todo, si cada uno de esos actos o gestos nos aumenta el deseo de democracia o nos quita la gana de ella, nos desilusiona *a priori,* nos desalienta. Si ocurre lo segundo, sea cualquiera el pretexto, hágase en nombre de lo que sea, a lo que se va es a la destrucción de la democracia. Porque ésta no es más que un instrumento, una herramienta, un enser que hay que utilizar, del cual hay que servirse. La democracia no es algo que se declara o proclama, sino algo que se *usa.* Y que se usa todos los días, en el detalle de la vida política, hasta que se convierta en su órgano habitual, de tal manera que no haga falta ni siquiera hablar de ella, sino ejercerla como quien respira.

12. Pero he dicho de la vida *política:* ése es, en efecto, el lugar de la democracia. Hay que desconfiar de los que quieren llevar la democracia a todas partes, porque son los más profundos y sutiles antidemócratas. ¿Cómo puede ser esto? No puede estar más claro: basta con precisar en qué consiste la maniobra. Si se lleva la democracia a aquellas dimensiones y zonas de la vida que nada tienen que ver con ella, fracasará;

más aún, tendrá un efecto destructor, devastador, que engendrará el desprestigio, la hostilidad, tal vez el asco. Entonces, se volverá la espalda a la democracia, se la eliminará *de la política,* que es lo que se trataba de conseguir, lo que se ha conseguido tantas veces.

Julián Marías

6. Redacción de trabajos monográficos

Un trabajo monográfico es aquel que tiene como centro un tema delimitado, de extensión mayor o menor y mayor o menor amplitud, pero *cerrado*. Se puede hacer una monografía sobre "la España medieval" o sobre "el crecimiento del pino mediterráneo"; pero es preciso cumplir una serie de requisitos para que se ajuste a esta condición monográfica. Estas exigencias son, resumidas:

1) Carácter cerrado, claramente delimitado.
2) Objetividad. Visión científica, no personal.
3) Rigor. Debe buscarse un tratamiento exhaustivo del tema, o cercano a la exhaustividad.
4) Manejo de la metodología científica usual: bibliografía, citas, compulsas.
5) Delimitación del estado de la cuestión y la aportación personal.

Como se ve, la redacción de un trabajo monográfico supone un número de requisitos que pudieran llamarse 'externos' mayor que la de un ensayo. Por ello, a la hora de redactar uno de estos trabajos, es necesario realizarlo en una serie de etapas:

a) *Elección* del tema. Debe seleccionarse un tema claro y distinto, de manera que resulte determinado convencionalmente lo que pertenece al tema y lo que no le pertenece.
b) *Bibliografía*. Es necesario conocer lo que se ha escrito ya en torno al tema de nuestro interés, para saber si podemos aportar algo nuevo (datos, ideas, enfoque), o si no podemos aportar nada a lo ya escrito.
c) *Crítica*. Estado de la cuestión. Se llama así al planteamiento de lo que se ha escrito sobre el asunto, a partir de la lectura de la bibliografía, ordenado y clasificado, de manera que podamos decir si los autores anteriores coinciden en algunos aspectos, desatendiendo otros, si hay coincidencia en las interpretaciones, quiénes nos parece que han trabajado acertadamente y por qué.

d) *Investigación,* aportación personal de nuevos datos o enfoques. Teniendo en cuenta todo lo anterior, señalamos aquí nuestros hallazgos personales, ya sean materiales (nuevos datos, documentos, citas, experimentos, pruebas) o conceptuales (enfoque, metodología, definiciones y distinciones, demostraciones, correcciones).

e) *Comprobación* de nuestros datos. A la luz de los conocimientos científicos generales comprobamos si nuestras aportaciones, resultado de nuestra investigación, constituyen un aporte valioso, meramente aceptable, o discutible, y en qué medida.

f) *Síntesis.* Valoración final de nuestra aportación en relación con lo previamente conocido, y su interés para el tema en sí, en particular, y para la metodología, como programa de investigación, en general.

7. Síntesis de textos expositivos

Para resumir o sintetizar un texto expositivo es necesario tener en cuenta que lo fundamental es distinguir la idea central de las secundarias o accesorias, para eliminar éstas, dejando sólo la primera. Para ello hay que dar una serie de pasos, en los que seguiremos el método de las profesoras argentinas Lacau y Rosetti.

1) Secuencia del texto. Señalamos los hechos contenidos en un texto, en el *orden* en que se presentan.

2) Establecimiento de los *hechos fundamentales* y los *actores principales.*

3) Los motivos secundarios quedan descartados: pueden distinguirse los que son *paralelos* a la acción principal y por ello insistentes, y los que son secundarios meramente *accesorios.*

4) La *secuencia básica* de un texto es el *argumento* del mismo.

5) Reelaboración, con las propias palabras, de lo señalado como elemento central o básico del texto.

Vamos a resumir la primera parte del texto histórico que veíamos antes:

La Edad Media es, ante todo, una época campesina; la tierra es entonces la gran protagonista; en ella se emplean los esfuerzos de la casi totalidad de los hombres y, a través de sus relaciones, en torno a su posesión y disfrute, se estructura toda la jerarquía social, de la que sólo unos poquísimos individuos —los mercaderes incipientes, no estarán en contacto obligado con el suelo. Pero siendo una minoría —importante pero escasísima, no llega al 10% de los habitantes—, no consiguen paliar la imagen de un mundo presidido por los ciclos agrícolas, fuertemente anclado en la tierra, en constante vigilancia de los mil peligros que, sin remedio, acechan su cosecha o su ganado.

1) La *secuencia* del texto es la siguiente:

La Edad Media es una época campesina ante todo. *La tierra es la gran protagonista entonces.*/ Los esfuerzos de la casi totalidad de los hombres se emplean en ella./ Toda la jerarquía social se estructura a través de sus relaciones, en torno a su posesión y disfrute./ *Sólo unos poquísimos individuos,* los mercaderes incipientes, *no estarán en contacto obligado con el suelo.*/ Esta minoría, importante pero escasísima, que no llega al 10% de los habitantes, no consigue paliar la imagen de un mundo presidido por los ciclos agrícolas./ (Este mundo estaba) fuertemente anclado en la tierra./ (Estaba) en constante vigilancia de los mil peligros./ Estos peligros acechan, sin remedio, su cosecha o su ganado.

2) Se han subrayado los *hechos fundamentales* y los actores principales:

La Edad Media es una época campesina. *La tierra* es la gran protagonista. Sólo *unos poquísimos individuos* no estarán en contacto obligado con el suelo.

3) Motivos secundarios *paralelos y accesorios*

Paralelos	*Accesorios*
Los esfuerzos de la casi totalidad	
de los hombres se emplean en ella.	
Toda la jerarquía social se estructura	
a través de sus relaciones	en torno a su posesión y disfrute.

Paralelos	Accesorios
(Los *poquísimos individuos* son) los mercaderes incipientes.	
Son una minoría	importante pero escasísima, no llega al 10% de los habitantes.
No consiguen paliar la imagen de un mundo presidido por los ciclos agrícolas, anclado en la tierra	fuertemente,
en vigilancia	constante
de los peligros	mil
que acechan	sin remedio su cosecha y su ganado

(Puede apreciarse el considerable refuerzo que los motivos paralelos prestan al texto, y como los accesorios pueden suprimirse con facilidad.)

4) La *secuencia básica* expresa el *argumento,* que ya nos es conocido, desde 2.

5) En nuestros propios términos, resumiríamos el texto diciendo:

> La Edad Media es una época campesina protagonizada por la tierra y en la que sólo poquísimos hombres no dependen directamente de ella.

El resumen, naturalmente, podría haber incluido algunos puntos más, de los considerados *paralelos* (nunca de los accesorios). Esto podría darnos, entre otras posibilidades, este texto:

> La Edad Media es una época campesina protagonizada por la tierra. Los mercaderes no dependen directamente de ella, pero son muy pocos; todos los demás están vinculados a la tierra.

8. Ejercicios: desarrollo de un tema a partir de una idea central

Teóricamente, este ejercicio de composición sigue un esquema inverso al resumen o síntesis. Prácticamente, es más complejo, puesto que exige una participación creadora de quien lo realiza, ya que se exige de los autores que aporten una serie de elementos nuevos (inventados o tomados de otra parte, pero que ellos componen). Las etapas teóricas de esta composición serían, por tanto:

1) Elección de una idea central que reúna un interés o atractivo.

2) Ampliación de esa idea central con ideas paralelas, que insistan y reiteren lo que en la idea central se decía, pero añadiendo matices secundarios. No se trata de repetir la idea central o inicial con otras palabras, sino de situar a su alrededor una serie de ideas dependientes.

3) Introducción de elementos accesorios, como epítetos, adverbios, oraciones explicativas, con objeto de dar matices al relato o composición.

4) Reelaboración final de todo el texto, para construir un todo armónico.

Un ejemplo de este tipo de ejercicio podría ser cualquier libro, desde una novela policíaca, en la que todo se inicia a partir de un crimen o de la intención de cometerlo, hasta un libro especulativo o doctrinal, en el que el título de los capítulos y párrafos constituye la idea básica o central, que se va desarrollando luego. Desde el punto de vista práctico, es conveniente realizar este ejercicio, inicialmente, después del de resumir: el resumen de un texto se toma como idea central y, a partir de ahí, se va recomponiendo el texto originario, variando los elementos léxicos, pero con la ventaja de que se puede disponer de una guía, si se considera necesario.

XIV. EL USO LITERARIO DEL LENGUAJE

1. Las características del texto literario
2. La técnica literaria
3. Métodos de análisis
4. Creación de textos literarios
5. La sensibilidad literaria
6. Complementos. El comentario
7. Notas para desarrollar ejercicios

1. Las características del texto literario

ROMANCE DEL DUERO

RÍO Duero, río Duero,
nadie a acompañarte baja;
nadie se detiene a oír
tu eterna estrofa de agua.

Indiferente o cobarde
la ciudad vuelve la espalda.
No quiere ver en tu espejo
su muralla desdentada.

Tú, viejo Duero, sonríes
entre tus barbas de plata,
moliendo con tus romances
las cosechas mal logradas.

Y entre los santos de piedra
y los álamos de magia

pasas llevando en tus ondas
palabras de amor, palabras.

Quién pudiera como tú,
a la vez quieto y en marcha,
cantar siempre el mismo verso
pero con distinta agua.

Río Duero, río Duero,
nadie a estar contigo baja,
ya nadie quiere atender
tu eterna estrofa olvidada,

sino los enamorados
que preguntan por sus almas
y siembran en tus espumas
palabras de amor, palabras.

Gerardo Diego

Lo primero que llama la atención en un texto como el anterior es que, a pesar de que se reconoce *su* lengua como *la lengua española,* hay una serie de empleos en los cuales no se distingue un uso habitual. Ordinariamente no se emplearían frases como *estrofa de agua,* ni se podría decir de un ser inanimado como *la ciudad* que es sujeto de varios verbos que lo requieren animado, como *vuelve* (transitivo, con *la espalda* como OD), ni se le aplicarían adjetivos propios de sustantivos humanos, como *indiferente* o *cobarde.* Tampoco podría ser sujeto de *querer.* Un río tampoco puede sonreír, ni tiene barbas, ni muele cosechas y mucho menos con romances, ¿qué es eso de moler cosechas con romances?

Este texto en el que un ser inanimado canta versos con agua y en el que los enamorados siembran palabras en las espumas, pertenece a la lengua conocida y usada y al mismo tiempo es distinto de ella: los usuarios de la lengua, nativos o no, no la utilizan así, hay unas diferencias.

Estas diferencias que se notan pueden explicarse de varias maneras, que se reducen a dos: primera, es una variante de la lengua normal, de la que se explica a partir de un *desvío,* o, segunda, es una muestra de que la *gramática* de una lengua cualquiera debe ampliarse para que sea posible construir textos como éste.

En torno a estas dos cuestiones gira el problema de la interpretación lingüística del hecho literario, porque este texto pertenece a la Literatura y corresponde a la *lengua literaria.* Es muy poco aquello en lo que podemos estar de acuerdo en torno a la noción específica de Literatura. En general, podemos decir que la Literatura tiene una intención *estética,* es decir, preocupada por *lo bello* (y su opuesto). Esto es, sin embargo, demasiado vago y es a partir de ahí donde surgen las discrepancias.

Si se analiza un poco más, hay una indudable aceptación de la noción de *recurrencia* como caracterizadora y diferenciadora de la lengua literaria. Esta idea, síntesis hecha por Roman Jakobson de postulados teóricos de Hopkins y las tesis de los círculos lingüísticos de Moscú y Praga, quiere definir la lengua poética a partir de una serie de *reiteraciones:* la recurrencia es repetición. Lo que pretenden los autores de textos poéticos con ello es que los fenómenos poéticos formales no se queden reducidos a una parte del texto, sino que se prolonguen a varias unidades o al texto entero.

Las repeticiones recurrentes pueden afectar a cualquier tipo de elementos de la lengua del texto: fonológicos, léxicos, morfológicos, sintácticos o semánticos. Pueden encontrarse varios ejemplos en el texto con el que se abrió el capítulo:

Recurrencias fonológicas: En la primera unidad gráfica de cuatro versos (el poeta dividió el texto en unidades gráficas de cuatro versos), los versos 2 y 4 repiten al final las vocales *á-a* (se llama esta reiteración *rima asonante* o *vocálica*). Esta reiteración ya es una muestra de recurrencia fonológica; pero no queda ahí, esa sucesión fónica *á-a* se repite a fin de los versos pares de la unidad siguiente y de la otra y de todo el texto: el poema completo queda caracterizado por la recurrencia de *á-a* al final de todos los versos pares.

Recurrencias morfológicas y léxicas: El indefinido *nadie* aparece reiterado en la primera división, en la misma posición, al inicio de los versos 2 y 3. Más tarde se reitera de nuevo, en los versos 22 y 23. El sustantivo *palabras* abre y cierra los versos 16 y 28 (en recurrencia que es también fonológica, pues se repiten los elementos de la expresión, y sintáctica). Hay recurrencias menos evidentes, porque no comportan repetición de los mismos elementos fónicos: la reiteración del presente de indicativo, central en el poema y que es también rasgo fonológico, o el uso exclusivo de sustantivos plurales entre los versos 10 y 16, ambos inclusive.

Recurrencias sintácticas: El poema ya empieza por una reiteración de sintagmas o frases nominales: *río Duero* (con recurrencia fonológica y morfológica, cuatro sustantivos, común + propio, común + propio). Vuelve la recurrencia en la reiteración del esquema sintáctico (aunque el orden de los elementos varíe) sujeto indefinido + verbo en forma personal + a + infinitivo. Los versos 17 y 18 reiteran el esquema sustantivo + de + sustantivo y la sexta unidad gráfica repite el esquema sintáctico de la primera. El último verso del poema reitera el esquema (y las formas léxicas) del verso 16.

Recurrencias semánticas: Se reitera a lo largo del texto la idea básica del abandono del río (indefinido *nadie* + volición + acción). Otra idea central, convenientemente reiterada, es que el río canta versos de agua: así, se habla de "eterna estrofa", de que va "moliendo con sus romances", "lleva palabras de amor", "canta ... verso" "eterna estrofa". (La clave llega al final, los enamorados siembran palabras en el río, pero esta clave rompe, innovando, la reiteración del texto, no puede ser recurrente en sí misma, rompe la idea reiterada del texto, aunque deba utilizar elementos recurrentes.)

Las recurrencias pueden hacerse muy complejas; pero arrancan de una noción muy simple, que es la de *emparejamiento:* a partir de dos elementos comparables o paralelos se producen reiteraciones que van intercalándose en la trama del texto. (Los elementos *comparables,* según Levin, estarían en la misma oración, los *paralelos* en oraciones distintas.) *Santos de piedra, álamos de magia* son comparables, *almas* y *espumas (*femeninos plurales en final de verso) son paralelas, uno pertenece a la oración de *preguntan* y otro a la de *siembran.*

De todos los elementos que acabamos de sintetizar, en este análisis incompleto del poema de Gerardo Diego, hay unos que son propios de la creación del poeta y otros que pertenecen a la *tradición:* el *metro,* la *rima,* la distribución *acentual,* las *figuras* o recursos literarios pertenecen a la tradición, el resto es de libre creación del poeta y es lo que confiere al acto literario su condición de *acto único,* irrepetible.

Hasta aquí se han esbozado las características mínimas del texto literario. El autor dispone de unos procedimientos artísticos para construirlo, en los que una parte es tradicional, y constituye su *técnica.*

2. La técnica literaria

Además de su carácter único, irrepetible, la obra literaria tiene otra característica diferenciadora, su *permanencia.* Para conseguirla pone en juego una serie de recursos, que corresponden a la técnica literaria. El artista es un artífice, un técnico de la palabra, que debe dominar su medio de expresión.

Algunos de estos medios de expresión son parciales, es decir, no son comunes de todos los productos literarios, es lo que sucede con el *metro* (medida de los versos) o la *rima* (repetición de sonidos a final de verso, a partir del último acento). Otros, como el *ritmo* (distribución de los esquemas acentuales, de acuerdo con las pautas o esquemas que se repiten) son comunes al *verso* o a la *prosa,* a diferencia del *metro* y *rima* que son sólo propios del verso (al menos en los modelos corrientes de la literatura occidental). También hay algunas características del lenguaje literario que son propias de la lengua escrita. Por ejemplo, cada verso empieza por una mayúscula. Precisamente por eso la letra mayúscula en español se llama *versal.* No todos los autores utilizan ese procedimiento, como también pueden alterar otros, como los signos de puntuación o la separación de palabras.

Todos estos procedimientos técnicos arrancan de la lengua común, que les sirve de base, y potencian lo que ésta ya contiene. Un ejemplo característico de potenciación, común al verso y a la prosa, es el que nos ofrecen los *recursos estilísticos.*

Los *recursos estilísticos,* también llamados, con su nombre tradicional, *figuras retóricas,* se alejan de la lengua común, pero utilizándola. Su número es muy elevado, por lo que sólo se hará una selección de los fundamentales, a partir de la triple distinción entre *figuras de pensamiento, figuras de dicción* y *tropos.*

1) Las *figuras de pensamiento* afectan al contenido, buscando la insistencia en el sentido de una parte del texto realzada por el empleo de uno de estos recursos:

Sentencia: Frase breve, en la que se quiere plasmar un gran contenido intelectual o doctrinal:

Las lágrimas de una mujer son más poderosas que los ríos.

Proverbio

Epifonema: La *sentencia* se realza colocándola al final:

Oyóla el pajarillo enternecido
Y a la antigua prisión volvió las alas:
¡Que tanto puede una mujer que llora!

Lope de Vega

Antítesis: Se contraponen dos ideas que, sumadas, expresan el ambiente:

Se fueron alegres, quedé triste.

Paradoja: Se unen dos ideas en apariencia irreconciliables, por ser contradictorias

Vivo sin vivir en mí,
Y tan alta vida espero,
Que muero porque no muero.

Santa Teresa

Hipérbole: Exageración, se recarga lo que se afirma para provocar en el lector admiración, temor, o risa.

Cíclope a quien el pino más valiente,
Bastón obedecía tan ligero,
Y al grave peso junco tan delgado,
Que un día era bastón y otro cayado.

Góngora

Góngora exagera el tamaño del Cíclope, en la *Fábula de Polifemo y Galatea* diciendo que el pino más grande le servía de bastón y se doblaba bajo su peso como un junco, convirtiéndose en un cayado de pastor.

Prosopopeya: Atribución de cualidades de seres animados a los inanimados o abstractos; así, en las fábulas o los cuentos, hablan las piedras, los ríos, los árboles.

Me fui a la costa, a ver morir **las olas** en la arena de la playa.

Unamuno

El río Duero sonríe.

G. Diego

2) Las *figuras de dicción* arrancan de la expresión, con dos posibilidades fundamentales: simple repetición de la expresión o repetición sólo aparente, por

tener una expresión varios contenidos:

Anáfora: Repetición al comienzo de frase; es un procedimiento de intensificación:

> **¿Qué** se hizo el rey Don Juan?
> Los infantes de Aragón:
> **¿Qué** se hicieron?
> **¿Qué** fue de tanto galán,
> **Qué** fue de tanta invención,
> Como trujeron?

J. Manrique

Epanadiplosis: Es otro tipo de repetición, en este caso la frase empieza y termina por la misma palabra:

> **Seis** magníficos toros, **seis.**
> **Palabras** de amor, **palabras.**

G. Diego

Onomatopeya: Reproducción de ruidos o sonidos típicos de ciertos objetos o animales:

> **Cu, cu,** cantaba la rana
> **Cu, cu,** debajo del agua ...

Juego de palabras: Una expresión se interpreta primero de acuerdo con uno de sus contenidos y después con otro u otros, de modo que a partir del mismo significante se juega con distintos significados.

> Hoy **cumple trece** y merece
> Antonia dos mil cumplir;
> Ni hubiera más que pedir
> Si **se quedara en sus trece.**

Lope de Vega

En el ejemplo juega Lope con dos contenidos de estar *en sus trece*: "quedarse para siempre en los trece años" y "mantenerse en su opinión".

Dilogía o silepsis: Es un tipo de juego de palabras a partir del doble significado de una de ellas:

> Él era un clérigo cerbatana, **largo** sólo en el talle.

Quevedo

Es decir, largo de 'longitud', pero no largo de 'larguez' (generosidad).

3) En los *tropo*s predomina también el aspecto significativo, son figuras semánticas; pero en ellos lo característico es la imposición de un significado posible, aunque poco frecuente. Es decir, en el uso del *tropo* el poeta parte de que determinada expresión tiene, entre sus varios contenidos, uno, que se emplea poco en la lengua como uso habitual y que él precisamente destaca al utilizarlo. Hoy día se dividen los tropos en dos clases, *metáfora y metonimia.*

En la *metáfora* se realiza una sustitución de *equivalencia.* En lugar de emplear la expresión que corresponde normalmente a un contenido, se usa otra expresión, con ese mismo contenido potencial. La metáfora pura tiene el esquema

A es B

los *dientes* son *perlas*

el *cabello* es *oro*

el *labio* es *clavel*

luego **perlas, oro, clavel** pueden emplearse en vez de **dientes, cabellos, labios**. Al decirnos Góngora

Cuando al clavel el joven atrevido

Las dos hojas le chupa carmesíes

los dos labios de Galatea han sido sustituidos por dos claveles, Acis besa esos claveles que son los labios de la ninfa.

Cuando las metáforas se empalman y continúan, el conjunto es una *alegoría,* es decir, una metáfora continuada.

En la *metonimia* la relación no es de igualdad, sino que hay, generalmente una relación de inclusión. Lo incluido se usa por lo incluyente: la parte por el todo, el lugar de origen por el objeto producido o viceversa: el continente por el contenido, el instrumento por el que lo maneja, la especie por el individuo. Una tercera posibilidad es el cambio de plano: abstracto por concreto, singular por plural y viceversa.

Hay metonimia en todos estos ejemplos:

los *espadas* (= toreros) cumplieron

se bebió un *vaso* (= el contenido de un vaso) de vino

se bebió un *jerez* (= vino de Jerez)

es *un donjuán* (= un individuo caracterizado por los rasgos de este personaje)

como dice *el filósofo* (= Aristóteles, Sto. Tomás, etc.)

ganarás el *pan* (= la comida) con *el sudor de tu frente* (= tu trabajo, cuyo esfuerzo te hará sudar).

Los tropos permiten una gran agilidad en el cambio de planos y hacen que el lector asocie elementos nuevos de modo original y rápido. Sin embargo, se desgastan fácilmente, convirtiéndose entonces en *lugares comunes*.

3. Métodos de análisis

Son muchos los métodos de análisis literario y pueden encontrarse en las distintas publicaciones sobre comentario de textos, lingüístico, literario, o semiológico. Aquí se señalarán unas guías para el comentario de estos textos literarios, indicando distintas tendencias y posibilidades que no exigen conocimientos específicos de rango superior.

A partir de una *lectura* cuidadosa, puesto que no cabe duda de que el dominio de la lectura es la puerta de todo estudio lingüístico o literario, se realiza el comentario, que tiene una doble misión: el *qué* y el *cómo*. La base, por tanto, es esa lectura cuidadosa, que guían dos principios generales:

1) *Enfrentamiento* con el texto.
2) *Interpretación* del texto que, a su vez, ha de reunir dos requisitos esenciales:
   a) Comprensión y análisis de todo lo que el texto nos diga, es decir, *exhaustividad*.
   b) *Limitación* de la comprensión a los elementos que en realidad se encuentran en el texto, sin añadir otros que no estén presentes en él, aunque estén relacionados con ese mismo texto. La mesura interpretativa es esencial.

Fernando Lázaro y Evaristo Correa, cuyo libro tuvo una gran incidencia en la enseñanza del comentario en España, sobre todo, dividieron ese enfrentamiento con el texto literario que lleva a la interpretación, en seis etapas: la *primera* es la lectura atenta del texto, con el fin de comprenderlo; en esta primera comprensión es fundamental que se conozcan todos los elementos léxicos que lo componen; es la etapa en la que el diccionario se convierte en auxiliar fundamental. La *segunda* etapa es la localización; la obra se sitúa en su entorno, se declara la época de su autor, sus circunstancias, obras suyas que nos permiten dar a la que comentamos el lugar adecuado dentro de su producción y otros datos similares. Los autores insisten en que todas las partes de una obra se relacionan entre sí, por lo que resulta imprescindible el conocimiento del conjunto para el correcto establecimiento de los valores relativos. La *tercera* etapa es la determinación del tema; en la búsqueda y determinación de la idea central del texto es necesario huir de las paráfrasis, inútiles porque nada nuevo dicen. El *asunto* es el argumento, que, despojado de sus detalles, de todo lo accesorio, se reduce al *tema*. Más allá del tema se puede encontrar incluso la última razón del texto, que será el *motivo*.

Estas tres primeras etapas pueden ser punto de partida tanto del comentario de textos literarios como del comentario estrictamente lingüístico, puesto que, para hablar de la lengua de un texto (literario o no) es imprescindible la previa lectura con la total comprensión del léxico y son dos ayudas importantes, aunque no imprescindibles, la localización y la fijación del tema. En el comentario literario, una *cuarta* etapa corresponde a la determinación de la estructura, aplicando el principio de la solidaridad de las partes de un texto; para ello se realiza una división en apartados, en cada uno de los cuales se irá precisando un aspecto del tema o bien se irán añadiendo elementos secundarios que lo amplíen. Una muestra de la imposibilidad de separar lengua y literatura es la combinación de esta división literaria con la de períodos y oraciones. La *quinta* etapa es más compleja, por ser la correspondiente al análisis del estilo. Se relacionan en ella, por ejemplo, la *forma* y el *tema,* buscando la adecuación del contenido con su expresión externa, en lo que se sigue un tradicional principio retórico, el del estilo grave o elevado para temas de mayor enjundia, mientras que hay un estilo humilde o bajo para los temas de menor trascendencia. Si apoyamos nuestro comentario en el análisis lingüístico, añadimos, tendremos ocasión de observar cómo el habla altera las posibilidades que le confiere la lengua, el esquema, cómo lo virtual va actualizándose, lo que pertenecía al plano paradigmático se va convirtiendo en sintagmas y cómo de las múltiples posibilidades de la teoría, la situación y el contexto van imponiendo unas selecciones. Es también el momento de distinguir la utilización especial de recursos lingüísticos que aprovechan posibilidades del sistema (estilística de la lengua), del empleo que un autor hace de su propia habla, imponiendo su peculiar selección, su 'inspiración' (estilística del habla). La *sexta* etapa, por último, es la conclusión, que debe comprender varias partes: compendio, es decir, síntesis desde el análisis precedente, e idea personal, es decir, juicio crítico sobre el texto, con una valoración del mismo.

Gonzalo Sobejano aplicó un método de tipo semiológico, también de interés, aunque más especializado en su enfoque.

Sobejano indica que en el acercamiento del lector al texto, el mismo lector *recibe, percibe* y *concibe.* Es *receptor* de un mensaje originado en el autor y que tiene como fin el mismo mensaje como forma. En las relaciones que se dan en el interior de ese mensaje, conformándolo, *percibe* la actitud, el tema, la estructura y el lenguaje del texto. Por último, *concibe* la esencia simbólica, la función histórica y el valor poético de ese texto que descifra.

El lector crítico, que se sitúa ante un texto literario con ánimo de estudiarlo, procede en tres fases. La primera es la *fase receptiva,* a la que corresponde la *información* sobre el texto, adquirida mediante tres operaciones: a) fijar su autenticidad; b) completo entendimiento y c) determinación de su participación en la obra a que pertenece, considerada como un todo. La segunda fase es la *perceptiva, interpretación* del texto, una sola operación con cuatro aspectos: dos que captan la actitud en la estructura y el lenguaje (expresión) y dos que, también en la estructura y el lenguaje, captan el tema (contenido). La tercera y última fase es la *conceptiva,* con la *valoración* del texto, en tres momentos: el primero descubre la esencia simbólica del texto, el segundo reconoce su sentido histórico-social y el tercero aprecia el valor poético del texto como realización de un artista en su género.

Mientras que en España se desarrollaba esa metodología para la didáctica de la Literatura, en América se producían también movimientos paralelos. Hemos seleccionado, por su interés, el que, bajo las firmas de M.ª H. P. M. de Lacau y M. V. Manacorda de Rosetti, recibe los títulos de *Antología, 1, 2* y *3* (1970, 1971 y 1973, respectivamente) y renueva, desde la República Argentina, una buena parte de esta didáctica. De acuerdo con las tres unidades que se señalan en la *Antología 3,* al comentar un texto literario se pueden realizar tres enfoques. El primero, correspondiente a la primera unidad de este libro, permite ver el comentario con apoyos artísticos (movimientos pictóricos, escultóricos o musicales coetáneos del texto o de su esfera), sociológicos o sociopolíticos y estrictamente formales, a partir de dos principios, el carácter estructural de la obra literaria, "conjunto de elementos o estratos interrelacionados" y el que esta obra sea "un mensaje que repite en su estructura interna los componentes de la situación comunicativa real", por lo que puede llamarse *situación comunicativa imaginaria.* Esta primera unidad incluye una "guía para un comentario literario", que proporciona el esquema aplicable. La segunda unidad corresponde al enfoque didáctico, es decir, se comentan textos para enseñar a comentar textos. La tercera unidad es la que corresponde al enfoque de mayor carácter específicamente literario, puesto que en él se analiza el texto desde la teoría literaria fijándose en aspectos como el narrador, el tiempo externo e interno, y las llamadas 'figuras'.

Ninguno de los modelos de comentario de un texto literario resumidos en este capítulo excluye la compenetración de los datos lingüísticos con los literarios; todos ellos, sin embargo, tienen como denominador común su interés primordial por un producto de la literatura, que es la obra literaria o cualquiera de sus fragmentos. Lo lingüístico, siempre presente, ocupa un lugar secundario, porque la finalidad principal es más estética que lingüística, se busca una justificación, crítica o valoración de lo bello en la obra literaria.

4. Creación de textos literarios

A diferencia de lo que sucede con un texto científico, sea técnico o humanístico, la creación de un texto literario requiere, además de una técnica, que se ha tratado de resumir en páginas anteriores, unas condiciones especiales, que podrían llamarse "capacidad de producción de un texto adecuado a las exigencias estéticas", que no son patrimonio general.

Por esta razón, hay buen número de educadores que no son partidarios de dedicar parte de los trabajos de un curso a intentos de creación de textos literarios por los alumnos, lo cual constituye, claramente, una postura extrema. En esto como en muchas otras cosas, es el profesor quien, de acuerdo con su capacidad y su distribución de la materia del curso, debe decidir si el grupo de alumnos que le ha sido encomendado puede encontrar provechoso tratar de realizar textos literarios. En ese caso, parece conveniente señalar que convendría evitar inicialmente los ejercicios más difíciles y realizar estos textos de acuerdo con una graduación:

Descripciones.
Relatos o narraciones.
Retratos.
Cuentos.
Poesía.

La creación literaria puede tener un atractivo para los estudiosos o estudiantes de una lengua. En un grupo seguramente habrá quienes, con mayor o menor fortuna o reconocimiento, practiquen la creación literaria, generalmente en su lengua materna. Analizar desde la creación propia los problemas de la creación literaria en la lengua que se estudia ayuda a desarrollar el interés por la misma.

5. La sensibilidad literaria

La percepción de los valores ocultos en un texto literario precisa de una *educación,* que, como tal, enriquece. Asimismo, como bien señaló Carlos Bousoño, profesor y poeta, esa sensibilidad debe actuar en condiciones de *adecuación*: no se escriben los libros de matemáticas en verso, al menos habitualmente, por ejemplo. La capacidad de comprender y admirar las obras literarias supone un desarrollo del individuo, un progreso personal o social. El individuo debe adquirir el hábito de la lectura, no como una pesada obligación escolar, sino como un medio de desarrollo personal, como algo que ayuda al crecimiento efectivo de su capacidad intelectual y humana. Por ello hay que prestar mucha atención a la selección de textos que se leen en los años de formación, y conocer bien los procedimientos lingüísticos y expresivos con los que se han realizado, para poder gozar con ese aspecto del mundo, que no es menos humano por ser artificial. La clase o el seminario de lengua española deben cumplir con esa misión educativa, despertando la afición por medio de prácticas de lectura y de comentario de textos, suficientemente cortos y atractivos, adecuados a las necesidades emocionales de cada uno, es decir, libremente elegidos. Perder la posibilidad del desarrollo de esta sensibilidad literaria es atrofiarse voluntariamente.

6. Complementos. El comentario

Hasta ahora se ha matizado una serie de ejercicios que vienen a culminar en otro más completo y amplio, que es el comentario de texto literario. Dada esa especial modalidad del lenguaje empleado en estas obras de creación y su valor connotativo, el mensaje literario requiere una meditación sobre el mismo que sirve para determinar todo el alcance y profundidad de su contenido.

Texto A.

Como punto de partida tómese el siguiente texto, en verso, un *romance:*

Triste yo que vivo en Burgos
Ciego de llorar desdichas,
Sin saber cuándo el sol sale,
Ni si la noche es venida,
Si no es que con gran rigor
Doña Lambra mi enemiga
Cada día que amanece
Hace que mi mal reviva:
Pues porque mis hijos llore
Y los cuente cada día,
Sus hombres a mis ventanas
Las siete piedras me tiran.

*Datos externo*s: Antes de estudiar la obra hemos de *documentarnos sobre ella* para así poder entender claramente la finalidad del autor al escribirla y el contenido del texto. La documentación se puede llevar a cabo del siguiente modo:

Un primer paso será la recopilación de *datos bibliográficos* con los que confeccionar la ficha de la obra en la que el texto está incluido.

El paso siguiente llevará a informarse sobre el autor, época, vida, movimiento o movimientos a los que pertenece, etc., para mejor comprender el contenido.

Y en tercer lugar la tarea consistirá en recoger toda aquella *información* que sea posible a propósito *de la obra* o su contenido.

Al aplicar estos trabajos al texto anterior resulta lo siguiente:

1.° Romance recogido por don Ramón Menéndez Pidal en su obra *Flor Nueva de Romances Viejos.*

Ficha de la Obra

Autor: Anónimo - Recopila Menéndez Pidal
Título: Flor Nueva de Romances Viejos
Edición decimonovena: "Austral" Espasa Calpe, S. A. Madrid.
Fecha: 1.ª edición 1938 - 19.ª edición 1973.

2.° Autor. Es obra anónima.

Época. Las primeras muestras de romances aparecen en el siglo XIV, pero este género no alcanza una mayor difusión hasta el siglo XV. Se trata de un tipo de composiciones que tienen muchas de ellas su origen en los cantares de gesta, de ahí que bastantes narren acontecimientos de carácter histórico.

3.° Datos informativos. La gesta de *los siete infantes de Lara* es una de las perdidas en su primera composición, pero han quedado otras noticias de su existencia, entre las que se encuentran las de los romances. Por ello se sabe que los siete infantes fueron traicionados por su tío Rui Velázquez para vengar así una afrenta hecha a su esposa doña Lambra. En la traición mueren los siete infantes y su ayo, Nuño Salido. Las ocho cabezas son llevadas a Córdoba en donde el padre de los infantes, Gonzalo Gustios, estaba prisionero de Almanzor. Hijo de Gonzalo Gustios y de una hermana del rey moro será Mudarra González, vengador de sus hermanos.

Con estas noticias a propósito de la obra puede ahora analizarse para su interpretación.

Estudio de la obra

1.° Lectura detenida y conocimiento del vocabulario.

2.° Asunto: La pena de Gonzalo Gustios.

3.° Esquemas de contenido: el esquema primario es la:

    a) *Gran tristeza de don Gonzalo,* vive en Burgos y no tiene noción del tiempo.

    b) *Tristeza aumentada por doña Lambra* que le recuerda a sus siete hijos haciendo que tiren siete piedras a su ventana cada día.

Secuencia: muestra si la acción o el pensamiento del autor siguen un orden lineal o no:

Presentación del estado de ánimo de Gonzalo Gustios. Estado de ánimo más abatido por la acción de doña Lambra.

Tema: Idea central que sintetiza la intención del autor:

La crueldad de doña Lambra es la causante de todas las desgracias.

Comentario Literario

El comentario literario destaca la determinación de la estructura del texto y su evaluación. Se exige en este trabajo que pongamos en juego todas nuestras dotes de interpretación para relacionar los distintos elementos que intervienen en la obra. Es necesario fijarse en los siguientes:

a) *El autor en la obra.* El autor se comporta en la obra de un modo determinado, adopta una actitud que hace que conforme la obra de una determinada manera. Puede ser un autor omnisciente, que sabe todo lo que ocurrirá con sus personajes, puede situarse en la primera, la segunda o la tercera persona, puede añadir o no comentarios o acotaciones a lo que narra y marcar su intención.

b) *El lector en la obra.* A veces el autor se dirige directamente al lector para que participe en su mensaje de un modo directo. En otras ocasiones hace que se sienta dentro de la obra por medio de otros procedimientos.

c) *Realidad representada.* Es el mundo creado por el autor; a través de él el lector deduce el sentimiento del autor en la presentación de los hechos, de los personajes, etc. Este punto está relacionado con los puntos a) y b).

Recursos técnicos. Se estudian aquí los procedimientos de los que se ha valido el autor para construir la obra literaria.

Habrá que fijarse, por tanto, en la distribución externa (capítulos, escenas, estrofas, etc.).

Esquema y secuencia.

Modo de componer (o modo literario).

Lenguaje: tipos y niveles, morfología y sintaxis, léxico, etc.

Ahora puede aplicarse este esquema de trabajo al romance.

El autor en la obra. La obra aparece contada en primera persona, es decir, en forma autobiográfica. De esta manera se consigue un efecto de mayor patetismo, ya que se intenta una comunicación directa entre autor y lector. Hay una relación muy estrecha entre un "yo" hablante y un "tú" oyente, máxime cuando ese "yo" habla al lector de su desgracia. El efecto psicológico es mucho mayor, ya que no produce la misma impresión la desgracia de una persona contada por otra, que la desgracia contada por la misma persona a la que le acaece.

El lector en la obra. A veces el autor se dirige directamente al lector u oyente, pero en este caso no hay ninguna alusión. Sin embargo, sí se aprecia una manera de llamar la atención de los que escuchan el romance -recuérdese que se transmitían en forma cantada- y se observa en el tiempo de la acción. El tiempo presente la hace mucho más real y contribuye a impresionar de un modo más profundo. No produce el mismo efecto una situación dolorosa que se cuente como algo ya pasado, que esa misma situación dolorosa cuando todavía dura. Por eso este recurso del tiempo para atraer al lector va ligado también al recurso de contarle lo ocurrido en primera persona.

La realidad representada. Se trata de una realidad penosa y cruel. Estos serían los componentes de la misma: el padre de siete jóvenes muertos a traición al que el dolor sigue mortificando. Un lugar donde transcurre la acción contada: Burgos, ciudad en la que vive también doña Lambra, la causante de la traición.

Hechos: A causa de su dolor el padre no tiene noción del tiempo, pero la crueldad de doña Lambra al tirarle cada día siete piedras lo pone en contacto con la realidad temporal. La intención del autor es presentarnos dos figuras opuestas: la de Gonzalo Gustios, el protagonista y narrador, hacia el que sentimos cariño y compasión por su desgracia, y la de doña Lambra, personaje que capta rápidamente nuestra antipatía y odio por su crueldad.

Recursos técnicos. Según la distribución externa estamos ante un texto poético, que no emplea una estrofa con número de versos definido. Ese tipo de texto se llama *serie* y, en este caso, *romance*.

- El esquema ya lo vimos y también la secuencia.
- El modo que predomina es la narración con algunos detalles descriptivos.

El lenguaje. Es muy importante la disposición lingüística de este romance, más que los vocablos destaca la colocación de los mismos, la organización sintáctica del texto. La oración principal carece de verbo, es "triste yo" y todas las demás son explicativas o circunstanciales. Es decir, que todo el romance está en función de esa breve frase y, además, no se justifica esa denominación de "triste" hasta el final de la composición:

Pues porque mis hijos llore
Y los cuente cada día,
Sus hombres a mis ventanas
Las siete piedras me tiran.

Se ha alterado el orden lógico haciendo que la circunstancial "porque mis hijos llore y los cuente cada día", se anteponga a la oración que la subordina. Esta disposición nos mantiene atentos, a la espera, mientras se nos está narrando y, por tanto, nos causa mucho más impacto la causa de la autodenominación "triste".

No utiliza este romance grandes recursos estilísticos salvo los sintácticos.

Evaluación de la obra. Este romance refleja un sentimiento humano: el dolor por la muerte de unos hijos revivido a diario por la propia causante.

Contado con un extraordinario patetismo, contribuye a mantener nuestra atención e interés la forma autobiográfica del romance, el tiempo presente en que nos narra y la disposición lingüística en la que se destaca la autodenominación de "triste", no justificada hasta el final. Con esos simples recursos el autor hace que sus lectores u oyentes compartan un dolor.

Texto B.

Hasta aquí un bosquejo de comentario de un texto en verso. Ahora se añadirán distintos aspectos de un texto en prosa, narrativo, que conviene tener en cuenta en el comentario.

El narrador. La realidad representada en las narraciones llega a nosotros a través de una persona que va relatando lo que sucede; a quien desempeña este oficio se lo denomina *narrador.*

El narrador puede ser un observador externo de los acontecimientos que a veces incluso es capaz de penetrar en la intimidad misma de los personajes; es, en ese caso, un narrador omnisciente. Los relatos que nos llegan contados por un narrador de estas características corresponden a la *tercera persona.*

> El borracho sintió en los ojos la claridad viva y desvergonzada de un ángulo de luz que brotaba de la linterna de Pepe, su buen amigo. El sereno, aquel Pepe, conoció a don Santos y se acercó sin acelerar el paso.
>
> *Clarín*

Otras veces el narrador está implicado en la acción misma. Los hechos ocurridos son contados por el propio protagonista: narración en *primera persona.*

> Emergí a una suerte de plazoleta, mejor dicho, de patio. Lo rodeaba un solo edificio de forma irregular y altura variable; a ese edificio heterogéneo pertenecían las diversas cúpulas y columnas. Antes que ningún otro rasgo de ese monumento increíble, me suspendió lo antiquísimo de su fábrica, Sentí que era anterior a los hombres, anterior a la tierra.
>
> *Borges*

Por último hemos de señalar la narración en *segunda persona*. En este relato el narrador puede estar dentro de los sucesos acaecidos, es alguien que habla de un tú protagonista que se identifica consigo mismo.

> Ahora vas deprisa. No te fijas en que hay un cacho de sol y huele un poquito, como un breve oasis en el olor de motores, a tierra mojada. Ni en la morena —¿la misma?— que pasa lenta y sin prisa. Tú la tienes y casi corres, y subes corriendo la escalera, y entras en tu cárcel de a diario -nueve a dos, cuatro a siete- con premura acezante.

En la narración se presentan unos hechos dentro de un tiempo. Estudiaremos ahora el tiempo de la narración.

Cuando contamos algo, podemos seguir un orden cronológico de acuerdo con el tiempo real; por ejemplo:

Salí de casa a las tres de la tarde; en la puerta me di un golpe con alguien que entraba. Me fui a clase y allí me di cuenta de que me dolía el brazo.

El orden de las acciones sería A-B-C.

Pero este orden que se ha mantenido ahí, de acuerdo con el tiempo real en la narración, puede verse alterado. Así, por ejemplo, se podría contar eso mismo de esta manera:

Estando en clase noté dolor en el brazo; recordé entonces que, al salir de casa, a las tres de la tarde, me había dado un fuerte golpe con alguien que entraba.

El orden de las acciones aquí sería C-A-B.

La alteración de este orden no suele producirse por capricho. En la narración se nos están relatando unos hechos que suelen conducir a situaciones culminantes, acciones que acarrean un desenlace. Colocar una acción fuera del lugar que le correspondería en el tiempo real supone una llamada de nuestra atención sobre ese hecho. Por eso, en el segundo relato que antes nos ha servido de ejemplo, el dolor del brazo no pasa inadvertido como una consecuencia lógica de un golpe, sino que nuestra atención recae instantáneamente sobre él al encontrárnoslo en un primer término sin preámbulos que lo justifiquen de antemano.

Puede estudiarse ahora el manejo del tiempo de la narración. Véase el texto siguiente:

> ... Se recordó por menudo aquella tarde de la cogida de Cunill II, hacía cosa de tres años.
>
> Con la novillada de Cunill II se inauguró la Feria de 1935. Luego habría dos corridas grandes y una charlotada. Compartieron el programa con Cunill II otros dos que ahora no recuerdo.
>
> Fue una de esas novilladas que no acaban nunca, con toros mansurrones y espantadizos y toreros aflojados y dengues. Nada alarga tanto una tarde como una mala novillada. Se mira al cielo, se remueve uno sobre la piedra, se charla, se fuma, y apenas queda esperanza de que alguien pueda concluir matando tanto toro.
>
> La muerte del novillero ocurrió en los dos últimos minutos de la corrida, cuando se tiró a matar -por fin- el último toro. ¿Qué sucedió de verdad en ese momento? No había dos versiones iguales. Que se escurrió. Que se le torció un pie. Que le dio un mareo en el crítico instante ... etcétera. Lo cierto es que cayó de bruces sobre el toro, con la espada desviada, antes que el bicho se llegara a él.
>
> *F. García Pavón*

Observemos los núcleos que componen el esquema primario de la narración:

A) Recuerdo de la cogida de Cunill II.

B) La novillada de Cunill inaugura la feria.

C) La novillada resultó mala.

D) Cogida y muerte de Cunill.

En un tiempo real los acontecimientos siguen este orden:

B-C-D-A

¿Por qué esa alteración? Precisamente porque lo que interesa no es la feria, ni la novillada, sino lo que hubo de especial en esa novillada, la cogida del torero. Y observemos también cómo en el fragmento que corresponde a D la muerte se nos anuncia antes de que se nos cuente la cogida. Al narrador no le interesan aquí los acontecimientos que llevan a un resultado y que poco a poco van despertando el interés del lector, no, él de antemano atrae la atención de ese lector sobre un punto que es el que considera más importante. Después da detalles y hechos relacionados con él.

7. Notas para desarrollar ejercicios

Estas muestras presentadas anteriormente sólo pretenden indicar algunas posibilidades iniciales de enfrentarse a cierto tipo de textos. A partir de aquí pueden ampliarse estas pautas a otros, como los descriptivos, los dialogados, que no se incluyen ahora para evitar ocupar demasiado espacio con reiteraciones. Lo importante es que el esquema del comentario se siga coherentemente y que se destaquen los elementos del texto que se consideren primordiales en cada caso, porque no siempre son exactamente los mismos: el tiempo verbal suele ser básico, pero puede ocurrir que no lo sea en un texto en el que, en cambio, sea fundamental la adjetivación o el uso de adverbios. Es necesario un criterio abierto para enfrentarse con la rica multiplicidad del texto literario.

XV. ESTRATIFICACIÓN DEL USO LINGÜÍSTICO

1. Diversidad de situaciones en el acto de la comunicación oral
2. Niveles socioculturales en el uso lingüístico
3. La transformación oral de textos
4. El lenguaje proverbial
5. Discusión y crítica de errores lingüísticos
6. Realización de ejercicios orales

1. Diversidad de situaciones en el acto de la comunicación oral

Además de la importancia que pueda tener nuestra forma principal de expresión lingüística, que es, sin duda, la lengua oral o hablada, por su valor en nuestra comunicación cotidiana, el desarrollo de los medios para registrar la palabra (grabadoras), transmitirla (RTV) o analizarla (fonética experimental) y, muy especialmente, las aplicaciones informáticas, con sistemas de transcripción entre voz y texto, el uso de internet, permiten la utilización de la lengua oral en algunos tipos de comunicación que antes eran casi exclusivos de la escrita: grabaciones con informes administrativos de varios tipos, coloquios entre personas situadas a gran distancia unas de otras, por videollamadas u otros muchos medios de comunicación, informes científicos (como los transmitidos desde el espacio) y tantas y tantas formas. La humanidad dispone de una capacidad computacional suficiente para alterar sus relaciones personales e industriales mediante el trabajo en red. Desde la escuela al comercio, internet permite una comunicación directa que muchas veces no requiere la escritura. Son frecuentes los avisos del tipo: "Esta conversación puede ser grabada" y similares. Por todo ello se hace cada vez más necesario el dominio de la lengua hablada, en la que se pueden distinguir varios tipos y niveles.

En realidad, resulta imposible separar tipos de lengua oral de tipos de lengua escrita, ya que la escritura (que ahora incluye sistemas automáticos, no sólo la escritura humana) puede codificar cualquier tipo de lengua oral y, al contrario, es posible realizar oralmente un texto que, en otra situación, sería escrito. También aquí hay que hablar de *predominio,* no de exclusividad. Las profesoras bonaerenses Lacau y Rosetti establecieron las siguientes relaciones entre los tipos de lengua y su expresión oral y escrita:

Tipo activo:

Lengua oral: discursos, sermones, coloquio.

Lengua oral y escrita: publicidad.

Lengua escrita: periodismo.

Tipo expresivo:

Lengua oral: coloquio.

Lengua escrita: obra literaria, carta familiar.

Tipo discursivo:

Lengua oral: clases, conferencias, debates.

Lengua escrita: informes, monografías, estudios, ensayos.

En nuestra exposición vamos a tratar de ceñirnos a un coloquio extrafamiliar, otro familiar y a la enumeración de los aspectos fundamentales de la exposición.

Como acabamos de ver, el coloquio es una expresión oral que se encuadra en el tipo expresivo y en el activo. Los autores literario*s (tipo expresivo)* se sirven con mucha frecuencia del coloquio para dar naturalidad a sus obras. Este procedimiento es característico de los llamados *movimientos realistas.* Dentro de la literatura española tenemos un excelente ejemplo de lenguaje coloquial como elemento básico de una obra literaria en la novela de Rafael Sánchez Ferlosio: *El Jarama.* El argumento es aparentemente sencillo: un grupo de muchachos y muchachas trabajadores de Madrid va a bañarse al río Jarama un día de fiesta. Los diálogos de estas personas y los de los habitantes de la región constituyen lo esencial del libro. El autor se preocupa porque los diálogos sean reproducción de conversaciones corrientes. He aquí una muestra, en la que se puede observar que la intervención del narrador se limita a rápidas acotaciones para situar a sus personajes. Como recurso literario, se trata de un *diálogo,* que se estudiará en el capítulo próximo. Como lengua empleada, se trata de la *coloquial:*

– Aquí entre estos cuatro troncos nos sentábamos el año pasado.

– De hierba no es que haya mucha, la verdad.

– El ganado se la come.

– Y los zapatos de la gente.

Allí mismo extendieron el albornoz de Santos, de color negro, entre dos árboles, y Mely se instalaba la primera, sin esperar a nadie.

– Parece un gato, Mely –le decían–; ¡qué bien te sabes coger el mejor sitio! Lo mismo que los gatos.

– A las demás que nos parta un rayo. Deja un huequito siquiera.

– Bueno, hija; si queréis me levanto, ya está.

Se incorporó de nuevo y se marchaba.

– Tampoco es para picarse, mujer. Ven acá, vuelve a sentarte como estabas, no seas chinche.

No hacía caso y se fue entre los troncos.

– ¿Has visto? ¿Qué le habrán dicho para ponerse así?

– Dejarla ella. La que se pica, ajos come.

Daniel se había alejado y estaba inspeccionando la corteza de un tronco. Mely llegó junto a él.

– ¿Qué es lo que buscas?

Levantó la cabeza sorprendido:

– ¿Eh? Nada.

Amelia sonreía:

– Hijo, no te pongas violento. ¿No lo puedo ver yo?

– Déjame, anda; cosas mías.

Tapaba el tronco con la espalda.

– ¡Ay qué antipático, chico! –reía Mely–. Conque secreto, ¿eh? Pues te fastidias, porque me tengo que enterar.

– No seas pesada.

Mely buscaba entre las letras, por ambos lados de Daniel,

– ¿Te apuestas algo a que lo encuentro?

Pero ¡cuidado que eres meticona!

– ¡Cómo estáis todos, hoy, qué barbaridad!

El texto anterior reproduce una conversación normal. Tiene concesiones que lo acercan a lo vulgar (*nos parta un rayo, picarse, chinche, meticona*) pero no pueden considerarse formas vulgares. En el otro extremo, lo literario aparece en el juego de los tiempos del narrador (pretérito y copretérito) y tal vez en ciertas elecciones léxicas (*inspeccionando, violento*). La naturalidad, sin embargo, es la nota dominante en esta transcripción literaria de un diálogo corriente.

Nótese, además, como característico del tipo activo, el abundante empleo de la interrogación y la admiración, la presencia de lo afectivo (*huequito,* nótese de paso que no se emplea la forma más correcta *huequecito)*, o la exhortación (con el infinitivo *dejarla ella,* en lugar del correcto *dejadla,* a lo que se añade ese *ella* redundante y sin preposición *a,* que lo hubiera hecho más tolerable desde el punto de vista normativo).

El contexto social de los personajes de *El Jarama* es determinante de que su lengua coloquial esté más cerca de lo vulgar (por sus abundantes desviaciones de la norma) que de lo formal.

En el texto anterior la conversación se establecía entre unas personas jóvenes. Ahora se presentará un diálogo, un tanto especial, desde luego, entre personas de edad. La escena seleccionada pertenece a la comedia de Miguel Mihura *Maribel y la extraña familia.* Protagonizan esta conversación dos señoras mayores, de unos setenta años, bien vestidas y de posición acomodada (frente al carácter más popular de los interlocutores anteriores).

Datos informativos: La acción que se nos presenta en esta comedia se desarrolla en una casa de Madrid (los dos primeros actos) y el tercero en un pueblecito de la provincia de Cuenca. La situación planteada es la siguiente: Doña Matilde y su hijo de casi cuarenta años, Marcelino, están en casa de Doña Paula, hermana de la primera, que vive en Madrid. Allí las dos están haciendo los preparativos para conocer a Maribel, la chica que Marcelino va a traer a casa para que la conozcan porque quiere casarse con ella. (Ahí es donde está situado el texto que reproducimos.) Después, Maribel, que lleva una vida no muy recomendable, al llegar a la casa y ver a las señoras no entiende nada de lo que pasa, ni sabe nada de las intenciones de casamiento de Marcelino, ya que ella piensa que va a pasar el rato. El choque del mundo de Maribel con el de Marcelino es lo que crea el conflicto que se resolverá felizmente al final.

Entre paréntesis se sitúan las acotaciones del autor, que pertenecen a un registro técnico del teatro, con expresiones como *hacer mutis* 'salir de escena'.

La acción inmediatamente anterior a este diálogo ha sido acompañar a un matrimonio visitante hasta la puerta.

(*Doña Paula* les ha ido acompañando hasta la puerta de salida, por donde hacen mutis

Doña Vicenta y *Don Fernando*. Cierra la puerta y vuelve con su hermana.)

Doña Paula. - Muy simpáticos, ¿verdad?

Doña Matilde. - Mucho. Muy amables.

Doña Paula. - Una gente muy atenta.

Doña Matilde. - ¿Y quiénes son?

Doña Paula. - Ah, no lo sé ... Yo les pago cincuenta pesetas para que vengan de visita dos veces por semana,

Doña Matilde. - No está mal el precio. Es económico.

Doña Paula. - A veinticinco pesetas la media hora ... Pero te da mejor resultado que las visitas de verdad, que no hay quien las aguante y que en seguida te dicen que les duele una cosa o la otra ... Estos vienen, se quedan callados, y durante media hora puedes contarles todos tus problemas, sin que ellos se permitan contarte los suyos, que no te importan un pimiento ...

Doña Matilde. - Viviendo sola, como vives, es lo mejor que puedes hacer ...

Doña Paula. - Y el día de mi santo, les pago una tarifa doble; pero tienen la obligación de traerme una tarta y venir acompañados de un niño vestido de marinero, que siempre hace mono ... ¿No crees? (*Doña Matilde,* que se ha sentado en una silla junto a la mesa, se queda callada y pensativa.) ¿Por qué te callas? ¿En qué piensas? ...

Doña Matilde. - No. No pensaba en nada. Pero yo creo que debíamos ir preparando las cosas ...

Doña Paula. - ¿Qué cosas?

Doña Matilde. - El niño no tardará en venir, ¡y si a lo mejor viene con ella!

Doña Paula. - ¡Es verdad! ¡Mira que si a lo mejor viene con ella! ¿Qué tenemos que hacer?

Doña Matilde. (Haciendo lo que dice.)-Ante todo, subir un poco las persianas del mirador para que entre más luz. Esto está un poco oscuro, y si ella viene y ve todo tan triste ...

Doña Paula. - Me parece muy bien ... Son cerca de las siete y el calor va pasando ya ...

> *Doña Matilde.* (Que está junto a la cotorra.)- ¿Y la cotorra, Paula?
>
> *Doña Paula.* - ¿Qué hay de la cotorra?
>
> *Doña Matilde.* - ¡Si a ella no le gustase!
>
> *Doña Paula.* - ¿Por qué no iba a gustarle? ¡Es verde y tiene plumas! Y a mí me acompaña.
>
> *Doña Matilde.* - Pero una cotorra da vejez a una casa. Y las chicas modernas prefieren los perros, que son alegres y dan saltos.
>
> *Doña Paula.* (Que ha ido, conmovida, junto a su cotorra.) Todo te lo consiento menos que me quites la cotorra ... Eso no, Matilde.
>
> *Doña Matilde.* - Bueno. Como tú quieras ... ¿Mandaste a la asistenta que subiese ginebra?
>
> *Doña Paula.* - Sí, ya está todo preparado en la cocina para hacer el *gin-fizz*.
>
> *Doña Matilde.* - ¿Y los ceniceros? ¿Los buscaste?
>
> *Doña Paula.* (Saca del cajón de un mueble unos ceniceros.)- Sí. Aquí los tengo para repartirlos por las mesas.
>
> *Doña Matilde.* - Pues ya podemos ir haciéndolo, porque el niño me ha dicho que ella fuma muchísimo ...

El tipo de lenguaje predominante es el activo y expresivo muy característico de la lengua coloquial. Las frases cortas, la entonación especial de interjecciones y frases interrogativas, ahorran explicaciones superfluas sobre la intención del hablante que con el tono muchas veces da a entender lo que no dice con palabras. Observemos esto cuando Doña Matilde está pensando en preparar las cosas. Doña Paula no acierta a saber por dónde va su hermana; hasta que ésta dice: "El niño no tardará en venir, ¡y si a lo mejor viene con ella!". Ha sido suficiente, Doña Paula no necesita más; con esta última frase basta para que ella se ponga en movimiento y lo tenga todo a punto.

Fijémonos también en estos rasgos tan propios del coloquio.

Doña Paula. - ¿Qué hay de la cotorra?

Doña Matilde. - ¡Si a ella no le gustase!

Es curioso que no hay respuesta a la pregunta, sino que la expresión de un temor, de una duda es suficiente para que Doña Paula entienda lo que le ha respondido Doña Matilde.

Estos rasgos son los que dan agilidad al diálogo, extraordinariamente vivo y ágil en esta escena. Tras la lectura del fragmento sólo hemos de detenernos en la comprensión de un vocablo, de los empleados por el autor, "gin-fizz". Se trata de una combinación de ginebra con zumo de limón y quizá azúcar o hielo, que se puso de moda tomar por los años cincuenta del siglo XX. Pedir un *ginfizz* suponía estar al día en el conocimiento de bebidas modernas. El recurso es sintomático, porque sirve para resaltar que estos extraños personajes no están más fuera del mundo que lo que quieren estar.

En otro orden de cosas, la selección léxica está perfectamente realizada, ninguna disonancia, ni expresiones de carácter más o menos vulgar, como las que Ferlosio ponía en boca de los personajes de *El Jarama*. Se ha respetado la *propiedad* al transcribir esa conversación familiar. Si nos fijamos ahora con calma y volvemos a leer, nos daremos cuenta de que lo que nos llama la atención es exclusivamente la *situación,* no el tipo de lenguaje, tan perfectamente adecuado que apenas somos conscientes de él, lo que tiene la ventaja de que no enmascara la acción en ningún momento.

La lengua de la **argumentación**, de la exposición y discusión de un tema, con ánimo de persuadir y con elementos científicos, en sentido amplio, generalmente, se sujeta más a los cánones prefijados, de acuerdo con los efectos que se quieren obtener en los oyentes. Hay un aspecto en el que se debe recordar lo dicho de otro *lenguaje persuasivo,* el de la publicidad: la 'falta de respeto' al oyente, a quien se quiere atraer. Preocupa más el resultado práctico que la coherencia del texto y las ideas. Como oyentes, debemos prepararnos para distinguir cuándo una argumentación nos convence por *lo que* dice y cuándo nos atrae por *cómo* lo dice.

La lengua oral se emplea normalmente en el coloquio, con la posible aparición de rasgos de otros tipos, como acabamos de ver. En la *exposición,* los rasgos predominantes son de nivel *formal*. En ella, por tanto, se emplea la lengua hablada formalmente, con voluntaria sumisión a la norma o a la lengua escrita.

La exposición de un tema requiere una preparación. En ella deben recorrerse los siguientes puntos:

a) Delimitación del tema. No se debe disertar sobre temas excesivamente amplios, sino ser conscientes del tiempo disponible y organizar así el tema para que no dure ni más ni menos que ese tiempo. Por ello se debe huir de los temas demasiado generales, porque se prestan a la divagación y a no obtener de ellos nada concreto.

b) Investigación sobre el mismo. Debemos informarnos acerca de lo que vamos a hablar, para ello es preciso consultar una serie de *fuentes,* de las más generales (*enciclopedias*) a las más ceñidas al tema (*Monografías,* es decir, estudios limitados a un tema reducido) .

c) Esquema. Una vez que se sabe de qué se hablará y se ha reunido información sobre ello, se pasa a *organizarlo.* Para ello se han de disponer las ideas fundamentales y las accesorias. No creamos que lo accesorio es superfluo; al contrario, añade variedad a la exposición, permite que la atención no esté concentrada hasta la fatiga del auditorio y su consiguiente aburrimiento y facilita tiempo para que nuestros oyentes vayan asimilando las ideas que se les quieren transmitir.

d) Redacción del tema (escrita o no).

e) Exposición propiamente dicha.

Esta última parte, la *exposición* en sí misma, de acuerdo con los tratadistas de Retórica, dedicados precisamente al análisis de esta expresión oral, se divide en varios momentos, que son los siguientes:

1. *Exordio.* El orador se presenta. Tradicionalmente éste era el momento de la *captatio beneuolentiae,* en el que se pide la benevolencia del público. Cuando se adopta este sistema, el orador trata de captarse esta benevolencia con su actitud modesta y respetuosa. Los cambios de las circunstancias y relaciones sociales han introducido otra posibilidad, la provocativa. El orador se enfrenta al público, incluso lo desafía. Es otra forma de *captatio,* se busca también la atención del oyente.

2. *Proposición.* El orador presenta y justifica el tema de su exposición. Recuérdese que en la exposición tratamos de persuadir de nuestra verdad y que es necesario disponer al público a recibirla con benevolencia. Todo ello exige un tiempo que ha de ser proporcionado al tiempo del que se dispone.

3. *Desarrollo del tema.* Es el punto central, en el que el expositor ha de desarrollar el tema que previamente ha elaborado, atento a las reacciones del público para matizar más o menos determinados fragmentos de su exposición.

4. *Argumentación.* Se trata de la discusión, que puede ser real o no. El orador puede permitir que otros interpongan aquí sus argumentos o puede fingir él mismo una serie de argumentos en contra de lo que acaba de exponer.

5. *Refutación.* El expositor rechaza los argumentos que se han opuesto a sus ideas o los que él mismo ha opuesto a sus propias ideas, según la doble opción posible en el punto cuarto.

6. *Conclusión.* Resumen y, a veces, valoración de lo que se ha expuesto, con el deseo de que los oyentes se hayan enterado de lo más importante de lo expuesto.

Los puntos anteriores corresponden a una exposición formal con todos los requisitos. Sin embargo, en determinadas ocasiones, se puede prescindir de varios de ellos, hasta reducirse sólo al punto central. Así se presenta en la siguiente *arenga* del gran marino Churruca, en la víspera de la batalla de Trafalgar, tal como la transcribe Pérez Galdós en el Episodio Nacional del mismo título:

> - ¡Hijos míos: en nombre de Dios, prometo la bienaventuranza al que muera cumpliendo con sus deberes! Si alguno faltase a ello, le haré fusilar inmediatamente. Y si escapase a mis miradas o a los valientes oficiales que tengo el honor de mandar, sus remordimientos le seguirán mientras arrastre el resto de sus días miserable y desgraciado.

El texto es muy sencillo. Su preparación no ha requerido ninguna preparación o investigaciones especiales. El exordio, brevísimo, se limita al **hijos míos** inicial. Nótese, pese a la brevedad, la fórmula cariñosa, abierta al público. A continuación, viene el desarrollo de unas ideas simples y escuetas: el que muera cumpliendo con su deber tendrá la misericordia de Dios, el que no lo cumpla será muerto o sufrirá una vida de remordimientos peor que la misma muerte. En las especiales circunstancias en que se realiza esta comunicación oral, no hace falta más.

Pensemos ahora en el extremo opuesto, la *argumentación forense*. Imposible reproducirla aquí, pero todos hemos visto esas películas que consisten tan sólo en el desarrollo de un proceso judicial. Los abogados tratan de conseguir la benevolencia del jurado con largos exordios. Llevan perfectamente preparado y esquematizado el tema, apuran la argumentación y las refutaciones se suceden; la conclusión, al fin, es una larga exposición del caso que puede durar horas, y que puede constituir de nuevo una exposición completa, con un nuevo exordio, nueva presentación y así hasta componer una gran pieza oratoria.

2. Niveles socioculturales en el uso lingüístico

Nuestro empleo de la lengua está condicionado por la *situación*. Hay dos tipos principales de situación que afectan al uso lingüístico, la *social* y la *cultural*. Empleamos variantes distintas de nuestra lengua en esas diferentes situaciones sociales o culturales. Esas variantes se llaman *registros*. Así, en nuestro uso habitual, más espontáneo, empleamos un registro descuidado, en el que introducimos algunas imprecisiones sintácticas (como anacolutos o falta de rigor en las concordancias), permitimos comodidades fonéticas como el yeísmo o la aspiración de la -s final, vinculadas a motivos dialectales, suprimimos fácilmente la -d- en las terminaciones -ado, sobre todo de los participios, en fin, no tenemos nuestra atención excesivamente pendiente del empleo que estamos haciendo de la lengua.

Sin embargo, las circunstancias pueden cambiar: puede ocurrir, por ejemplo, que nos presentemos ante una persona de quien pueda depender nuestra vida, en cierto sentido; si pedimos un empleo, un ascenso, un favor, si hablamos por primera vez con los padres del novio o novia o con alguna persona a la que consideramos importante. En ese caso, inmediatamente nos preocupa más nuestra expresión: para causar buena impresión, para no parecer tontos o ineducados o groseros, hasta por un poco de presunción. Estas situaciones llegan a imponer cambios en la expresión de la relación social y nacen entonces los *tratamientos:* el uso del *usted* no es más que una fórmula lingüística de marcar una situación social no familiar entre los interlocutores.

Hay que tener en cuenta que incluso las reacciones contra estos convencionalismos son convencionales. Así, cuando se evita emplear el *usted,* y se cae en el tuteo generalizado, se entra en otra convención, porque es necesario darse cuenta de que las fórmulas lingüísticas, como todas las fórmulas, no son nada en sí mismas, sino usos sociales sin mayor importancia y que hay en ellos una comodidad social, una facilidad, que se rompe por estas alteraciones que, en el fondo, no son sino pretensiones.

Las pretensiones lingüísticas son a veces perniciosas para la lengua, porque la empobrecen. Esta postura corresponde a un tipo de actitud social que se llama *esnobismo.* (La palabra *snob* es una forma abreviada del latín *sine nobilitate,* 'sin nobleza'. Empezó a decirse por quienes no tenían título y se hacían pasar por personajes, y luego pasó a expresar su comportamiento falso y presuntuoso.) El esnobismo *lingüístico* se manifiesta de muchos modos: supresión de los tratamientos, familiaridad afectada, en saludos y actitudes, con lo que se consigue generalmente el efecto contrario al pretendido y, muy especialmente, con el empleo de términos de otra lengua, fundamentalmente el inglés: las revistas 'femeninas' y 'juveniles' ofrecen abundantes ejemplos de este tipo de disminución mental.

Estas consideraciones que acabamos de exponer, y que podemos ver ejemplificadas, al menos parcialmente, en los textos del apartado anterior (XV.1), permiten establecer convencionalmente tres niveles de uso de la lengua, que son los siguientes:

Nivel vulgar: Se trata del nivel inferior, de la incorrección, de lo que se debe evitar, como muestra de desaliño e incultura. En la lengua oral se manifiesta en formas como

haiga por **haya**, **andé** por **anduve**, **me se** por **se me** y similares. En la lengua escrita se caracteriza por las faltas de ortografía, los errores en la separación de las palabras, falsas uniones y elisiones, muestras todas de semianalfabetismo.

Nivel coloquial. En la lengua de la conversación correcta, aunque familiar, nos expresamos corrientemente. Nuestra preocupación por la lengua debe evitar la vulgarización de nuestro lenguaje coloquial, que es el cómodo nivel medio en el que nos movemos habitualmente. En él nos encontramos en la zona de la confianza y la familiaridad y nos permitimos ciertas libertades, como la supresión de la -**d**- de los participios en -**ado**, simplificaciones léxicas y algunas vaguedades.

Nivel formal. El tercer nivel es el de la extrema corrección, el que podríamos llamar nivel académico, de absoluto respeto a las normas de la corrección (normas de ASALE, Asociación de Academias de la Lengua Española, en último término) y de cuidada elegancia. Este nivel no debe permitir la entrada de formas coloquiales, salvo por vía de descargo de una atención demasiado concentrada, pero debe huir del extremo contrario: la afectación. Puesto que este es el nivel del respeto, no está de más recomendar que sea también el nivel de máximo respeto a la propia lengua.

3. La transformación oral de textos

En la actualidad es muy frecuente la exposición oral de temas que se exponen también por escrito. Las circunstancias en las que se producen estas situaciones son múltiples, desde el uso de internet y los medios de comunicación informática generalizados a los exámenes, ejercicios orales de las oposiciones, entrevistas en empresas en solicitud de empleo, hasta informes orales ante asociaciones de diverso tipo, deportivas, culturales, industriales.

De la importancia de estas actuaciones da idea la existencia de una buena cantidad de escritos del tipo "Cómo hablar bien en público y triunfar en los negocios", y otros similares. No nos concierne aquí un tema tan concreto, sino indicar algunos aspectos que se han de tener en cuenta al exponer oralmente un texto *T* que hemos conocido por escrito.

En primer lugar, es preciso tener conciencia de que la lengua oral presenta sobre la escrita la ventaja de la *matización de la entonación:* frente a la pobreza de la escrita (signos de admiración, exclamación y puntos suspensivos), la lengua oral dispone de un recurso amplísimo y muy matizado, de modo que es preciso saber usar las modulaciones que dan a la exposición oral su variedad y su agrado y huir del 'tonillo' o de la falta de modulación como del peor enemigo. Exponer oralmente no es recitar de memoria un texto escrito.

El segundo gran enemigo son las llamadas 'muletillas', palabras o frases que se repiten, a principio de frase, como el "entonces" típico de los niños que se cuentan películas, por ejemplo, o el gran número de adverbios en -*mente* que se oyen con frecuencia cuando alguien expone algo. Entre ellas hay que colocar expresiones que se han vaciado de sentido y que sirven para recubrir lagunas en la exposición o en la habilidad, con lo que dan una triste impresión, como "este ...", "eh ...".

El auxiliar en la transformación del texto escrito a la exposición oral es la sencillez: en general, la lengua escrita es, por una parte, más concisa y, por otra, de mayor disposición a aceptar recursos literarios. La lengua oral debe ser más sobria, salvo en las circunstancias excepcionales del nivel formal, donde puede permitirse el empleo de recursos oratorios y hace entrar la retórica.

Mientras que en un escrito se puede volver atrás y releer para tomar el hilo, esto no es posible en la comunicación oral, donde todo debe estar lo suficientemente claro y progresar de modo inteligible, porque si el oyente pierde el hilo no tiene posibilidad de recuperarlo. De todos modos, y ante posibilidades de este tipo, es conveniente que, al exponer oralmente textos escritos (y, en general, en cualquier exposición oral), el expositor haga resúmenes y recapitulaciones de lo dicho, para permitir al auditorio seguirlo con comodidad. Este recurso sería reiterativo en la exposición escrita y puede faltar en el texto que le sirva de base; pero es muy útil incluirlo al hacer la transformación a la oral. (Hay en ello también un aspecto ventajoso: el expositor oral puede percibir si algún punto de su exposición está escapando a la percepción de los oyentes.)

4. El lenguaje proverbial

Un *proverbio* o *refrán* expresa, de forma condensada, una actitud vital. En general, como señaló Emilio García Gómez, a pesar de que se les llame 'pequeños evangelios' o tengan apodos similares, la actitud que predomina en ellos es practicona y muy apegada a la tierra, por lo que se oponen con frecuencia a todo tipo de espiritualidad, no sólo evangélica. Este rasgo es común en todas las lenguas.

Desde el punto de vista lingüístico, su condensación les obliga a enfrentarse con las reglas gramaticales, al menos aparentemente, y a hacerlo en una forma que puede relacionarse con la de los textos literarios. Se puede decir que, en general, eligen la expresión más breve.

Prefieren la expresión *nominal* a la *verbal,* puesto que predomina el concepto sobre la acción. Son, también, fórmulas fijas, que por su carácter conservador llegan a convertirse en arcaísmos.

Son muchas las modificaciones aparentes que los textos refranísticos ofrecen:

Supresión de la cópula: *Año de nieves,* [es] *año de bienes.*

Virtualidad, expresión sin artículo*: Quien a* [un] *buen árbol se arrima,* [una] *buena sombra le cobija* (nótese también el anacoluto).

Supresión de verbo: *Cada oveja,* [va] *con su pareja.*

Expresión imperativa de la condición, efecto más directo: *Ande yo caliente y ríase la gente.*

Dime con quién andas y te diré quién eres.

Como en estos dos efectos últimos, la preocupación por las relaciones causativas hace que los refranes ofrezcan muchas fórmulas para todos estos grupos semánticos, generalmente fórmulas que no coinciden con el uso ordinario, como buscar fórmulas causales sin *porque* o preferir las condicionales sin la partícula habitual *si*. Así se puede apreciar en los dos ejemplos mencionados, equivalentes, respectivamente a "si yo estoy bien, puede reírse quienquiera", "si sé en qué compañía estás, sé cómo eres".

Dentro de su distribución esquemática, de su estructura interna, los refranes se caracterizan porque, en general, son *bimembres*: el primer elemento enuncia una situación, cuyas consecuencias aparecen o se deducen en el segundo. Este carácter interno explica también el matiz causal dominante.

El refranero español, que es bastante bien conocido, gracias a la labor de notables estudiosos, es muy rico y se halla muy extendido, no sólo en América, sino también, como un importante legado cultural, entre los judíos españoles, los sefardíes. En la actualidad, como tantas formas de la cultura popular, corre un peligro cierto, del que debe salvarse, procurando conocerlo mejor y analizando los aspectos en los que constituye una interesante fuente de información para el conocimiento de aspectos culturales de otras épocas. Su valor como elemento de persuasión es muy limitado actualmente y ello ha influido en su desuso o, mejor dicho, en su limitación.

5. Discusión y crítica de errores lingüísticos

Resultaría muy útil que esta parte práctica del programa se realizara en torno al *Diccionario de Dudas de la Lengua Española* de Manuel Seco u otro diccionario similar, como el *Panhispánico* académico. En estos diccionarios y especialmente en el primero se realiza un estudio completo de las principales dificultades y vacilaciones que un hablante de español puede tener, no sólo desde el punto de vista del error, sino y sobre todo, desde el del acierto. El Dr. Seco explica las construcciones correctas y junto a ellas las incorrectas, no se limita a estas últimas.

Los errores lingüísticos que se pueden discutir son muy variados. En un rápido espigueo se han recogido algunos, de distinta índole, que podrían agruparse de un modo parecido a éste:

Errores de emisión o *fonéticos:* Además de los correspondientes a la evolución de la lengua, como el *yeísmo,* consecuencia de la pérdida de la distinción entre *elle* y *ye*, interesan, muy especialmente, las *ultracorreccione*s, es decir, la mala reconstrucción de una diferencia que se supone correcta, pero que no existe.

En este tipo se lleva la palma la falsa distinción oral entre lo que se escribe **b** y lo que se escribe **v**. Hay que insistir hasta donde sea preciso en el hecho característico de que, en español normativo o usual, incluidos los niveles cultos, por supuesto, *no existe ninguna diferencia en la lectura de b y v: revelarse y rebelarse* se pronuncian exactamente igual. (Sólo en el reino de Valencia, y por influjo de una de las posibles pronunciaciones del catalán, variante valenciana, se realiza esta distinción de modo natural, pero no en las regiones castellanas o en las otras zonas donde se habla el español). También caben aquí los vicios de acentuación: *réuma,* etcétera. Entre los vicios de acentuación extendidos, hay uno antietimológico motivado por una falsa analogía. Se trata de la errónea (antietimológica) acentuación de la **u** en diptongo tras consonante velar. Esa **u** etimológicamente, era una consonante y, por ello, no lleva acento. Del mismo modo que se dice *igual, agua, vacuo,* debe decirse *adecua, fragua, evacua.*

Errores morfológicos: Alteraciones en el género y número de los sustantivos, como en algunos cultismos popularizados: *la reúma* (es masculino), o palabras rehechas: *el amoto, el arradio,* interpretadas como masculinas, por su terminación en -o, lo que motiva que la **a** del artículo femenino *la* se interprete como primera vocal del sustantivo. Por influencia dialectal (aragonesa, por ejemplo) pueden darse formas verbales anómalas, como *teniba* por *tenía,* o *nos marchemos* por *nos marchamos*. A esta sección pertenecen también los errores en las formas de pretérito de *andar, andé y andara* por los correctos *anduve* y *anduviera* (errores que ya se registran en la lengua antigua). Entran aquí los cambios de género: *el mismo agua, este arma, ese área,* que son femeninos y deben construirse con *misma, esta y esa.*

Errores sintácticos: Son múltiples los errores de construcción. Habría que destacar, primero, el empleo excesivo de la preposición a*:*

A en lugar de *de* o *por: coche a gasoil (de* gasoil, *por* gasoil), *radio a pilas (de* pilas, *por* pilas), *encendedor a gas (de, por* gas). Esta *a* es un galicismo y se debe suprimir.

A en lugar de *por* y *para*. Para la expresión de acciones verbales inmediatas futuras, el español dispone de dos preposiciones, *para* y *por,* que tienen matices significativos distintos y precisos; *para* indica que la acción del verbo que sigue es para el futuro, sin más; mientras que *por* indica que falta, y, por tanto, se entiende como continuación más inmediata al presente, así, *trabajo para realizar e*s 'trabajo que habrá que realizar en su día', mientras que *trabajo por realizar* es 'trabajo que no se ha realizado y que se realizará como continuación desde el presente'. La construcción galicista que se oye con gran frecuencia, *trabajo a realizar,* errónea, no sólo suprime esta diferencia, sino que propiamente no significa nada, porque *a* no tiene un matiz, en combinación sólo con un infinitivo, que dé a éste un valor prospectivo, de futuro.

A + preposición. Las amalgamas de preposiciones, a menos que precisen matices, son incorrectas. Se oye frecuentemente *a por,* en lugar del simple *por: voy a por agua,* nada se dice con esta forma incorrecta que no esté dicho en la correcta y más sencilla y breve, *voy por agua.*

Otro error común, registrado hace tiempo, es el uso de *deber de* para obligación, igualado a *deber* y *tener que*. *Deber de* sólo debe usarse cuando es dubitativo, es decir, podría ir acompañado de *quizá* o *tal vez: debe de venir = quizá venga.*

En el capítulo de las concordancias, es frecuente la falsa concordancia del numeral *mil y* su multiplicador. Si hay varios miles, la cantidad que multiplica debe concertar con *mil,* en masculino, y no con el objeto al que se refiere: lo correcto es *veintiún mil libras,* no 'veintiuna mil', o *treinta y un mil ovejas,* no 'treinta y una mil'. En rigor, en casos como *cuarenta y una mil libras,* lo que se tendría que entender es 'cuarenta mil libras y una'. Si los bancos rechazaran los cheques y órdenes con los numerales mal puestos, los usuarios se preocuparían de ponerlos bien.

En la construcción de complementos, resalta el uso vicioso y extendido también a América de la preposición *de* como introductora de Objeto Directo y, sobre todo, de oración completiva: *pienso que tiene razón* es la fórmula correcta, más breve y sencilla; sin embargo, la forma incorrecta 'pienso *de* que tiene razón' se oye frecuentemente. También se da la ultracorrección o corrección excesiva y errónea, a la inversa: El verbo *informar* rige preposición *de*. Lo correcto, por ello, es *informar de algo*. Por falsa corrección se oye y ve la forma errónea sin *de, *informar algo.*

Volviendo a las concordancias, hay falsa concordancia frecuente con los *impersonales* (el uso es muy típico de la zona oriental de la Península y en varios lugares de América): en lugar del correcto, invariable: *había veinte personas,* se oye, con falsa concordancia, 'habían veinte personas'.

Los ejemplos no se agotan aquí, ya se ha hablado del *gerundio* y del peligro de esta construcción, rechazable para la expresión de la posterioridad: *orden disponiendo* es incorrecto por *orden por la que se dispone* o *a partir de la cual se dispone*. Pueden buscarse otras muchas alteraciones de la sintaxis general.

Errores léxicos: El mal empleo del vocabulario, por desconocimiento de lo que significan las formas léxicas, en realidad, es un mal generalizado. Ya se comentó que *álgido* significa 'más frío', y no debería usarse en vez de 'más caliente'. Los sufijos en - *able* indican posibilidad, el prefijo *in-* expresa negación, *inalterable* quiere decir, por tanto, que no se puede alterar', no es equivalente de 'inalterado', como se oye con frecuencia.

Indicio de incultura es la confusión de *opción* y *alternativa*. Varias cosas que se pueden elegir son *opciones,* mientras que *alternativa* indica una elección entre dos: *una* y *su alternativa*. Decir 'la tercera alternativa' es tan incongruente como 'el cuadrúpedo pie'. En consecuencia, no hay alternativas diversas, sino *la alternativa,* como saben bien los toreros.

Otro error común afecta a las palabras nuevas que podrían entrar de acuerdo con una pauta ya establecida. Del griego se tomaron una serie de derivados que terminan por la palabra *fono,* 'sonido': *gramófono, audífono, teléfono*. Lo coherente es que las palabras nuevas que incluyan este elemento terminen también en *fono: magnetófono, xilófono;* es incorrecto, por tanto, e incongruente, decir *magnetofón y xilofón,* a menos que se diga *telefón y gramofón*. Lógicamente, los plurales son *magnetófonos y xilófonos,* y no 'magnetofones' y 'xilofones'. La incongruencia ha venido motivada por *saxofón,* que ha triunfado, en alternancia con *saxo,* que debe preferirse.

6. Realización de ejercicios orales

De acuerdo con lo expuesto en este tema y con las observaciones que se fueron recogiendo en los capítulos anteriores, el estudio del lenguaje oral debe plantearse en un plano que vaya más allá de lo teórico: todos los aspectos que se consideraron, desde la educación de la sensibilidad hasta la supresión de las "muletillas", precisan la correspondiente práctica.

Por ello parece conveniente indicar que hay una serie de ejercicios prácticos que reforzarán el aprendizaje teórico. El peligro en estos ejercicios es repetir fórmulas estereotipadas. Para evitarlo se ha insistido, especialmente en el párrafo primero, en la conveniencia de realizar guiones de disertación oral, de este modo el alumno no necesita actuar todos los días; pero puede ir mejorando su nivel práctico mediante la realización de estos guiones, fáciles de corregir y revisar.

Es importante tener también en cuenta, por otra parte, que los temas sobre los que se vertebren estas prácticas orales tampoco deben ser los tópicos, sino que es conveniente reflexionar sobre el hecho de que el lenguaje ha de servir de medio de expresión de las actividades en torno a las cuales transcurre cada vida. Significa esto que no sólo no se deben rehuir, sino que es necesario ejercitarse sobre temas de medicina, derecho, química o el campo de interés de cada estudiante de lengua española.

Un medio contrastado, que parece resultar eficaz, es el de comprobar, desde una perspectiva lingüística, aspectos de la explicación de otras materias: los textos y la ayuda del profesor de esos otros temas o cursos permiten asegurar el contenido, buscando entonces la expresión más adecuada.

Un ejercicio relativamente fácil de programar consiste en revisar la grabación de un programa cultural de radio o televisión (de tema libremente elegido, científico y humanístico), con objeto de someterlo a examen lingüístico. Internet es una gran fuente de estos materiales.

Para realizar ejercicios de este tipo se pueden tener en cuenta aspectos como los siguientes:

– Título y adecuación al contenido real (el título es adecuado, es demasiado general, es más o menos amplio que el contenido, promete más de lo que da, es o no atractivo, etc.)
– Esquema, partes del texto oral, proporción entre las mismas, planteamiento corto, largo o suficiente, se entiende o no con facilidad de qué tratará el expositor, las distintas partes son iguales y su contenido tiene la misma importancia o una destaca y es también -o no es- la más importante por el contenido.
– Contenido y su forma. Selección del léxico técnico, rigor del vocabulario, vaguedad o justeza de exposición. Crítica de la expresión: defectos de exposición, "muletillas", vacilaciones. Crítica del contenido, interés del tema, inquietudes que despierta.
– Apreciación conjunta o global. Aceptabilidad del texto analizado, razonamientos objetivos de las causas de su aceptación o rechazo.
– Actitud personal: cada oyente puede tener reacciones distintas, que pueden explicarse en grado mayor o menor y que se deben objetivar en esta última etapa.

XVI. LA LENGUA ESPAÑOLA EN SU HISTORIA

1. El español en el entorno de las lenguas hispánicas europeas
2. El proceso de formación del español
3. Cambio y contactos
4. La periodización
5. Los procesos de reforma y modernización
6. Tabla de la relación entre historia lingüística y cultural hasta 1492
7. Notas prácticas para ejercicios de lingüística histórica

1. El español en el entorno de las lenguas hispánicas europeas

En los dos países ibéricos, España y Portugal, se hablan hoy, con distintos marchamos de oficialidad, dos tipos de lenguas: (1) *románicas,* lenguas flexivas derivadas del latín (catalán, castellano o español, gallego, portugués, más las hablas intermedias, aragonés o *fabla* y asturiano o *bable).* Por razones políticas, la variante del catalán de la comunidad autónoma valenciana se llama *valenciano* y se trata como si fuera una lengua diferenciada. Existen además numerosas variantes o dialectos de esas lenguas. Tres de esos idiomas se han extendido a las islas españolas y portuguesas: Baleares (catalán y español), Canarias (español), Madera y Azores (portugués); (2) una lengua no románica, sin relación probada con ninguna otra lengua, diferente de las románicas por su tipología aglutinante y no flexiva, que es la *lengua vasca, vascuence* o *euskera.*

Las lenguas románicas o *romances* son resultado de la evolución del latín usado en la Península e Islas Baleares. La lengua latina, lengua del Imperio de Roma, llegó a la

Península Ibérica en fecha relativamente temprana, el año 218 a. JC. La causa de la llegada de los romanos y la posterior conquista de Hispania, nombre latino de la Península, fue la segunda guerra púnica. Se llaman *púnicas* las guerras por el dominio del Mediterráneo entre Roma y Cartago, ciudad fundada por los fenicios en el Norte de África. La palabra *púnico* deriva del término latino que corresponde a *fenicio* (griego Φοίνικες, *phoínikes*). Los romanos comprendieron la importancia estratégica de la Península para contener las posibles invasiones africanas por el oeste y procedieron inmediatamente a su conquista, que completaron dos siglos después, el 19 a. JC. Esa tardanza en conquistar los últimos territorios, sin embargo, no debe llevar a una idea equivocada de la conquista de Roma. Los centros culturales y administrativos, que corresponden a las ciudades actuales de Tarragona, Cartagena, Salamanca, Toledo, Mérida, Córdoba, Málaga, Sevilla o Cádiz se fueron incorporando mucho antes. El latín se impuso como lengua común.

Antes de que las sustituyera el latín se hablaban en Hispania varias lenguas, llamadas *prerromanas*. Algunas de ellas eran lenguas de colonizadores o comerciantes, como el púnico o cartaginés, una lengua semítica, derivada del fenicio, o el griego, una lengua indoeuropea. Otras eran lenguas que habían ido llegando a la península en sucesivas invasiones, de pueblos indoeuropeos, como los celtas, o de otras variedades de lenguas, como los iberos. La hipótesis de una relación entre el ibero y el vascuence carece de pruebas fiables y es rechazada por los investigadores actuales. El territorio propio de los iberos pudo ser pequeño, limitado a una zona oriental entre Valencia y Murcia; pero su influencia fue mucho más extensa, al constituir, con hablantes de celta, el grupo celtíbero. Al suroeste se fundó una cultura desarrollada, la tartésica, activa hasta el s. VI a.J.C. De los sucesores de los tartesios en esa zona, los turdetanos, escribió el geógrafo griego Estrabón, del siglo I, que tenían escritura, obra literaria y leyes muy antiguas en verso. Varias de esas lenguas tenían escritura; se han conservado algunas inscripciones, monedas y nombres de personas (onomástica) o de lugares (toponimia). Ninguna de ellas sobrevivió al triunfo del latín. Algunas palabras del español se consideran prerromanas, aunque ese origen es a veces discutido: *alcarria, colmena, madroño, páramo, perro*.

La única lengua no románica con estatuto oficial en España es el vascuence o euskera. La Arqueología moderna prueba de manera convincente que no es una lengua prerromana en Hispania y no es la lengua de los antiguos vascones. Esos vascones antiguos, localizados en parte de lo que hoy es Navarra y relacionados con otros pueblos al oeste de esa área, eran de lengua indoeuropea, hablaban originariamente celta y estaban bastante romanizados ya en el siglo I a. JC. Los hablantes de euskera o *euskaldunes,* que tomaron después el nombre de vascos, procedían de la zona de Aquitania, en el centro de la vertiente francesa de los montes Pirineos. Estos euskaldunes invadieron el territorio de los vascones a finales del siglo V d. JC. o a principios del siglo VI. Se extendieron hacia el oeste (el actual País Vasco) y el sur, hasta llegar al norte de la actual provincia de Burgos. Ocuparon el área que corresponde hoy a parte del suroeste francés y, en España, a Navarra, Guipúzcoa, Vizcaya, Álava y la Rioja, con extensiones y ramificaciones un poco más al sur. Después de establecerse en esa zona, su lengua se dividió en varios dialectos, hablados en las zonas francesa y española. En la actualidad un proceso de planificación ha llevado a una lengua unificada o *batua (bat* es "uno" en vascuence). Esto quiere decir que los préstamos o palabras que los romances tomaron del vascuence son relativamente tardíos y que la influencia del vascuence en el español debe situarse a partir del siglo VI d.JC. Como el castellano, origen luego del español, se formó en el territorio fronterizo con el vascuence, ese influjo es, aunque relativamente tardío, muy interesante. También es posible que algunas de las influencias que se han atribuido al vascuence provengan de lenguas establecidas en esos territorios antes del vasco. Cada vez adquiere más importancia la idea de que el celta pudo ejercer una influencia más duradera y profunda de lo que tradicionalmente se había supuesto. Entre las lenguas indoeuropeas, el celta y las lenguas itálicas, como el latín, forman parte del mismo grupo.

Desde el punto de vista estrictamente lingüístico, el tipológico, Hispania estaba poblada y se siguió poblando por hablantes de lenguas flexivas, como las indoeuropeas (celta y luego latín) y las semíticas (púnico y después hebreo y árabe) y por hablantes de lenguas aglutinantes, como el ibero (prerromano) y el vascuence (post-romano). En una lengua flexiva los morfemas gramaticales o desinencias se unen al radical o parte de la palabra que lleva el significado léxico, diferenciados en categorías nominales y verbales. Un morfema puede expresar varias categorías gramaticales unidas en una forma (*-ba-* en la forma *cantaba* expresa tiempo pasado y aspecto imperfectivo, acción considerada en su duración). En las lenguas aglutinantes el mismo morfema se une a raíces nominales y verbales y cada morfema expresa una sola categoría gramatical (en vascuence *n-* inicial ante una forma verbal expresa la primera persona del singular y *-n* final el tiempo pasado, para el verbo *ekarri*, 'llevar', la forma *nekarren* significa 'yo + llevar + pasado').

2. El proceso de formación del español

En el siglo I el latín era una lengua establecida y común en la Península Ibérica. Fueron de origen hispano maestros de Retórica como Marco Porcio Latrón, con quien estudió en Roma el gran poeta Ovidio, Marco Anneo Séneca ("el Viejo") o Marco Fabio Quintiliano y autores como Lucio Anneo Séneca, Marco Anneo Lucano o Marco Valerio Marcial. Tres emperadores de Roma fueron originarios de Hispania: Marco

Ulpio Trajano (s. I–II), Publio Aelio Adriano (s. II) y Flavio Teodosio el Grande (s. IV), el último emperador que gobernó unidos los imperios romanos de Oriente y Occidente. Estos nombres ejemplifican una completa integración en la cultura de Roma. La Península Ibérica se unificó lingüísticamente con una firme base latina y se organizó administrativamente dentro de los patrones romanos. A partir del año 297 el noroeste de África, la Mauretania Tingitana, con capital en Tánger, pasó a formar parte de la estructura administrativa de Hispania. Esta área había estado siempre en estrecho contacto con la provincia meridional hispánica, la Bética. Dos ciudades de esta zona mauritana, Ceuta y Melilla, siguen siendo españolas, tras diversos cambios a lo largo de su historia.

A principios del siglo V se produjeron graves alteraciones en el imperio romano por las invasiones de los bárbaros, nombre que agrupa a germanos y tribus de otras procedencias, que se vieron favorecidos por las luchas por el poder en Roma y la falta de dirección del ejército romano. El año 411, invitados por un autodenominado emperador, sublevado en Hispania, los suevos, vándalos (ambos germanos) y alanos (iranios) entraron en la Península Ibérica. Estos pueblos estaban muy latinizados tras una larga permanencia en los límites del Imperio. Los suevos se establecieron en el Noroeste, en las actuales Galicia, Norte de Portugal y parte occidental de León y crearon un reino que duró hasta el año 585. Se estima que la zona del reino suevo estuvo poblada por unos 30 000 suevos y unos 700 000 hispanorromanos. La suerte de vándalos y alanos fue distinta de la de los suevos. No llegaron a establecerse en Hispania y, tras ser derrotados por los visigodos, a quienes había pedido ayuda Roma, pasaron a África. En este continente conquistaron Cartago y crearon un reino vándalo (429–534). Esa área africana estaba muy romanizada. Existen testimonios fehacientes de que los vándalos hablaban latín.

La suerte de los vándalos estuvo ligada a la de bizantinos y visigodos. Los bizantinos habían conquistado Ceuta el 534, luego ocuparon las islas Baleares y a partir de 552 desembarcaron en la Península y ocuparon el oriente de la Bética, donde permanecieron hasta 626. Después continuaron en Ceuta y las Baleares. La lengua administrativa de los bizantinos en occidente era el latín.

Los visigodos no tuvieron una presencia constante en Hispania hasta muy tarde. El año 410 habían entrado en la península itálica y saqueado Roma. Después se establecieron en la Galia (actual Francia), en la zona sur, la más romanizada (lat. *Provincia,* fr. *Provence).* Entraron varias veces en Hispania, a partir del 415, como federados de los romanos. Desde el 427 sus intervenciones en la península ibérica fueron constantes. Derrotaron a los vándalos, establecieron un centro administrativo y militar en Barcelona y no en Tarragona, la capital romana de la Tarraconense. Finalmente, derrotados por los francos en Vouillé, cerca de Poitiers, el 507, conservaron sólo la Narbonense en el actual territorio francés y trasladaron la capital a Toledo, durante el reinado de Atanagildo (555–567). Derrotaron a suevos y bizantinos y unificaron la Península Ibérica a partir del año 626. Los visigodos también hablaban latín y el latín fue la lengua de la administración pública y eclesiástica. Sin embargo, unos documentos excepcionales, las pizarras visigóticas, escritos de distinto carácter en ese material barato, permiten apreciar que el latín usado corrientemente en Hispania ya ofrecía bastantes diferencias con el latín de épocas anteriores. La separación del latín hispano y el latín imperial o clásico, había comenzado. Aunque el latín fuera la lengua de comunicación y administración de los pueblos germanos invasores, transmitieron también algunas palabras germánicas, que habían conservado, como *guerra, ganar, rico, blanco* y, sobre todo, influyeron en el sistema onomástico. Los romanos tenían un sistema pobre, basado en los numerales: el primer hijo se llamaba *Primus,* el segundo *Secundus* o *Secundinus* y así hasta *Decius* o *Decimus.* Los germanos introdujeron muchos nombres variados, como *Carlos, Elvira, Enrique, Francisco, Rodrigo.*

El 711 comenzó un período que alteró durante ocho siglos la vida hispanorromana y cuyo final en 1492, supuso el inicio de la España moderna y del español como lengua diferente del castellano medieval. En aquel año un ejército de musulmanes, compuesto fundamentalmente por bereberes norteafricanos, inició la conquista de la Península Ibérica, que ocuparon casi por completo en muy pocos años. Partieron de Ceuta, ciudad bizantina cuya lengua de administración era el latín. Muchos de los invasores eran hablantes de latín o bilingües latín-bereber en grado diverso. Ese latín norteafricano o afrorrománico no podía ser muy diferente de las hablas hispanorromanas y ello hubo de facilitar la intercomunicación y la conquista. Los primeros conquistadores no podían tener todavía un conocimiento generalizado del árabe, porque la mayoría no lo tenía como lengua materna ni como lengua habitual. Cuando aumentó el número de invasores arabófonos y se extendió esta lengua por el norte de África, también en la zona musulmana hispánica, Al-Andalús, se fue imponiendo el árabe como lengua de comunicación y cultura. Se formó un continuo lingüístico en uno de cuyos extremos estaba el latín y en el otro el árabe culto. Entre ambos estaban los dialectos andalusíes, el romance andalusí en el lado del latín y el árabe andalusí en el del árabe. El lado latino fue debilitándose y en el siglo XII las hablas románicas andalusíes habían desaparecido.

Cuando los árabes iniciaron su proceso de conquista, los bereberes, con su contingente de hablantes de afrorrománico, se desplazaron hacia el norte y llegaron a la zona de la Bureba, en el norte de Burgos, donde se encontraron con los vascos, que les cerraban el paso hacia el norte. Tampoco pudieron dirigirse hacia el este, donde se había instalado en el poder una familia hispanorromana, los Casii, convertida al islam, los Banu Qasi. No les quedó otro camino que dirigirse al oeste por el valle del Duero. En esa zona entre el País Vasco, Burgos y la Rioja coincidieron durante un tiempo los vascos más o menos romanizados, los hispanorromanos y los bereberes afrorrománicos. Es el pequeño rincón en el que surgirá el castellano, que evolucionará con claras diferencias frente a los otros romances peninsulares y que se caracterizará por la facilidad de sus hablantes para incorporar distintos materiales lingüísticos, de orígenes varios.

El árabe y su cultura tuvieron una enorme influencia en el desarrollo de las lenguas hispanorrománicas, especialmente del castellano. El año 711 se inició la conquista de Hispania, el año 750 los abasíes derrocaron el califato omeya y trasladaron la capital de Damasco a Bagdad. Un miembro de la familia Omeya, Abderrahmán I "el exiliado", se estableció en Al-Andalús y fundó el emirato omeya que, en 929, Abderrahmán III "el victorioso" convirtió en califato. Los omeyas atrajeron a España a varios grupos arabófonos, entre los que merece destacarse a los yemeníes, cuyo influjo en el árabe andalusí está bien estudiado.

El año 718, no obstante, un noble visigodo, Pelayo, había derrotado a los musulmanes en Covadonga, Asturias, e iniciado la Reconquista de Hispania. A lo largo de ocho siglos, el árabe y las lenguas románicas, especialmente el castellano, coincidieron en períodos que alternaron guerra y paz, alianzas y enfrentamientos y que permitieron que surgiera la idea moderna de España. A esa situación sociolingüística especial debe sumarse la presencia de los judíos y la lengua hebrea. Había judíos en Hispania ya en la época imperial y, durante la Edad Media, tuvieron posiciones de mucha importancia tanto en los reinos cristianos como en los musulmanes. Cuando los musulmanes fueron derrotados en Granada en 1492, el castellano había evolucionado y se había formado como lengua española. Esa fue la lengua que los castellanos llevaron a América, África y Asia. Los judíos sefardíes, tras su expulsión en 1492, la extendieron por el Mediterráneo musulmán, de Marruecos al imperio turco y se conserva como *judeoespañol* o *ladino* ('latino').

3. Cambio y contactos

Las pizarras visigóticas, como se dijo, permiten observar cómo la lengua latina había cambiado. También se aprecia ese cambio en el romance andalusí. En el norte, en territorio cristiano, los monasterios eran centros de cultura que también acogieron a los cristianos andalusíes, los mozárabes, que huían de Al-Andalús, conocían el latín de los escritos y usaban el dialecto románico andalusí. En los escritos de los monasterios empezaron a aparecer formas que ya no eran claramente latinas. En la zona de Burgos y la Rioja parece incrementarse esa tendencia. El monasterio riojano de San Millán ofrece en diversos manuscritos ejemplos claros de esa evolución. A finales del siglo IX y principios del siglo

X podía hablarse ya de que se estaba utilizando una lengua distinta del latín, una lengua romance, que iría incorporando variantes dialectales y se conformaría como el castellano. En algunos de esos manuscritos los monjes añadieron *glosas,* notas de distinto tipo. Estas glosas o notas eran a veces de carácter léxico se escribía al margen la palabra o frase equivalente en romance (algunas en vascuence). Otras veces eran de carácter gramatical, para las que se usaron formas del pronombre relativo latino generalmente escritas encima de la palabra latina del texto original, para indicar qué palabra latina era el sujeto o cuál el objeto.

Las lenguas son constructos mentales, estructuras en la historia. Ni nacen ni mueren, la metáfora biologicista es errónea y produce efectos indeseables. Los hablantes no se acuestan un día hablando latín y amanecen al siguiente hablando romance. Durante un largo tiempo va cambiando su uso de la lengua, sin ser conscientes de que el sistema ya no es el mismo, la estructura ha cambiado y se trata de lenguas distintas. A veces, como sucede en chino, no cambia el nombre de la lengua y eso proporciona la falsa impresión de que la lengua es la misma, no ha cambiado. Pero no es así, los hablantes actuales de chino no saben cómo se pronunciaba el chino antiguo y se ha podido reconstruir la pronunciación del chino medio gracias a los diccionarios de rimas. Si una máquina del tiempo llevara a un chino actual a mil años antes, no comprendería la lengua hablada, aunque podría comunicarse por escrito, con la escritura tradicional y no sin dificultades, porque los cambios no son sólo fonéticos, son también léxicos y semánticos.

La transición del latín a los romances ibéricos fue un lento proceso caracterizado por el polimorfismo. El mismo texto puede ofrecer diversas variantes de una misma expresión lingüística, no sólo en su grafía, sino también en la morfología o la sintaxis, más cerca o más lejos del latín. El sistema del castellano medieval era tan diferente del español actual que no sería erróneo considerarlo una lengua distinta. Tómese el caso del considerado texto más antiguo castellano, una glosa al margen de un manuscrito de San Millán, por lo que se denomina "glosa emilianense". Traduce una plegaria latina de este modo:

«*Cono aiutorio de nuestro dueno, dueno Christo, dueno Salbatore, qual dueno get ena honore, e qual duenno tienet ela mandatione cono Patre, cono Spiritu Sancto, enos sieculos de losieculos. Faca nos Deus omnipotes tal serbitio fere ke denante ela sua face gaudioso segamus. Amen*».

Lo que este texto (posiblemente de finales del siglo X) quiere decir en español, es decir, en la lengua moderna, no es lo que los filólogos suelen traducir muy cerca del original ("con la ayuda de nuestro Señor, Don Cristo, Don Salvador, el cual Señor tiene el honor y el cual Señor tiene el poder con el Padre, con el Espíritu Santo en los siglos de los siglos. Háganos Dios Omnipotente hacer tal servicio que delante de Su faz seamos felices. Amén"). Un sentido moderno más exacto sería algo como: "Que Dios omnipotente nos ayude, con nuestro Señor Cristo, el Salvador, honrado y poderoso junto con el Padre y con el Espíritu Santo, por los siglos de los siglos, para que, por nuestras obras, podamos contemplar Su rostro como bienaventurados." *Amen*, préstamo del hebreo, sólo varía en que hoy se acentúa. *Amén*, אָמֵן, alef mem nun, significa "en verdad", con una muy posible relación etimológica con "fe", en el sentido de la confianza en un pacto, en este caso entre Dios y Moisés. El hecho de que pueda haber variantes en la traducción no altera la tesis que se sostiene: la estructura del texto anterior no coincide con la de lo que hoy se llama *español*. Sería, por tanto, teóricamente coherente decir que se trata de otra lengua y no es exagerado suponer que los filólogos del futuro trazarán la divisoria entre el sistema del español y un sistema anterior, llámese como se llame, con posterioridad a estos textos de la Edad Media.

Los hablantes fueron conformando el nuevo sistema del castellano en un territorio de contacto lingüístico, entre hispanorromanos, afrorrománicos y vascos. Por eso algunos estudiosos lo consideran una lengua vascorrománica. Aunque al principio tuviera, como el catalán o el italiano, siete vocales, muy pronto diptongó las *e, o* abiertas (*terra > tierra, porta > puerta*) y fue pasando al sistema actual de cinco, *a, e, i, o, u*. El sistema de cinco vocales es muy común en las lenguas del mundo. El español coincide con el vascuence, pero también con el celta y con el ibérico. La *f-* inicial latina se aspiró y se perdió, quizás porque no existía en vascuence; pero la correspondiente bilabial sorda inicial [p] también se había perdido en celta.

En el léxico hay notables influencias del vascuence. La "mano pecadora" es la *izquierda,* un vasquismo, mientras que la palabra latina original, *siniestro,* se especializó en el sentido moral. *Diestra,* en cambio, continúa el *dextra* del latín. Mio Cid reza al "Señor que estás en lo alto", que es precisamente lo que significa la palabra vascuence para Dios, *Jaungoikoa.* Su hombre de total confianza es *Minaya,* "mi hermano", un híbrido románico (*mi*) - vascuence (*anaya*).

Esos contactos se ampliaron a lo largo de la Edad Media y épocas siguientes. En primer lugar, con los otros romances peninsulares. En toda la Iberorromania se desarrollaron tres grandes variantes del latín, de este a oeste, la catalana, la castellana y la portuguesa. Esta última, en términos históricos, especialmente para la Edad Media, suele denominarse gallego-portuguesa. Junto a ellas existieron otras dos líneas que quedaron truncadas, aunque hayan mantenido formas dialectales hasta hoy. En el este se sitúa el aragonés, entre el catalán y el castellano. En el oeste se encuentra el asturleonés, entre el castellano y el gallego. Habría que incluir otras variedades iberorrománicas como el navarro o el riojano, entre Aragón y Castilla. Estos dialectos latinos tienen interés para la conformación de la lengua que luego sería el español. Es fácil percibir que los hablantes estaban distribuidos en un territorio mucho más amplio que el que servía de base a los primeros castellanohablantes. La consecuencia inmediata es que, desde muy pronto, el castellano se fue extendiendo a esos hablantes que estaban en las márgenes de su territorio. Es un fenómeno interesantísimo, porque Castilla no era entonces el territorio política o económicamente predominante. Lo irá siendo y ese factor añadirá otro prestigio al castellano; pero, desde sus pobres orígenes, hubo algo en la nueva lengua que facilitó la integración de las otras variantes. El castellano fue integrador, podía mantener su propia evolución desde el latín o respetar el grupo consonántico latino. Por ejemplo, la palabra latina *pluuia*, testimonia la evolución castellana de pl- > ʎ (ll) en *lluvia*. Pero se aceptaron otras soluciones del grupo latino pl- inicial de *pluvia*, como la occidental *chubasco*, con [tʃ], o se mantuvo el grupo latino, como en *pluvial*. *Plorar* podía alternar con *llorar*, el polimorfismo era un rasgo constitutivo de la nueva lengua. Lo mismo ocurría con los *préstamos*, las palabras que le llegaban de otras lenguas.

Las alternancias de guerra y paz con los musulmanes andalusíes ampliaron los contactos. En el solar hispano, la casa era un mundo árabe, en su vocabulario, desde el *zaguán* a la *azotea*, pasando por las *alcobas, tabiques, alféizares* y *ajimeces,* las *alfombras, alcatifas, almohadas* que la adornaban o los *albañiles* que la construían. Pero el *jardín* era una palabra francesa, como el *fraile* o la *monja* del monasterio vecino o el nombre de los habitantes del sur de los Pirineos, *español,* que no se aplicó en principio a los castellanos, sino a los aragoneses y catalanes. Y, aunque la Academia lo da como de origen incierto, es posible que el nombre de un postre tan español como el *turrón* sea un catalanismo, porque el dulce que correspondía a esa factura se designaba en el castellano medieval mediante el arabismo *alajú.* Una nota para los defensores de las esencias eternas: el nombre de la flor española por antonomasia, el *clavel,* es un catalanismo. También lo son *cantimplora, capicúa* y *convite,* sin salir de la letra *c,* e igualmente lo es el nombre de las antiguas *pesetas.* El catalán, además, sirvió de paso para la llegada de provenzalismos (como *burdel*), más próximos, o italianismos (*artesano, balance, escandallo, esquife, faena, forajido, lustre, motejar*), como nos enseñó Germán Colón.

El Camino de Santiago y la facilidad de comunicación causaron que muchos peregrinos no regresaran a sus lugares de origen. Algunos de ellos eran personas cultas que siguieron en Castilla como notarios o escribanos. Introdujeron sus rasgos franceses o provenzales en textos jurídicos, como el *Fuero de Avilés* o literarios, como el *Auto de los Reyes Magos.* A partir del siglo XI la influencia francesa fue mucho más clara. Se puede ver esa influencia en dos aspectos relevantes. Por un lado, en el cambio de rito de la iglesia católica, que abandonó el rito visigodo o mozárabe. Por otro, en el cambio de letra de los escritos. La escritura visigótica fue sustituida por la escritura carolina. A medio plazo, eso causó que muchos manuscritos se fueran perdiendo, bien porque se copiaran con la nueva letra, bien porque dejaran de leerse, al perderse la capacidad de leer la letra antigua visigótica. Ramón Menéndez Pidal y Rafael Lapesa apuntaron a influencia francesa, concomitante con una tendencia interna, en la pérdida de la vocal final o *apócope*. La apócope se extendió entre los siglos XII y XIV. Influyó en alteraciones del sistema pronominal átono, como el *leísmo,* pues *lo,* acusativo, y *le,* dativo, confluyeron en *-l: dixol* era tanto *díjolo* 'lo dijo' como *díjole* 'le dijo'.

La estrecha interacción con Italia o con los Países Bajos también tuvo influencia en el medioevo y después. Desde muy pronto existió una gran relación con Inglaterra, a la que se exportaba la lana que constituía una gran riqueza castellana. Al parecer los anglicismos más antiguos son los nombres de los puntos cardinales, quizás a través del francés, donde se documentan ya en el siglo XII: *norte, sur/d, (l) este, oeste.* Desde *canoa,* que parece ser la palabra americana que se introdujo antes en español, hasta *chévere,* las antiguas Indias han suministrado muchos indigenismos, algunos locales, otros muchos de pleno uso en la lengua cotidiana: *chocolate, tomate, aguacate, cacao, petate, tabaco, tapioca, loro.* A partir del siglo XVI la expansión del español por el mundo, en el que gran parte de Europa era de dominio español, igual que parte del norte de África o de Asia (Filipinas, Marianas) o las Indias, hizo de él una lengua internacional. La lista de indoamericanismos introducidos en las lenguas europeas, incluido el latín, desde el español, a través de las traducciones de obras españolas de botánica médica a la lengua latina, al italiano y al francés es muy amplia. Incluye, sin ser exhaustiva, junto a las palabras del vocabulario común, general o regional, términos menos corrientes como *aiotochtli, ají (axí), anime, copal, copalcahuiel, guayaca(ta)n, guayaquil, mechoacan, molle* (del Perú), *ocoçol, picielt* (nombre indio de la planta renombrada *tabaco* por los españoles), *quimbaya* (raíz), *tacama(ha)c(h)a, toçot-guebit* o *xelocopal(l)i.* Junto al procedimiento del préstamo se dan otros mecanismos, como el que retraduce las interpretaciones españolas equiparándolas a veces a plantas conocidas por los botánicos clásicos. Junto a *cataputia* o *cherua* se usa *higo del infierno,* que se traduce a otras lenguas, como el italiano *fico dell'inferno.* El nombre en la lengua de traducción puede ser sencilla equivalencia, adaptación o retraducción de la traducción española. Otras veces es normal que aparezca también el término indoamericano originario: *liquidambar, ocozab.*

El castellano medieval resultaría, para un hablante de español actual, mucho más parecido al portugués de Brasil que a su español moderno: contaba con una abundante cantidad de sonidos palatales y sibilantes, africados y fricativos, sordos y sonoros. Todo ello se redujo a partir de finales del siglo XV, sobre todo en Andalucía, Canarias y América, donde sólo quedan el sonido sibilante [s] ([kása] para *casa* y para *caza*), las palatales [tʃ] *mucho,* [y] *cayó*, en algunas regiones también [ʎ] *calló*. En castellano medieval no existía el sonido jota [x] actual de *caja*, resultado de la neutralización de dos fonemas palatales medievales: [ʃ] *dixo,* [ʒ] *fijo* 'hijo', consolidado entre los siglos XVI y XVII, según las regiones.

4. La periodización

El concepto de *periodización* parece inherente a los estudios historiográficos, en los cuales se dividen las parcelas cronológicas en distintos sectores, con criterios bien procedentes de acontecimientos o hechos externos, bien rastreables en el objeto mismo. Cuando se analiza la contribución de los investigadores españoles, un rasgo destaca sobre el conjunto: la similitud de las divisiones, sean cuales fueren los criterios, y el entrecruce de argumentos. Es decir, las épocas en que se divide la historia de la lengua española son más o menos las mismas y los autores manejan habitualmente criterios mixtos, por lo cual resulta complejo buscar líneas puras metodológicas. La razón se encuentra en la tradición humanística española, que mantuvo unidas durante mucho tiempo la lengua y la literatura en la enseñanza y que ha producido, en el campo de la historia de la lengua, excelentes investigadores de la historia de la literatura como, por ejemplo, Ramón Menéndez Pidal, Américo Castro, Dámaso Alonso, Rafael Lapesa, Alonso Zamora Vicente, Diego Catalán, Emilio Alarcos o Manuel Alvar.

Cuando se habla de una distribución cronológica basada en acontecimientos externos al objeto de estudio, como la invasión de la Península Ibérica por los árabes y musulmanes, el 711 d.J.C., para fijar un período lingüístico inicial o protorrománico, se usa un *criterio externo* de periodización. Cuando, por el contrario, se fija la mirada en un proceso del propio objeto, la lengua en este caso, como la desfonologización de la oposición sorda/sonora en el sistema de sibilantes y palatales del castellano del s. XV, transición entre la lengua medieval y la moderna, se utiliza un *criterio interno* de periodización, un criterio lingüístico, ahora, puesto que se hace historia de la lengua.

La noción de *periodización* no es, por esta doble vertiente, lingüística y cultural, inofensiva o inocua, sino que deja traslucir una ideología. Si se construye la historia de la lengua con criterios externos, de tipo socio-histórico, se hablará de *sociedad feudal, revolución burguesa, sociedad capitalista.* Si, en cambio, se elabora con criterios de planificación lingüística se hablará de etapas de *reforma* y *modernización* de la lengua, o de reformas *oficiales* y *espontáneas,* entre otras posibilidades. Ambos criterios no están necesariamente reñidos: la reforma actual del español contemporáneo puede mostrar una cara distinta en países como Cuba o Nicaragua, o en Colombia y la República Argentina, o en los mismos Estados Unidos, que propugnan modelos distintos de sociedad.

Al hablar de la lengua española castellana, los criterios externos, no lingüísticos, pueden dividirse en tres grupos: históricos, histórico-literarios e histórico-sociales.

El criterio *histórico* busca la coincidencia de las etapas de la lengua con las grandes etapas establecidas en la periodización de la historia de España: (1) *castellano medieval,* hasta 1492, fecha de la conquista de Granada y el descubrimiento de América, (2) *español de los siglos de oro,* desde 1492 hasta 1700, inicio de la guerra de sucesión y fin de la casa de Habsburgo (los Austrias), (3) *español moderno,* desde 1700 hasta 1898, pérdida de los últimos territorios de ultramar, Cuba y Puerto Rico en América, Filipinas y Marianas en Asia, y (4) *español contemporáneo,* desde 1898 hasta hoy.

El criterio *histórico literario* establece las transiciones entre unas y otras épocas según las grandes etapas de la creación artística y los movimientos literarios. De acuerdo con él tendríamos una *época medieval, (hasta Celestina,* 1499), *renacentista* (siglo XVI), *barroca* (siglo XVII), *neoclásica* (siglo XVIII), *romántica* (siglo XIX), *realista-naturalista* (desde finales del siglo XIX hasta 1970) y *post-modernidad* (desde *La condición posmoderna,* 1970, hasta hoy).

El criterio *histórico-social* depende de los acontecimientos históricos culturales y no de los guerreros o dinásticos como el histórico recogido anteriormente. El *español medieval* llegaría hasta el descubrimiento de América (1492); luego vendría el *español clásico,* es decir, el momento en el que se plasma un ideal de lengua histórico artístico, en los siglos XVI y XVII. Desde el triunfo de la dinastía borbónica (1713), con el influjo francés y la fundación de las Reales Academias, se habla del *español neoclásico* o de la *Ilustración,* tras el cual se entra en el *español moderno,* hasta 1955, del que puede desgajarse, como última etapa, el *español contemporáneo,* hasta hoy. La popularización de la radio de transistores, más pequeña y transportable, precisamente en los años 50, puede usarse como anécdota que marque el eje temporal cultural de la diferenciación. La presencia de la radio se amplió en todas partes.

Nótese, una vez más, la posibilidad de introducir otras variantes; se podría hablar del *español de la sociedad feudal,* desde entonces hasta la revolución burguesa, y desde ésta hasta la *sociedad neocapitalista,* con un excurso para estudiar las posibles diferencias lingüísticas entre los países hispánicos con diferentes regímenes políticos y formas de gobierno. Los análisis sociológicos que permitirían este tratamiento no están igualmente desarrollados para todas las áreas: son suficientes para España, pero no para todo el complejo mundo hispanoamericano.

En lo que se refiere a los *criterios internos* de la periodización, podrían considerarse los *Orígenes del Español* de Ramón Menéndez Pidal como el primer intento científico de dividir la historia de la lengua en períodos según un criterio interno. Se pueden seguir varios tipos de criterios internos, empezando por el de Menéndez Pidal, el *documental*, al que pueden añadirse el *fonemático* y el de *planificación lingüística*.

El criterio *documental* se basa en los datos que ofrecen los textos o documentos escritos, al analizarlos lingüísticamente. Se trata, por tanto, de un criterio *gráfico*. Gracias a él se puede hablar de una etapa de documentación en latín, con más o menos elementos románicos, desde el siglo IX hasta el siglo XIII, dividida en época de *orígenes,* hasta el s. XI, época de *relatinización,* en el XI–XII, y época de *castellanismo creciente,* en los ss. XII–XIII. A partir de h.1250 la documentación real está escrita en castellano, dentro de un sistema gráfico que se llama *alfonsí*, mantenido en sus rasgos esenciales de manera espontánea hasta fines del siglo XV y, por presión escolar, de modo artificial hasta 1726. Desde 1726 hasta 1817 se encuentran textos con un sistema gráfico *académico,* y desde 1815–17 hasta hoy el sistema gráfico actual, que ha sufrido muy escasas variaciones. Este criterio permite, en consecuencia, fechar los textos de acuerdo con su sistema gráfico: >f-< inicial mantenida hasta 1520, luego >h-< como forma general; >ç< hasta 1726; >-ss-< hasta 1763; >x< con valor de 'jota' (fricativa velar sorda) hasta 1815–17 (con restos en >México, mexicano, Texas, texano< que deben leerse con jota "méjico, tejas"), entre otros ejemplos.

El criterio *fonemático* se desarrolló a partir de las enseñanzas de Rafael Lapesa en la Universidad Complutense, basadas a su vez en los estudios de Menéndez Pidal y los comentarios de Américo Castro en el primer tercio del siglo XX. Combina aspectos del documental (la dependencia de las grafías, como índices) con criterios funcionales: tesis de A. Martinet y enfoque metodológico de la *Fonología Española* de E. Alarcos. Este criterio permite establecer cinco períodos: 1) *prealfonsí,* hasta 1250; 2) *alfonsí,* con la codificación del escritorio real, por relativa que ésta sea; 3) *clásico,* desde 1499 hasta 1726; 4) de *fijación académica,* de 1726 a 1815–17, y 5) *contemporáneo,* desde esta última fecha, división que refleja la progresiva adecuación de la grafía a los tres sistemas fonológicos: prealfonsí, alfonsí y clásico, que llega hasta hoy con muy leves variantes.

El criterio de *planificación lingüística* corresponde a la visión de la historia de la lengua como resultado de una serie de reformas y modernizaciones. Tal vez no sea un criterio puramente interno, puesto que, según él, las reformas lingüísticas se presentan siempre movidas por una voluntad política de acción sobre la lengua; en todo caso, no es tampoco propiamente externo, pues no depende, en su fin, de un objeto que no sea la propia lengua, aunque las fuerzas que actúen no sean lingüísticas. Con este criterio se divide la historia de la lengua española en épocas separadas por cuatro *reformas:* la *alfonsí* (h. 1250), la *humanística* (segunda mitad del s. XV), la *académica* (1714) y la *contemporánea,* que se desarrolla sobre todo a partir de 1965.

5. Los procesos de reforma y modernización

El español es una lengua que, a lo largo de su historia, ha sufrido varias y grandes reformas, a pesar de la aparente continuidad de sus recursos y del espejismo que causa su grafía (casi) fonológica, que es resultado de esas reformas. Alguna de las mismas coincide con una de las grandes etapas de la formación del español, lo cual no tiene nada de extraño. Es natural que los momentos de mayor preocupación por la lengua se manifiesten tanto teórica como prácticamente: en la voluntad del cambio y en la realización del mismo, respectivamente, sin confundir la evolución de la lengua, un proceso natural, con la reforma de la misma, resultado de una acción programada.

El español ha sido reformado, intencionalmente, en cuatro grandes momentos o periodos: en el siglo XIII con el Rey Alfonso X el Sabio; en el siglo XVI, con el triunfo cesáreo de la idea de lengua vulgar imperial y universal; en el siglo XVIII, con la creación de la Real Academia Española (1713), la publicación del *Diccionario de Autoridades* (1726–39) y el intento relativamente fracasado de enciclopedismo y racionalismo de Luzán, Jovellanos o Feijoo, y en el siglo XX, especialmente desde 1965, con la renovación de las instituciones académicas con la creación de la Asociación de Academias de la Lengua Española (ASALE) o la imprescindible preocupación generalizada por la adaptación de tecnicismos, vital para la cohesión del mundo hispanohablante y por ello relacionada, aunque sea parcialmente, con el viejo tema de la pureza lingüística y con el más moderno de la *norma hispánica,* explícito desde los trabajos de Ángel Rosenblat a partir de 1967. El problema de los tecnicismos repercute en la actividad de instituciones especiales, tal la Comisión de Vocabulario Técnico de las Academias, resultado del III Congreso de Academias (Bogotá, 1960, resolución XX), para resolver problemas ya planteados por Marañón en Madrid, en 1956 (II Congreso), la Comisión Permanente de la Asociación de Academias de la Lengua Española, o en el sector público: Oficina Internacional de Información y Observación del Español, OFINES, en el Instituto de Cultura Hispánica, de tan importante labor y tradición, englobado después en el Instituto de Cooperación Iberoamericana y, por último, en el sector privado, con los comités para la corrección de la lengua de la publicidad o empresas específicas preocupadas por un léxico particular, desde muy pronto, como prueba el diccionario de términos computacionales de I.B.M. (1972), las grandes agencias de noticias y los diarios españoles y latinoamericanos con sus "libros de estilo". A ello hay que sumar la intención de coordinar la enseñanza de la cultura española y las lenguas de España en el exterior, con el Instituto Cervantes, que se une a la valoración de la lengua como activo económico.

Puede resumirse, por tanto, la consideración histórica, diciendo que en el español hay, a lo largo del tiempo, una costumbre de reforma, en cierto modo periódica: cada dos o tres siglos la lengua sufre una modernización suficientemente profunda como para marcar una diferencia entre el periodo anterior y el siguiente, si bien, de modo en cierto sentido paradójico, la última gran reforma específica parece ser la del XVIII, mientras que la voluntad de reforma del siglo XX, probablemente por las dificultades históricas internas, puede ser algo nacido a partir de la segunda guerra mundial, hacia 1950, y concretado, por ahora, en realizaciones esporádicas, aunque no sin importancia. Podría pensarse por ello en una situación paralela, si bien intrínsecamente muy distinta, a la del siglo XVI en relación con el XIII; en efecto, en los siglos XIII y XVIII se formularon lo que se podría llamar «reglamentaciones específicas de la reforma»: el propio rey Alfonso, en el primer caso, intervino directamente en la misma y señaló de puño y letra *(él por sí se)* los reflejos en los textos de sus directrices fundamentales, mientras que Felipe V no estuvo lejos, en el segundo, de la acción de la Real Academia Española, cuyas sanciones aceptó, hasta el punto de hacer su ortografía obligatoria en la imprenta, su diccionario oficial —hasta hoy válido como referencia en los tribunales de justicia, por ejemplo— y su gramática texto normativo y obligatorio en la escuela. Así, las reformas del XIII y del XVIII son institucionales, de la escuela real, el escritorio alfonsí, o la célebre Escuela de Traductores de Toledo, en el primer caso, y de la Real Academia Española, en el segundo. La mentalidad reformista del XVI arrancó, en cambio, de la comprensión de la cultura humanística como objeto de la norma de la escuela. La preocupación colectiva se plasmó en obras individuales, desde Nebrija a Pedro Simón Abril o Luis Vives. Los intentos individuales de reforma llegaron a diferentes resultados; pero, en general, el individuo no triunfa. De ellos son testimonio obras como la *Ortografía Kastellana, nueva y perfeta* de Gonzalo Correas (Salamanca, 1630), epígono tardío de la idea renovadora del XVI, que se prolongó en los movimientos barrocos del XVII. Culteranismo y conceptismo fueron fundamentales para la ampliación del léxico culto. En los siglos XIX y XX fracasaron igualmente los intentos reformistas, iniciados de manera individual por reformas como la ortográfica de Andres Bello y después la de Juan Ramon Jimenez, mucho más modestas que la de Correas. Tampoco han logrado mejor suerte —dicho sea de paso— iniciativas colectivas aisladas, como la propuesta de la academia cubana, en 1960, al III Congreso de Academias, para simplificar la ortografía, dejada en suspenso, o la de Filipinas, en 1964 en el IV Congreso, sobre el empleo de símbolos fonéticos, aceptada sólo como solución didáctica *in extremis* y con serias advertencias. Estos intentos vanos de individuos o grupos aislados no impiden que, en cambio, la colectividad imponga sus normas, y fruto de ello es el paso del castellano medieval al español clásico, o el desarrollo del español actual, con su exuberante floración literaria en el siglo XX.

El carácter colectivo de la preocupación por la lengua y su reforma hace que los escritores y científicos estén en pleno centro de los movimientos señalados. A ello, en el caso del español, cabe sumar la acción de los que podrían llamarse «políticos» u «hombres de estado». En las cuatro reformas ha habido motivos por los cuales el Estado ha sido una o parte de las causas de la reforma: en el siglo XIII porque quien la impulsa es el propio rey, literato y científico, centro de estas actividades, receptor, adaptador y transmisor de la vital influencia árabe en Europa; en el siglo XVI porque el *leit-motiv* es la lengua como compañera del Imperio, lo cual se vincula a la misión transcendente de difundir el mensaje cristiano en las tierras americanas recientemente descubiertas. Todo esto se une a una floración literaria excelente (el Siglo de Oro) y, políticamente, se sitúa en la organización de la Corona por el Emperador y su hijo Felipe II. En el siglo XVIII, aunque hubiera oposición entre las fuerzas actuantes, no cabe olvidar que el rey es el primer respaldo de la Academia, a la que pertenecen notables políticos, literatos o científicos al mismo tiempo. También hay que tener en cuenta que, dentro y fuera de la Academia, la influencia enciclopedista y racionalista, vinculada a los aires franceses de los Borbones, dio una orientación distinta a la vida intelectual española, relegando lo correspondiente a la dinastía anterior, de los Austrias y tratando de introducir criterios y modos ajenos a la tradición cultural española.

La reforma del siglo XVIII, que es una reforma técnica fundamental, fue obra, principalmente, de la Real Academia Española, en la que se hizo abundante acopio de conocimientos lingüísticos. Recuérdense igualmente la postura abierta de Jovellanos o el empeño depurador del léxico del padre Feijoo, abriendo también la puerta a las innovaciones necesarias. La Academia reformó la Ortografía en 1726, 1741, 1763 y, finalmente, 1815, que es la que, con pequeñas modificaciones, rige hoy; reformó el estudio gramatical con su Gramática, cuya cuarta edición, de 1796, se mantuvo en lo fundamental hasta 1918–20 y elaboró el excelente *Diccionario de Autoridades* (6 vols., 1726–39) en un tiempo *récord*.

En el siglo XX, por último, el desarrollo de la noción de Hispanidad, a partir de las ideas de Ramiro de Maeztu, la conciencia del peligro de fragmentación lingüística, presente en Miguel de Unamuno o Dámaso Alonso, y la coincidencia en la praxis americana de los distintos regímenes españoles, con autoritarismo, o con la unión de las democracias formales hispanohablantes, hicieron que el problema de la lengua fuera central. A ello se sumó la la participación de políticos, literatos y científicos vinculados al bando republicano, en el exilio posterior a la guerra civil española (1936–1939). El exilio español fue de gran repercusión en el desarrollo de las culturas americanas, como es notorio y reconocido.

Los lingüistas también han participado de la reforma que se lleva a cabo desde 1965: además de la Real Academia, el Centro de Estudios históricos inició, antes de la guerra, algunas obras que quedaron interrumpidas o vieron la luz años después, a veces de forma incompleta, en el Consejo Superior de Investigaciones Científicas, como el *Atlas Lingüístico de la Península Ibérica* (ALPI), o el *Tesoro Lexicográfico*. La Oficina Internacional del Español (OFINES) editó la revista *Español Actual*.

Sin embargo, no cabe duda de que en el planteamiento del siglo XX primaron los aspectos técnicos, de lo que son buena muestra los trabajos de académicos como Rafael Lapesa, Manuel Seco o Ignacio Bosque, los diccionarios técnicos o específicos de préstamos lingüísticos y otras obras, como la recuperación del patrimonio lexicográfico por Manuel Alvar Ezquerra. Oficialmente, es la Comisión Permanente de las Academias, desde 1965, la que ha ido levantando acta de la evolución y reforma de la lengua, sin que haya institución encargada de la guía coercitiva del idioma, pues este concepto normativo no parece tener fuerza, en esta época, para las grandes lenguas de cultura.

En general, el papel de los medios de masas en esta *reforma y modernización consciente* de la lengua ha sido nulo en España. Es cierto que, inconscientemente, son la vía por donde han penetrado en el español elementos léxicos nuevos y se han generalizado construcciones sintácticas innovadoras; pero ese carácter inconsciente es culpable, en buena parte, de crear confusión, más que orientación. Podría decirse, por ejemplo, en lo que concierne a la prensa, y ello tanto en España como en América (y en general, repetimos), que, salvo excepciones muy concretas, ha prestado más atención a polémicas y discusiones de gramáticos que a una labor de modernización oportuna y dirigida de la lengua. La radio y la televisión se han hecho eco de estas cuestiones de modo esporádico. Internet, en cambio, es muchísimo más activo, sobre todo por la proliferación de blogs y páginas individuales o de varios centros muchas veces de enseñanza secundaria, con presencia explícita de la norma. El Instituto Cervantes, la institución encargada de difundir en el mundo las lenguas y la cultura españolas, tiene una amplia cobertura electrónica; pero las estadísticas dicen que el portal de la Real Academia Española es el mayor receptor de consultas sobre el español. Sin embargo, ni con la *Nueva Gramática* ni con la *Ortografía* la Academia se ha planteado su función normativa ni una reforma profunda. Se ha impuesto lo descriptivo.

América, sin embargo, arroja algunas diferencias en relación con España. Son varias las disposiciones legales, leyes de defensa del idioma, de noticias como la de que el municipio de Montevideo tiene una disposición por la cual se examinan lingüísticamente (no sabemos cómo) los carteles y signos externos; pero además hay que tener en cuenta la distinta tradición periodística hispanoamericana, aunque periódicos españoles, como *La Vanguardia* de Barcelona, pudieran alinearse con los americanos. En realidad, referirse a lo que fueron la sección de Arturo Capdevila en *La Prensa* de Buenos Aires o de Luis Flórez en *El Tiempo* de Bogotá, no corresponde a una labor continua y meditada de uso reformador de la prensa, sino a actuaciones individuales. Más directa fue la acción de la Academia Venezolana, con su corrección de expresiones usuales por medio de su hoja periódica: *La limpieza de la lengua,* o el *Boletín* de la Academia Colombiana, bimensual. Esta última institución es legalmente activa y orientadora, como cuerpo consultivo del gobierno en las materias de su competencia, lo cual, dicho sea de paso, es bastante más que el triste papel que los políticos permitieron a la Española en la discusión del propio nombre de la lengua en la Constitución. Por la vía consultiva de los colombianos, que dista mucho de ser general, podría llevarse a cabo la labor necesaria de reforma y modernización continuas de la lengua. Vale la pena notar, para los planificadores del lenguaje, que el español dispone de los instrumentos de posible aplicación, faltan la coordinación y el impulso político que los emplee: es un problema de decisión, no de infraestructura.

6. Tabla de la relación entre historia lingüística y cultural hasta 1492

Fecha	Lengua	Cultura	Historia
h. 1 500 000 a.JC. h. 1 250 000 a.JC.	Es posible que estos homínidos no tuvieran lenguaje articulado.	Paleolítico inferior.	Primer poblamiento peninsular. Extinto.
h. 900 000 a.JC.		Paleolítico Inferior.	Segundo poblamiento peninsular. Extinto.
h. 730 000 a.JC. y siglos posteriores.	Los neandertales pudieron tener un lenguaje articulado combinado con signos. Se desconocen las lenguas que pudieran hablar los primeros hombres modernos en la Península.	Uso del fuego en Europa.	Neandertales en la Península desde entonces. Hombre moderno en la Península desde 42000 a.JC.

Fecha	Lengua	Cultura	Historia
6 000 a.JC.	Se desconocen las lenguas que pudieran hablar los primeros pobladores ni los inmigrantes posteriores.	Neolítico. Inicio de cultura agrícola.	Primeras sociedades proto-urbanas. Inmigraciones de pueblos agrícolas desde Turquía por Cerdeña.
3 500–2 200 a. JC.	Ibero y probablemente otras lenguas. Se ha podido estudiar la escritura; pero no se puede traducir.	Inicio del Calcolítico.	Inicio Edad del Bronce. Posible establecimiento de los iberos.
2 200 a. JC.	Continuidad de las lenguas anteriores, posible aparición de lenguas precélticas o paracélticas, con *p*-inicial conservada.	Calcolítico establecido.	Edad del Bronce. Posible ingreso de hablantes de lenguas precélticas o paracélticas.
Finales siglo X a. JC.	Celta continental. No se ha conservado ninguna lengua de este grupo.	Desarrollada. Hierro. Arte. Escritura.	Edad del Hierro. Ingreso e inicio del establecimiento de los celtas.
Finales siglo X–II a.JC.	Fenicio-púnico. Alfabeto consonántico. Muy breves textos escritos.	Desarrollada. Hierro. Arte. Escritura	Colonización fenicia. Costa mediterránea, de Huelva a Barcelona.
Siglos VIII–VI a.JC.	No hay interpretación de esta lengua.	Desarrollada. Hierro. Arte. Escritura.	Tartessos.
h. 575 a.JC.	Griega. Alfabeto fenicio ampliado con vocales.	Desarrollada. Hierro. Arte. Escritura.	Emporion (Ampurias, Gerona). Primera colonia griega.
s. IV a.JC.	Fenicio-púnico. Muestra escrita muy escasa.	Continuación de la cultura fenicia.	Ampliación de la colonización fenicia por los cartagineses.

Fecha	Lengua	Cultura	Historia
218 a.JC.	Introducción del latín y elementos de otras lenguas itálicas, como el osco-umbro.	Latina.	Inicio de la colonización romana.
411 d. JC.	Latín, elementos germanos y quizás iranios (alanos).	Germánico-latina. Los restos de vándalos y alanos continúan a África.	Ingreso de suevos, vándalos y alanos.
415	Latín, elementos germanos. Pizarras visigodas. Inicio de la documentación de cambios del latín hispano.	Germánico-latina.	Inicio de las incursiones de los visigodos.
Final s. V–s. VI	Vascuence o euskera sobre el latín y el celta de las zonas de Navarra, País Vasco, la Rioja, norte de Burgos.	Vasco-aquitana, toma el nombre e integra la cultura de los vascones, celtas.	Establecimiento de los hablantes de euskera desde Aquitania (Francia).
552–626	Latín como lengua administrativa, elementos helénicos.	Latina-helénica. Tras la expulsión de la Península en 616 permanecieron en Ceuta y Baleares.	Conquista bizantina de zonas orientales de la Península, Ceuta e Islas Baleares.
711	Árabe, árabe andalusí, afrorrománico, bereber, romance andalusí, latín.	Islamización, arabización. Nuevo modelo cultural andalusí.	Invasión árabo-musulmana.
718	Latín hispanorromano.	Cultura latina visigótica.	Inicio de la Reconquista cristiana.
739–743	Los bereberes todavía no estaban arabizados. Probable bilingüismo bereber y afrorrománico.	Revueltas étnicas y religiosas islámicas.	Revuelta bereber en el Magreb y Al-Andalús contra el califato de Damasco.

Fecha	Lengua	Cultura	Historia
756–929	La llegada de sirios y yemeníes refuerza la arabización de Al-Andalús.	Arabización de Al-Andalús. Mezquita de Córdoba.	Emirato omeya en Córdoba.
h. 840	El latín se mantuvo como lengua escrita y de cultura. Existencia de romances que evolucionarán a gallego y astur-leonés.	El rey de Oviedo Alfonso II El Casto ordena la construcción de una iglesia.	Descubrimiento de la tumba atribuida al apóstol Santiago en Compostela (Galicia).
899	Latín como lengua de cultura. Astur-leonés. Gallego. Es razonable pensar que los bereberes del Duero habrían hispanizado su bilingüismo inicial.	Nueva catedral en Compostela. Santiago de Compostela centro espiritual cristiano. Los bereberes de origen afrorrománico del Duero pasan a depender de León.	Alfonso III El Magno. La frontera se amplía al río Duero.
912	Inicio de un castellano en variantes dialectales. Ejemplos de vascuence.	Fin s. X. Glosas Emilianenses.	Condado de Castilla.
929–1031	La arabización se ha generalizado incluso entre los cristianos mozárabes. Pervive el romance andalusí.	Arte califal: Mezquita de Córdoba, Ciudad de Madina al-Zahrà, Mezquita de Toledo (Cristo de la Luz). Textos religiosos cristianos en árabe.	Califato de Córdoba.
1031–1085	En la escritura predomina el árabe clásico; pero aparecen el andalusí y el romance andalusí.	Gran desarrollo de la cultura andalusí: poesía, astronomía, matemáticas, arquitectura.	Primeros reinos de Taifas. El califato se divide en más de veinte reinos.

Fecha	Lengua	Cultura	Historia
1085	Plurilingüismo. El latín se refuerza en la lengua escrita. Diversos romances hispanos. Árabe andalusí de los mozárabes toledanos. En los reinos cristianos la poesía épica se canta en castellano: *Cantar de Mio Cid,* h. 1150.	Primera Escuela de Traductores de Toledo. Traducciones al latín. Fuerte influjo cultural francés. Sustitución progresiva de la escritura visigótica por la carolina.	Alfonso VI. Rey de Castilla y León, conquista Toledo. La frontera se sitúa en el río Tajo. Conquista castellana de Valencia, por el Cid Campeador (1094).
1086	Árabe. Escritura de poemas en árabe andalusí, con algunos ejemplos en romance andalusí hasta el siglo XIV. Destaca el poeta Ibn Quzmán (1087–1160).	Arte almorávide. Castillo de Monteagudo (Murcia).	Desembarco almorávide en Hispania. En 1101 recuperan Valencia.
1154–1212	Desarrollo de la poesía en árabe. Importancia de Granada y de la poesía escrita por mujeres.	Arte almohade. Mezquita de Sevilla. Se conserva el alminar, la Giralda.	Los almohades inician la ocupación de Al-Andalús tras las derrotas infligidas por los cristianos a los almorávides y los segundos reinos de Taifas.
1212	El gallego es la lengua de la poesía lírica cristiana. Poesía épica en castellano.	Incremento de la literatura en castellano y otros romances. Continuación de la canción de gesta. Creación y desarrollo del *mester de clerecía*.	Batalla de las Navas de Tolosa. Derrota de los almohades por un ejército cristiano de varios reinos. Desde ese momento los cristianos son la fuerza dominante en Hispania.

Fecha	Lengua	Cultura	Historia
1248	Los documentos escritos en latín registran más apariciones de elementos romances.	El rey Fernando hace explícito en su sepulcro (1252) su proyecto de integración de cristianos, moros y judíos.	Fernando III El Santo reconquista Sevilla y consolida la frontera del Guadalquivir. Los aragoneses conquistan Valencia.
1252–1284	Primera gran reforma de la lengua. Escritura fonológica. Las traducciones del escritorio real se hacen al castellano.	Segunda Escuela de Traductores de Toledo.	Reinado de Alfonso X el Sabio.
h. 1250	Árabe clásico y andalusí.	Construcción del palacio y muralla de la Alhambra. Los "poetas funcionarios". Conservadurismo. Destaca Ibn Zamrak (1333–1393).	Emirato de Granada (fundado en 1238).
1344	Castellano. Variantes de judíos y musulmanes. Literatura aljamiada: *Coplas de Yoçef,* caracteres hebreos; *Poema de Yuçuf,* caracteres árabes.	Fin de los géneros literarios del siglo XIII y gran desarrollo literario: *Libro de Buen Amor, Rimado de Palacio.*	Alfonso XI de Castilla conquista Algeciras y corta las comunicaciones de los musulmanes andalusíes con el norte de África.
1356	El castellano se consolida. Recupera las vocales finales, salvo la *-e,* que se pierde definitivamente tras las consonantes que quedan como finales: *l, m, n, s, d, z, x.*	Derribo de tres palacios almohades del Alcázar de Sevilla, afectados por el terremoto y construcción del palacio mudéjar.	Reinado de Pedro I en Castilla. Gran terremoto en Sevilla.

Fecha	Lengua	Cultura	Historia
s. XV	Castellano y latín. Fuerte influjo de la lengua latina sobre el castellano en léxico y sintaxis.	Humanismo incipiente, recuperación de la cultura clásica. Traducciones. Teatro a finales del siglo.	Gobierno de la Casa de Trastámara en Castilla, Aragón, Navarra y Nápoles.
1469	Aragonés. Castellano. Gran desarrollo del aragonés escrito e influjo sobre el castellano.	Desarrollo del humanismo. Transición del gótico al renacimiento.	Matrimonio de Fernando de Aragón e Isabel de Castilla, los Reyes Católicos. Unidad de España.
1492	El castellano pasa a ser el español y se constituye como lengua internacional. Los judíos expulsados llevan su español, *ladino,* por el Mediterráneo. Se inicia el contacto con las lenguas indígenas de América.	Gramática castellana de Nebrija. Esta obra es simbólica; pero no tuvo importancia. Diccionarios latino-español y español-latino de Nebrija.	Toma de Granada. Expulsión de los judíos. Descubrimiento de América.

7. Notas prácticas para ejercicios de lingüística histórica

Sin más intención que la de mostrar cómo va cambiando el empleo de los signos gráficos, se recogen a continuación algunos textos de distintas épocas, anteriores a la gran reforma académica del siglo XVIII.

Texto A

El más antiguo es un documento de León, de hacia 980, muy romanzado; se trata de la lista de quesos gastados por el despensero del convento de San Justo y Pastor, en Rozuela:

Nodicia de / [2] kesos que / [3] espisit fr*ater* / [4] Semeno jn labore / [5] de fr*atres:* jnilo ba/[6] celare /7 de cirka *Sancte* Jus/ [8] te, kesos. U.; jnilo / [9] alio de apate, / [10]. II. kesos; en que / [11]

puseron ogano, / [12] kesos. IIII.; jnilo / [13] de Kastrelo. I.; / [14] jnila uinia majore, / [15]. II.; / [16] que lebaron enfosado, / [17]. II. adila tore; / 18 que [le]baron aCegia, / [19]. II. Quando la talia/ [20] ron; ila mesa, .II.; que / [21] lebaron aLejone .I./ [22] ... n / [23] a... re ... / [24] que ... / [25–28] ... / [29] ga uane ece; alio ke le/ [30]ba de soprino de Gomi / [31] de do ... a ...; .IIII. quespi/ [32] seron quando jlo rege / [33] uenit ad Rocola; /[34]. I. qua salbatore jbi / [35] uenit.

Además de las confusiones de *j, i, u, v,* la abundante grafía de *k,* la falta de *ch* y *f,* o el uso de *l* en *lebaron* ('llevaron'), donde parece probable pensar que había una palatal (pero donde puede influir el poso de latinismo del texto), hay que advertir la falta de distinción de *b / v,* que no hay grafías de -*ss*- y que es posible que la *c* tenga valor de representación de la africada predorsodentoalveolar sonora, *z* [dz]: *Rocola* está por *Rozola,* es decir, 'Rozuela'. *Cegia* por *Cea* parece mostrar una etapa *Ceya,* y la conservación de la palatal se observa también en *Lejone* (de Legione) 'León'. Bacelare es hoy *bacillar,* una viña nueva. *Llevar en fosado* es dar como tributo (*fonsado*) a la hueste que defiende el territorio de los ataques moros. *Jlo rege* es 'el rey'. (No se ha transcrito la *s alta,* ſ, por comodidad tipográfica: se encuentra en todas las posiciones en que aparece *s minúscula* en la transcripción.)

Texto B

El *Cantar de Mio Cid,* compuesto a mediados del siglo XII, posiblemente la obra más representativa de la Castilla medieval, se conserva en un manuscrito del siglo XIV que copia una copia de 1207. Se trata por tanto de una copia de una copia, lo que implica que hay bastantes alteraciones gráficas.

El sistema gráfico es un compromiso entre el texto antiguo, que no se regía por la norma que luego se llamó *alfonsí,* es decir, la del escritorio real de Castilla de la segunda mitad del siglo XIII, y una copia posterior a esa norma, a la que tampoco se ajusta enteramente. La consecuencia de esta incoherencia es que nos encontramos a veces con grafías cuya lectura es idiosincrática. En general, sin embargo, no es difícil reproducir una pronunciación medieval del romance del texto, siguiendo ciertas pautas fonológicas, es decir, no de sonidos, sino de clases o categorías de sonidos.

Vocales

El sistema vocálico era diferente del actual. En lugar de cinco timbres vocálicos tónicos tenía siete, con dos fonemas abiertos /ɛ/, é abierta y /ɔ/, ó abierta, que se podían realizar como los sonidos [é] y [ó] respectivamente, o como los diptongos ascendentes correspondientes, [jé], [já] para /ɛ/ é abierta y [wó], [wá], [wé] para /ɔ/ ó abierta. Es muy importante entender que [jé] no se analizaba como se hace hoy, en /i/ + /e/, o que [wé] no era [u] + [e], como hoy, sino que para los hablantes de entonces eran variedades de la *é abierta* y la *ó abierta,* respectivamente. Así, sobre todo cuando nos encontremos con la grafía -*ue*- en posición tónica, tenemos que recordar que, en la lengua original, ese diptongo era monofonemático y se interpretaba como una variedad de la *ó* abierta. Para nosotros, hoy, es más sencillo leer lo que se escribe -*ue*- en el texto, como [ó], pero eso es simplificar, igualmente podríamos leerlo [wó] e incluso [ué], pero sabiendo que la categoría fonológica a la que corresponde, como variante de un fonema, es la clase /ɔ/, ó abierta, tónica.

Las vocales átonas se pronunciaban muy relajadas, sobre todo en posición interna y final, en la que se perdían la -*e* y también la -*o* en muchos casos en los que hoy se han repuesto. Es frecuente que nos encontremos versos en los que una palabra cuya última vocal es una -*ó*- rima con otras cuyas últimas vocales son -*ó-e*. En ese caso, podemos leer suprimiendo la -*e* o añadiendo una -*e* a la palabra que no la lleva en la escritura. Ésa es la -*e paragógica*, típica de la fonética de los textos épicos. Sin embargo, si la palabra termina en -*ó*, añadir la -*e paragógica* no es tan simple, porque hace falta intercalar una consonante, que no es siempre una -*v*-, como algunos autores dicen simplificando, sino que tiene que ser la terminación etimológica, por ejemplo una -*d*- si se trata de la tercera persona de un verbo: *entró* sería *entróde*, no *entróve*.

Consonantes

Cuando en el texto se escribe una *h*, no se pronuncia, al igual que hoy.

Las grafías *b, d, g* correspondían a oclusivas, se pronunciaban, por tanto, como se pronuncian hoy tras consonante nasal o en posición inicial absoluta.

La grafía *u* y la grafía *v* se usaban para la vocal y para la consonante *b* fricativa [β], es decir, en este segundo caso, como hoy en *estaba, cava*. Cuando hoy es una vocal la leemos como vocal, cuando hoy se escribe como *b* o como *v* la leemos como consonante.

La grafía *i* y la grafía *j*, del mismo modo, se usaban también para la vocal y la consonante. Cuando hoy es una vocal, la leemos como vocal, cuando hoy es una jota, consonante, la leemos como la *j* del catalán, francés o inglés, es decir, como una *y* moderna con la lengua un poco más adelantada [ʒ].

La -*s*- y la -*ss*- deben utilizarse para clases diferentes de sonidos, pero en el texto se emplean muchas veces con el mismo valor de [s] sorda moderna. Cuando la -*s*- intervocálica toma su propio valor gráfico corresponde a la sonora que oímos en *desde*, que representamos como /z/. Es la [z] o *s sonora* del portugués, el catalán, el francés, el italiano o el inglés, sólo el español moderno la ha perdido como fonema.

La *c* se pronunciaba como hoy en los casos de *ca, co, cu*. Ante las vocales palatales (*e, i*) se pronunciaba igual que la llamada *ce cedilla* o *ce* con una pequeña *ceda* debajo, la *ç*. Se debe leer una especie de [ts]. Así, *Cid* o *Çid* se lee [tsíd], *caça* se lee [kátsa]. La -*z*-, que es la grafía que se le opone, es la representación de su equivalente sonoro, por tanto, se leerá como [dz], entendiendo esta [z] como la pronunciación de la -s- que se escribe en *desde*.

La -*ch*- también puede tener múltiples valores. El moderno, el de [k], como en *Christus* [= krístus] e incluso el de la jota del español actual, que es una clase de sonidos inexistente en la lengua romance medieval; pero que existía en árabe y hebreo. Con jota pudiera leerse *Rachel*, nombre de uno de los prestamistas judíos: *Rajel*.

La *f*- inicial que corresponde a la *h*- del español actual puede leerse como [f] o como una aspiración, e incluso suprimirse. La lectura clásica es como [f].

La *g* se lee como hoy ante -*a, o, u*-, pero ante las palatales *e, i*, se lee como la grafía *j*, que, como se explicó para la *i* consonántica, representa una prepalatal fricativa o africada sonora [ʒ].

La clase de sonidos correspondiente, sorda, se escribe *x* y se lee como *sh* del inglés, una prepalatal fricativa sorda [ʃ]. No obstante, en algunas ocasiones, la *x* también se lee como [ks], por ejemplo en *extra*. Cuando hoy la leemos [ks] podemos leerla [ks] en el *Cantar*. En más raros casos se lee como [k], generalmente en la abreviatura de *xristianos, Xristo*, donde representa una *chi* del griego (χ).

La simple *l*- se lee como la actual, pero puede leerse como la moderna *ll* [ʎ] cuando corresponde a una *ll* moderna o cuando está en contacto con una *i*, como en *lieuan*, que se leerá como el moderno *llevan*. En posición inicial se marca esa lectura mediante *l[l]*.

Lo mismo cabe decir de la *n*, que se lee como la *ñ* cuando se escribe doble y en la lengua actual es también *ñ* o, muchas veces, cuando va en contacto con una *i*. La grafía *ñ* no es más que la abreviatura de *nn* para representar la clase de sonidos palatal nasal.

La lectura de las grafías de *r* debe hacerse pensando cómo son hoy. En el *Cantar* puede encontrarse *R* para representar la vibrante múltiple, en posición inicial de palabra, o *rr* en posición interior, para la simple actual, en *tierrnas*, por ejemplo, se leerá [tiérnas] o [térnas].

Los grupos consonánticos deben interpretarse, fonológicamente, de modo muy diferente al actual. En los casos en los que *pl*-, *cl*-, *fl*- corresponden a una *ll*- moderna, no deben entenderse, en romance, como la suma de [p], [k], [f] + [l], sino como una variante de la -*l*- palatal o *elle* /ʎ/. En los casos en que -*c'l*-, -*t'l*- -*g'l*- corresponden a una jota moderna, tampoco hay que interpretarlos, en romance, como [k], [t], [g] + [l], sino como un variante de /ʎ/, ele palatal o *elle*, posiblemente con yeísmo, es decir, como [y], en muchas ocasiones. Los casos de *oclu* < *oculu*, en consecuencia, se analizan como tipos o variantes [óʎo], [óyo], que seguirían luego evolucionando a [ʒ] y se escribirían, en consecuencia, como *oio, ojo*.

Una regla de oro para leer textos antiguos es que, si no se sabe cómo se pronuncian, no se debe intentar reproducirlos de cualquier manera, sino leer la forma que se acerque más a la del español actual. Por ejemplo, si no sabemos cómo se leía lo que se escribía *fijo*, es preferible leerlo como *íjo* a leerlo como *fijo*. La *f-* inicial y la jota juntas en la misma lectura, si se leyera *fijo,* son incompatibles.

Aguiio myo çid a_la puerta se l[l]egaua

Saco el pie del estribera una feridal daua

Non se abre la puerta ca bien era çerrada

40   Vna niña de nuef años a oio se paraua

Ya campeador en buen [ora] çinxiestes espada

El Rey lo ha uedado anoch del entro su carta

Con grant recabdo *e* fuerte mientre sellada

Non uos osariemos abrir nin coger por nada

45   Si non perderiemos los aueres *e* las casas

E demas los oios de_las caras

Çid en_el nuestro mal uos non ganades nada

Mas el criador uos uala con todas sus uertudes sanctas

Esto la niña dixo *e* tornos pora su casa

Una versión moderna sería:

Aguijó mio Cid, a la puerta se acercaba,

sacó el pie del estribo, un fuerte golpe le daba;

no se abre la puerta, que estaba bien cerrada.

40   Una niña de nueve años ante su vista estaba:

"Ya Campeador, en buena hora te ceñiste la espada.

El rey lo ha vedado, de él entró anoche su carta,

en gran recaudo y debidamente sellada:

que no os osaríamos abrir ni acoger por nada,

45   si no perderíamos nuestros bienes y las casas,

y además los ojos de las caras.

Cid, con nuestro mal no vais a ganar nada;

mas el Creador os valga con todas sus virtudes santas."

Esto la niña dijo y se volvió a su casa.

Texto C

El siguiente texto, que corresponde al sistema alfonsí, está ya regularizado de acuerdo con la fonética medieval. Se trata de un fragmento de la *General Estoria* de Alfonso X que cuenta la supuesta invención por la reina Semíramis de la ropa interior:

E quando caualgaua, por encobrir ensi las cosas dond ella aurie uerguença, si paresciesse al caualgar, ouo a buscar manera poro las encobriesse, por que quando caualgasse que sele non estoruasse por esta razon delo fazer ligera mientre; e assaco por ende la manera de los pannos menores ella ante que otro omne ninguno; e por que uio que eran apostura e muy buena cosa, fizo los dalli adelante fazer e traer alos uarones e alas mugeres, tan bien alos unos como alos otros, ca tenie que tan bien era uerguença lo delos unos como lo delos otros quando se descubrie de las otras ropas e parescie.

Se puede apreciar en él la fidelidad a la fonología de su época, con regularidad en las transcripciones de -s- /z/, -ss- /s/, f /h/, z /dz/; dentro de la posibilidad de usar la letra *u* con valor consonántico y vocálico, cuando es consonante siempre tiene valor de fricativa labial, de acuerdo con la etimología. Aparece también la grafía *ll* para la lateral palatal, y *nn* para la nasal palatal. Es una muestra típica de la reforma alfonsí, más sólidamente establecida por cuanto no supone una revolución, sino la simple estabilización de las tendencias que ya se venían registrando. Por presión escolástica se pueden encontrar textos de este tipo gráfico (salvo las *f-* iniciales de *fazer)* hasta el siglo XVIII.

Texto D

Tras la pérdida del sistema fonológico medieval, a fines del XV de modo general, es posible encontrar textos en los que la grafía ya no se atiene a los esquemas etimológicos. De una glosa de un villancico de Gregorio Silvestre, conservada en el *Libro de Romances y Coplas* del Carmelo teresiano de Valladolid, la mayor parte de cuyas piezas parecen ser del primer cuarto del siglo XVII se recogen dos fragmentos, en los que la anarquía gráfica es patente. El tema es la cierva herida que va a la fuente. Representa al alma herida por el amor de Dios que acude a la fuente de vida eterna, Dios mismo:

> (Fol. 92)
> oy se acaba de morir
> la cierba que yrio el amor
> y en dios que fue el caçador
> torna de nuebo a vivir
> del divino amor herido
> y el coraçon abrasado
> bino en busca de su amado
> ques fuente de eterna vida
> gustole y quedo rrendida
> muriendo por se morir

aquesta muerte de amor
que la rrenueba el vivir
(Fol. 103)
a las zierbas que ha tirado
el divino caçador
muertas oy las ha dejado
con las flechas del amor
tanto dellas se agrado
que de su amor muy benzido
caçarlas a pretendido
y al fin con ella salio
para si las a tomado
conoziendo su valor
y muertas las ha dejado
con las flechas del amor

He aquí algunas vacilaciones: *a pretendido* / *ha dejado, cierba* / *zierbas* (lat. *cerva*); *coraçon*, pero *benzido; vivir,* pero *rrenueba,* la ortografía es libre.

Estudiar y comentar los textos antiguos, tanto en chino como en español, permite descubrir una riqueza múltiple: la de la lengua en formación y cómo va hallando diversas soluciones, la de los cambios, a veces sutiles, del significado de los vocablos en el devenir histórico, la de concepciones de la sociedad y las relaciones humanas diferentes de las actuales, la visión de la naturaleza, a veces coincidente, a veces distinta. Las lenguas son estructura y son historia, combinar ambas facetas permite conocerlas y disfrutarlas mejor.

XVII. EL ESPAÑOL DE AMÉRICA

1. Imperio y emporio
2. Rasgos fonéticos, léxicos y sintácticos del español de América
3. Arcaísmo y neologismo
4. Áreas en el español de América
5. Español de España y español de América
6. Los dilemas del español de los Estados Unidos de América
7. La unidad del idioma
8. Análisis de textos periodísticos y literarios del español de América
9. La norma hispánica

1. Imperio y emporio

Los mitos sobre la lengua española son muchos y algunos están firmemente establecidos en la conciencia de hablantes de diversos grados de cultura. El más extendido es que en algunos sitios se habla mejor que en otros, hay ciudades con ese prestigio gratuito, como Valladolid, en España, o Bogotá, en América. No hay ninguna razón para ello. En realidad con lo de que "se habla bien", la gente quiere decir que se tiene un acento, una fonética, que se considera prestigioso. La percepción normal que el hablante tiene de su lengua es predominantemente fonética y léxica. Mucha gente se sorprende cuando se le dice que todos, sin excepción, tenemos acento. Hablar bien una lengua es manejar bien sus estructuras, su fonología, su gramática y su léxico. El español es una lengua muy estable, pese a los más de quinientos años transcurridos desde su presencia como lengua intercontinental, desde 1492, llegada de los españoles a lo que durante siglos se llamó "las

Indias" y posteriormente, "América". Antes del siglo XVIII la palabra "América" se usaba para los territorios que no eran españoles o portugueses, por eso los norteamericanos se refieren a su país como "America" (sin acento gráfico).

Otro mito es que la expansión del castellano y su conversión en la lengua española común se produjeron por opresión política y militar o por intransigencia religiosa. No hay nada de eso: fue sobre todo por comodidad. El castellano era una lengua integradora, en la que cabían las variantes de los dialectos románicos hispanos y que tomaba del vasco, del árabe, del catalán o del gallego con la misma liberalidad que del francés o el occitano. Distintos hablantes se sentían a gusto y la lengua se fue consolidando en un proceso que duró al menos quinientos años, a lo largo de la Edad Media. En 1492 era una lengua bastante estable y entonces se encontró con enormes posibilidades de expansión en Europa, África y un continente nuevo, América, desconocido hasta entonces para los europeos, que lo confundieron con Asia y lo llamaron las Indias. También hay que deshacer el mito de la opresión contrarreformista católica, en lo que concierne a la lengua, porque la expansión político-cultural de la lengua española fue por caminos separados de la actividad religiosa. La Contrarreforma incrementó esa tendencia al limitar las traducciones de la Biblia y mantener el latín como lengua litúrgica. En América la religión cristiana, católica, se difundió en latín y en las lenguas indígenas, según un esquema fundamentalmente paulista. Cuando se produjo la independencia de los territorios americanos, sólo un tercio de su población hablaba español. Fueron los regímenes nacidos de la independencia los que impusieron el español y persiguieron a los indígenas, que habían dejado de estar protegidos por las Leyes de Indias. En países como Argentina se llegó a su casi total exterminio; pero en otros muchos se promulgaron leyes muy restrictivas contra las lenguas indígenas, para favorecer la escolarización en español, siguiendo el modelo de la Revolución Francesa. Desde finales del siglo XX y en el siglo XXI esa tendencia ha quedado muy reducida y en algunos países hay interés y se trabaja sobre esas lenguas. Un fenómeno muy particular de la supervivencia de las lenguas indígenas hispanas (no de las norteamericanas) se da en los Estados Unidos, donde existen algunas comunidades de inmigrantes "hispanos" que usan su lengua indígena y el inglés y no el español.

La estructura política en América, como lo había hecho en la Península Ibérica en la Reconquista, siguió el esquema romano clásico, separado de lo religioso: reparto de tierras, creación de ciudades, un ejército fuerte. Tierra, ciudad, ejército serán los tres pilares del poder, de la capacidad de mando, que es lo que significa *imperio*. El español americano era la lengua de los nuevos señores de la tierra, de los que manejaban el comercio y el intercambio en las ciudades y también la lengua de los soldados, la lengua militar. Los indígenas seguían hablando sus lenguas, que eran también las lenguas usadas por los eclesiásticos en su relación con ellos. Todo sacerdote, para poder ser nombrado párroco, es decir, jefe espiritual de una comunidad católica, tenía que pasar un examen de la lengua de los indígenas. La Universidad era también de fundación eclesiástica y la lengua universitaria era igualmente el latín, al menos en teoría. En la época virreinal se fundaron en la América española veintitrés universidades y se graduaron más de ciento cincuenta mil estudiantes. Las más antiguas con funcionamiento efectivo fueron la Real y Pontificia Universidad de San Marcos, Lima, Perú, por Real Provisión del 12 de mayo de 1551 y la Real y Pontificia Universidad de México, creada por Real Cédula de 21 de septiembre de 1551. En cambio, en lo que luego fueron los Estados Unidos, la Universidad de Harvard, fundada como *College* en 1636, no fue *University* hasta 1780; The College of William and Mary se fundó en 1693.

América no se conquistó toda simultáneamente, ni tuvo una estructura igual en todo el territorio. España no tuvo colonias en América, como equivocadamente se dice, calcando el término de la colonización inglesa o francesa. El territorio se organizó en *virreinatos,* es decir, con la estructura de los reinos de la Península Ibérica, regidos por un *virrey,* representante del Rey, coordinados por un Consejo de Indias y con su comercio controlado desde la Casa de Contratación, situada primero en Sevilla y luego en Cádiz. Los territorios conquistados más tarde, como el Río de la Plata, se constituyeron como Capitanías Generales.

Con la independencia, en la vieja España y en las nuevas naciones la estructura militar quedó separada; pero siguió teniendo el español como lengua común en cada país. Los dueños de la tierra y los gestores del comercio seguían siendo hispanohablantes. La independencia no fue una revolución campesina, sino de propietarios. Movida por los ideales de la Ilustración, *Libertad, Fraternidad* y, especialmente, *Igualdad,* construyó un modelo de educación igual para todos los ciudadanos, en el que se partía de una lengua única. A lo largo del XVIII se había incrementado la presión por el español; pero, en el momento de la independencia, como se dijo, no más de un tercio de los hispanoamericanos eran hispanohablantes. Durante el XIX la situación se invirtió y en el XX se consolidó el predominio del español. En ese mismo siglo XX se produjo también un cambio en el poder. Las redes del poder militar, que llevaron a dictaduras que no podían consolidarse, cedieron terreno, progresivamente, a las redes comerciales. La red comercial se basa en la libertad, por lo que se desarrolla mejor en democracia. También se sustenta en el equilibrio de la distribución económica, para el cual el uso de la misma lengua es garantía de igualdad. A una red comercial fuerte le interesa una lengua unida, que abarata costos. Recuérdese que un viejo principio comercial es que se vende en la lengua del comprador. El cambio de modelo, el paso del centro del poder de lo militar a lo comercial es viejo conocido de la Historia, es, frente al modelo latino de *imperio,* el modelo griego de *emporía,* la alianza de centros comerciales, que da origen al término *emporio.*

2. Rasgos fonéticos, léxicos y sintácticos del español de América

Son pocos los fenómenos fonéticos que se pueden considerar generales en el español hablado en toda América y menos aún los que no tienen una relación con fenómenos dialectales españoles. En general, el español de América pertenece a la norma lingüística de Sevilla, no a la de Madrid: la tesis del andalucismo del español de América, tesis que, tras un primer momento había encontrado alguna oposición, vuelve a ser hoy, matizada, una tesis muy aceptada.

El *seseo* es el fenómeno fonético común a toda la América de lengua española. Es un fenómeno compartido con el canario y el andaluz (aunque no todas las zonas andaluzas sesean). El seseo consiste en la pérdida de la distinción entre *z* y *s,* confundidas en [s] en la pronunciación: *cacería* y *casería* pronunciados igual: *casería.*

La *aspiración* de la -s final de sílaba y palabra (salvo si la palabra siguiente empieza por vocal, a veces) es también común a grandes zonas de España y América, y está menos extendida que el seseo, porque se somete más a influencias de tipo social: niveles del lenguaje, diferencias entre el habla vulgar y la formal. También se observa en ciertas zonas y registros americanos un fenómeno de aspiración que igualmente existe en regiones españolas, la aspiración de la *s-* inicial: *hí* por *sí.*

El *yeísmo* es la pérdida de la distinción entre *ll* y *y,* pronunciadas ambas como [y]. No es general en América, donde hay extensas zonas, preferentemente en los Andes, y centro de Sudamérica, en las cuales la distinción se mantiene. Esta *y* a veces se hace un sonido similar a la *j* inglesa reforzada, un sonido *rehilante,* que se representa como *[ž],* es el *žeísmo* y que ha sufrido un proceso de ensordecimiento que lo hace similar a la *sh* inglesa o la [s] apical castellana. En otras zonas, lo que se hace *ž* es la *ll,* para mantener la distinción entre *ll / y,* ahora como *ž / y.* Estos fenómenos son típicos del Río de la Plata.

Es también bastante general e*l debilitamiento* de todas las consonantes en posición final, aunque se dan, por reacción, refuerzos. Coinciden así formas como *dotor* y *doitor* por *doctor* (pronunciación correcta: *doktór*), pero también refuerzos como el argentino *siudat* por *ciudad.* El debilitamiento, en las Antillas y Centroamérica, puede afectar también, como en andaluz, a *l* y *r* finales de sílaba y palabra, que pueden confundirse o pueden relajarse hasta desaparecer: *puelto* por *puerto, salí* por *salir.*

En el *debilitamiento fonético,* está bastante extendida la pronunciación suave de la *ch* y de la *j,* como en andaluz. La *ch* se hace fricativa, como la portuguesa o la *sh* inglesa, y la *j* se hace aspirada, que se puede representar por *h.* En algunas zonas, como Cuba, pueden debilitarse otras consonantes, como la *b,* hasta llegar a un sonido muy suave, que se puede representar por una *w* en la transcripción o representación fonética. En otras, como la altiplanicie mexicana (la *x* de México y Texas se lee como *j*), se pierden las vocales átonas: psńtonskwanscapó = *pues entonces cuando escapó.*

Hay *otros fenómenos,* menos extendidos, como la *velarización* de **r** (la *r* se hace similar a la francesa), en Puerto Rico, o la pospalatalización de la *j* (o *g*), ante vocal *e, i,* con un sonido similar al *ichlaut* del alemán y que se podría representar como *j^{i}efe,* por *jefe,* en Chile. También en Chile, en zonas de Argentina y en Nuevo México, se asibila el grupo *tr,* hasta casi *ch* (como en zonas de Navarra, en España).

Reproducimos a continuación la transcripción de un texto cubano, en el que se pueden observar buen número de fenómenos de la pronunciación vulgar, lo que supone un grado mayor de diferenciación, en relación con la normal:

soᵇre laʰ superstisjoneˢ đē kuwa_ẽⁿ sí, sõⁿ la peʳsonaʰ ᵬjehas yaˡguna ᵈᵉ la muŝaŝaˢ, por ehemplo, disen lah mučaŝa, siŋorita, ke_ayí, al ber una_eʰkalera_ẽⁿ kwakjeˡ lugar đe_ṷna kaye pwes eyãⁿ no pasãᵐ poʳ deᵬaho de la_eʰkalera poʳke dise ... se đise ke si pasa, pweh hamáˢ se kasará. tâmbj ẽⁿ se đise ke kwãnđo_está baᵲjẽⁿdo i sj_aˡguna persona eʰ baᵲiđa, o séase la_eʰkoᵬa le pasa poˡ loʰ pjé, esa persona pweʰ hamáˢ se kasará.

diseⁿ, se đise tãᵐbjéⁿ ke_okasjona mala swẹrte kwãⁿdo_alguna persona ᵬa por una kaye, i sẽⁿkwẽⁿtra kõn ũⁿ gato negrọ, se đise ke_esa peʳsona tjene ... lẹᵬará una ᵬiđa deʰgrasjađa. tãᵐbjẽⁿ se ise ke niⁿguna persona pwede matar ũⁿ gato negrọ, pweˢ tẽⁿdrá sjete_aŋoʰ đe mala swẹrte. ẽⁿ fĩⁿ, soᵬrĩⁿsidẽᵐ muŝa, muŝa supeʳtisjoneʰ, ke_ẽŋ eˡte momento yo no rekweʳđo tođas, perw_esistẽᵐ muŝísimas.

Además de los rasgos, muy generales, que hemos señalado, advertiremos ahora, sobre este texto concreto, la abundancia de *nasalización,* las variantes de la *ch: mutsatsa* y *muchatsa,* la *velarización* de la *n* final o la pérdida de *d-* inicial: dice $\Rightarrow$ *ise.*

En lo que concierne a *aspectos gramaticales,* dentro de la tendencia básicamente conservadora de la norma de Sevilla, a este respecto, se pueden señalar algunos rasgos.

En cuanto al *género,* parece comprobarse que la tendencia general en Hispanoamérica es diferenciar el género con mayor claridad que en España: pueden encontrarse *retratisto, maquinisto, cuentisto.* Paralelamente, los nombres que terminan en *-a* tienden a ser femeninos (rasgo vulgar en España) *la reúma.* De las diferencias individuales, las más importantes, por su incidencia son *el vuelto* por *la vuelta* ('el cambio') y *el radio* por *la radio.*

Sobre el *número* y de acuerdo también con el español preclásico, parece haber mayor frecuencia en el empleo del plural que en el español general, sobre todo del Norte: *echar las culpas, los resuellos, dar ascos, ¿qué horas son?*

En el *verbo,* el fenómeno más llamativo, aunque no general, es un *arcaísmo:* el *voseo,* o uso del pronombre *vos* para el tratamiento familiar, en vez de *tú.* Está más extendido en Argentina, Río de la Plata y parte de Chile y también en Centroamérica; pero se puede encontrar en otras áreas, como Colombia. Las *formas pronominales* son *vos, te, a vos: te lo digo a vos, vos te quedas.* En cuanto a las *formas verbales,* hay cuatro tipos, con las siguientes desinencias en las tres conjugaciones:

Tipo A: -áis -éis -is
Tipo B: -áis -ís -ís
Tipo C: -ás -és -ís
Tipo D: -as -es -es (desinencias átonas)

En lo que concierne a la *formación de palabras* y *empleo de sufijos,* hay que señalar que es mucho más frecuente en América que en España el uso de formas derivadas, bien sean diminutivos, incluso reduplicados, como *ahoritica,* y sufijados a adverbios, o formas verbales: *corriendito,* o aumentativos, con valor de superlativo: *cansadazo = cansadísimo.* También abundan los derivados en general: *gauchada, peonada, muchachada, indiada.* A veces hay diferencias en la preferencia de género, en el caso de *-ero/-era* parecen más frecuentes las formas femeninas: *azucarera, billetera.*

Las diferencias en *léxico* son las que más se exageran, por ser las más perceptibles. A menudo se citan textos como éste de Rosenblat que se reproduce, buscando el efecto cómico de las diferencias, sin pensar que sería muy fácil buscar este efecto en distintas regiones españolas:

EL TURISTA EN CARACAS

Aquí comienza el segundo acto de su drama. Ya en el aeropuerto de Maiquetia, le dice un chófer:

— Musiú, por seis cachetes le piso la chancleta y lo pongo en Caracas (*musiú* es todo extranjero, aunque no precisamente el de lengua española, y su femenino es *musiúa;* los *cachet*es, que también se llaman *carones, lajas, tostones, ojos de buey* o *duraznos,* son los *fuertes* o monedas de plata de cinco bolívares; la *chancleta,* o *chola,* es el acelerador).

El chófer que lo conduce exclama de pronto: "Se me reventó una tripa." El automóvil empieza a trastabillar, y por fin se detiene. Pero no es tan grave: la *tripa* reventada es la goma o el neumático del *carro,* y tiene fácil arreglo. El chófer, complacido y campechano, lo tutea en seguida y le invita a *pegarse unos palos,* que es tomarse unos tragos, para lo cual *se come una flecha,* es decir, entra en una calle contra la dirección prescrita.

Nuestro turista llega finalmente a Caracas, y comienzan sus nuevas desazones, con los nombres de las fruta*s (cambures, patillas, lechosas, riñones),* de las comidas *(caraotas, arepas, ñame, auyama, mapuey),* de las monedas *(puya*s o *centavos, lochas* o *cuartillos, mediecitos, reales).* Oye que una señora le dice a su criada:

— Cójame ese flux, póngalo en ese coroto y guíndelo en el escaparate (el *flux* es el traje; un *coroto* es cualquier objeto, en este caso una percha; *guindar* es colgar y el *escaparate* es el guardarropa o ropero).

A nuestro amigo español lo invitan a comer y se presenta a la una de la tarde, con gran sorpresa de los anfitriones, que lo esperan a las ocho de la noche (en Venezuela la *comida* es la cena). Le dice a una muchacha: "Es usted muy mona", y se lo toma a mal. *Mona* es la presumida, afectada, melindrosa. Escucha, y a cada rato se sorprende: "Está cayendo un palo de agua", "Fulano de tal pronunció un palo de discurso", "Mengano escribió un palo de libro", "Zutano es un palo de hombre". Y el colmo, como elogio supremo: "¡Qué palo de hombre es esa mujer!" Pero lo que le sacó de quicio fue que alguien, que ni siquiera era muy amigo suyo, se le acercara y le dijera con voz suave e insinuante:

— Le exijo que me preste cien bolívares.

— Si me lo exige usted -exclamó colérico-, no le presto ni una perra chica. Si me lo ruega, lo pensaré.

No hay que ponerse *bravo.* El *exigir* venezolano equivale a rogar encarecidamente (el *pedir* se considera propio de mendigos, y la *exigencia* es un ruego cortés). Además, le exasperaron las *galletas,* más propiamente las *galletas del tráfico* (los *tapones* de Puerto Rico), las prolongadas y odiosas congestiones de vehículos (el *engalletamiento* caraqueño puede alcanzar proporciones pavorosas). Y como le dijeron que en Colombia se hablaba el mejor castellano de América, y hasta del mundo, allá se dirigió de cabeza.

Como es evidente, hasta en Colombia surgieron los mismos problemas, y es que lo que no se puede hacer es confundir los niveles lingüísticos: lo que nos digan un indio andino o un caló puede resultarnos igualmente ininteligible, pero algo muy parecido ocurriría al comparar así el habla de dos regiones españolas.

En el léxico, fuera de estos detalles humorísticos, las diferencias más notables afectan a los arcaísmos (que pueden extrañar a un castellano o un asturiano, pero no a un andaluz), y los indigenismos. Si bien es cierto que hay buen número de indoamericanismos léxicos en el español general: *maíz, tomate, cacao, chocolate, canoa,* es lógico que, en América, donde hay muchos objetos o productos desconocidos o poco frecuentes en España, sean mucho más abundantes: *papaya, manatí, coatí, guayaba, pulque,* etc. La globalización ha ampliado mucho el conocimiento de estos objetos. En otros casos, en América se usa la forma española, y son los españoles los que usan la palabra india, así sucede con el *tigre* (en España *jaguar*) o con el *león* (en España *puma*), porque los españoles los ven desde fuera y distintos de sus congéneres de Asia y África, mientras los latinoamericanos los tienen más inmediatos.

Según las estadísticas más fiables, el léxico común del español supone un 93% del total, lo que indica una gran estabilidad. Las coproducciones cinematográficas, las series televisivas y, en general, los medios electrónicos de comunicación social hacen que muchas formas no usuales en un área sean reconocidas sin dificultad y han reducido también algunos tabúes lingüísticos, palabras que en algunas regiones o incluso en muchas, habían adquirido un sentido obsceno.

3. Arcaísmo y neologismo

No parece posible definir el español de América, en conjunto, como arcaizante o innovador, a pesar de lo dicho sobre el carácter básico de la norma sevillana. El español americano no es una unidad, sino una *multiplicidad* social y lingüística. Hay regiones innovadoras en todo, otras conservadoras, otras arcaizantes, pero conservadoras en fenómenos "cultos" de origen peninsular, como el tuteo y el yeísmo (caso de México y Perú).

El supuesto arcaísmo general del español de América se basa en dos aserciones falsas, la primera es que la base lingüística americana sería preclásica. Esto no pudo ser así, porque América nunca quedó aislada de España. La segunda es la creencia de que Hispanoamérica es un área lateral del español y las áreas laterales son arcaizantes. Sin embargo, el arcaísmo de las áreas laterales de América depende de condicionamientos sociohistóricos; la posición geográfica no es suficiente para ello.

Además, algunos fenómenos, que son arcaizantes, como el *voseo,* no son generales en América. Otros, como el uso de la forma en -*ra* con valor de indicativo (*cantara* = *había cantado),* se dan también en España y es uso más literario que popular. En cuanto al supuesto arcaísmo del léxico, es cierto que puede no haber coincidencia con la norma de Madrid, pero no con las de otras regiones de España. Además, también se podría resaltar el arcaísmo de formas madrileñas, como *estafeta* o *estanco,* que no se dan en América. También aquí es cuestión de niveles, arcaísmos como *melecina, agora, ñublar, jierro,* son propios del habla rústica, no de la general o estándar.

Junto a los posibles arcaísmos, por otra parte, y para equilibrar la balanza, hay bastantes *innovaciones,* unas con base peninsular y otras sin ella.

Con base peninsular estarían las innovaciones que se estudiaron al repasar la fonética en el párrafo anterior, explicables por influjo de la colonización mayoritariamente andaluza, o andaluzada, a lo que se suman fenómenos de "causación múltiple", sin olvidar el importante papel del elemento afronegroide.

Junto a ellas, hay innovaciones *sin base peninsular,* a veces por influjo de las lenguas indias, como en las consonantes 'heridas' o glotalizadas, (cierre de glotis) del Yucatán (maya), la pérdida de distinción (neutralización) **i/e, u/o**, en la sierra ecuatoriana (quechua, aymará), entonación y otros fenómenos. Otras veces no hay ese influjo, como en la reducción de vocales átonas en el altiplano de México, el *žeísmo* del área rioplatense, la *R* velar de Puerto Rico, la reducción del sistema verbal, perífrasis verbales con *dar + gerundio* "dame cerrando la puerta" = *ciérrame la puerta,* fenómenos que parten de posibilidades generales del conjunto de sistemas del español, pero que las desarrollan autónomamente, según condicionamientos socioculturales propios.

La multiplicidad americana no se puede reducir científicamente a fórmulas tan generales como *arcaísmo* o *innovación.* Estas fórmulas se entienden mejor dentro de las amplias áreas en que se dan los fenómenos caracterizadores.

4. Áreas en el español de América

En los estudios sobre el español de América, según la distribución de los fenómenos característicos, se establecen veintitrés zonas o áreas. Para indicar el interés de esta clasificación baste con decir que una de ellas, por ejemplo, la de la provincia de Santiago del Estero, en la República Argentina, es una zona de convivencia del español con el quechua, y que tanto el español como el quechua hablados en esa zona se parecen más a los del norte del Perú que a los de las zonas adyacentes, lo que podría apoyar la hipótesis de un traslado masivo de población blanca e india desde el Norte del Perú hasta el de la Argentina.

Como no parece que convenga a una exposición tan general como ésta introducir una clasificación completa, nos limitaremos a señalar que hay una clasificación incompleta, tradicional, y que su propio autor, Pedro Henríquez Ureña, dio ya como muy general. Corregida con algunas observaciones posteriores, puede servirnos para dividir imperfectamente el español americano en algunas zonas algo más homogéneas:

I. Nuevo México y las zonas españolas de Estados Unidos, en competencia con el inglés.

II. México y América Central. Mezcla con las lenguas de las familias yutoazteca (nahua), maya y otras.

III. Cuba, Puerto Rico y Antillas. Influjo criollo, incluso existe una lengua mixta, el *papiamento,* usado sobre todo en las Antillas holandesas.

IV. Venezuela y parte atlántica de Colombia. Como en la zona anterior, más influjo de las lenguas caribe y arahuaca.

V. Parte pacífica de Colombia, Ecuador, Perú, Bolivia y Norte de Chile: mezcla con el quechua.

VI. Centro y sur de Chile. Mezcla con el araucano o mapuche.

VII. Paraguay y zonas argentinas limítrofes. Mezcla con el guaraní.

VIII. Argentina y Uruguay. Colonización blanca con influjo guaraní mucho menor que en la VII.

Aun con su reconocida imperfección, estas áreas muestran ya la falsedad de considerar el español americano como una unidad.

5. Español de España y español de América

No se puede hablar de *un* español de España ni de *un* español de América. Estas dos categorías son inexistentes, por demasiado generales. Hay multiplicidad dialectal en ambas partes y una lengua común, diferenciada social y geográficamente, en todas ellas. Pueden señalarse coincidencias entre dialectos de España y América y no entre otros dialectos españoles y americanos y al contrario. La distancia geográfica no es lo más importante en la distinción dialectal. Mayor importancia tienen el desarrollo de la historia y la cultura en las distintas áreas. La diferencia entre el español de Caracas y el de Buenos Aires es mayor que la que existe entre el español de Caracas y el de Madrid, por poner un ejemplo entre muchos posibles.

Los términos español de España y español de América son, por tanto, engañosos y sólo deberían emplearse, convencionalmente, como modos cómodos de designar lo que se sabe que es múltiple.

6. Los dilemas del español de los Estados Unidos de América

Cuando Thomas Jefferson se propuso, como uno de los objetivos de su vida (1743–1826), la expansión de los EUA hacia el Oeste, tenía ante sí un espacio tan inmenso como deshabitado y complejo. Es cierto que son muchas las millas cuadradas que se fueron incorporando y que constituyen hoy la mayor parte del país. En todas esas áreas hay habitantes que descienden de las familias que estaban allí cuando Jefferson meditaba sus planes. También está probado que la mayor parte de los pobladores de esos territorios descienden de familias instaladas más recientemente y que los descendientes de los hablantes de español del siglo XVIII en lo que hoy son los Estados Unidos hablan actualmente inglés, con levísimas excepciones, discutibles por otra parte. La tradición del español escrito se ha mantenido desde las crónicas y poemas de los primeros exploradores, ha vivido en el folclore, ha adquirido dimensiones muy particulares en Nuevo México y pasa por los diarios y revistas del XIX o el centro editorial y cultural de Nueva York, reforzado con los exilios cubano y español y la presencia de intelectuales españoles como los Federicos: de Onís y García Lorca, la constante de Puerto Rico o Florida, con el segundo exilio cubano, más reciente. Por último, debe añadirse la publicidad para hispanos, un fenómeno decisivo.

¿Cuál es la herencia lingüística? En general, la de variantes conformadas fuera de los EUA y llevadas allí en ondas sucesivas de inmigrantes. Puede que alguien señale la continuidad del español en el nordeste de Nuevo México o sur de Colorado, o los isleños de Luisiana, dispersados por el huracán Katrina en 2005, o los hablantes de los Adaes, entre ese estado y Tejas; pero no es un dialecto completo el que se conserva en estas áreas, sólo vestigios que ni siquiera lo son de un antiguo dialecto común. También son vestigios los restos del español en el folclore o la toponimia norteamericana, en los nombres propios o en los préstamos a las lenguas indoamericanas o al inglés.

La pregunta previa para decidir sobre el español norteamericano sería: ¿Queremos un español de los Estados Unidos sin preocuparnos de que sea intercomprensible con otras variedades del español en otros países o queremos un español de los Estados Unidos que forme parte de la norma hispánica? Y, en ese segundo caso, ¿lo queremos como una norma propia, diferenciada, o dentro de las normas que ya existen?

Las consecuencias de estas reflexiones imprudentes fascinan al lingüista, porque vienen a decir que, en realidad, el español de nuestros Estados Unidos, la lengua hispana, no existe; pero se está formando. No se acoge a ninguna norma general; pero se la espera. La otra opción, además del inglés, es esa formación mixta del *spanglish,* lo que queda del español que todavía no puede ser inglés y que, como coinciden, entre otros, John Lipski y Francisco Marcos Marín, carece de unidad, de planteamiento común, de consistencia social y de condición, no ya de lengua, sino de criollo, son sólo recursos que se usan para salvar el puente entre el español de partida y la lengua a la que quiere llegarse: el inglés. En lingüística casi nada es imposible; pero si el idioma de los Estados Unidos del futuro fuera un descendiente de este *spanglish,* la lengua que habría sido desplazada sería el inglés, no el español, porque nadie que utiliza los recursos mezclados desde el español hacia el inglés tiene a este último como lengua materna.

Una precisión se requiere: la mezcla de recursos es un procedimiento que se usa en lenguas en contacto, los hablantes de inglés, lengua materna, también pueden recurrir a él como solución de comunicación; pero será algo transitorio, no un componente permanente de sus modos de comunicación. Desde el inglés al español (y esto es nuevo y, que se sepa, no ha sido enunciado todavía expresamente) es mucho más relevante la incidencia de las traducciones automáticas que la de los anglohablantes que mezclan en su inglés expresiones españolas para hacerse entender de sus subordinados hispanohablantes. El fenómeno de la traducción automática, que se entreveía tímidamente en algún ejemplo recogido por Marcos Marín en *Los retos del español* (2006), se ha desarrollado desde 2010 de una manera espectacular, como consecuencia de la facilidad con la que se puede hacer uso de este sistema, gratuito, desde lugares variopintos (desde Google al Instituto Cervantes). El incremento de la necesidad de escribir anuncios para el público en español y la falta de competencia para hacerlo han llevado a la proliferación de textos y a una plurifloración de disparates. Los estudiosos del español en los ámbitos públicos y comerciales tendrán que tener bien en cuenta esta circunstancia, en el futuro. Los errores y alteraciones que aparecen en este tipo de textos no se pueden explicar por la influencia del inglés o la conmutación de código, ni por las variantes de normas hispánicas en los Estados Unidos, sino por los fallos del sistema de traducción. Ignorarlo alterará gravemente las conclusiones de nuestros estudios.

Una lengua es una estructura en su historia. Como estructura, es un sistema de signos, establece unas correspondencias entre los signos y sus referidos, unos valores. Pero las lenguas cambian, un sistema deja paso a otro y donde se hablaba celta se habla más tarde latín y luego español o gallego o donde se hablaba olmeca pudo luego hablarse maya o incluso náhuatl y luego español. Sin entrar ahora en una impertinente discusión del cambio lingüístico, lo que está claro es que el cambio es un proceso histórico. "Histórico" quiere decir no sólo diacrónico, a través del tiempo, sino también social, cultural, económico.

Sumando todas esas consideraciones, podría uno interrogarse sobre varias opciones: 1) reconstruir y recuperar el español de los Estados Unidos a través de los vestigios, de los documentos, orales y escritos; 2) unificar el español de los Estados Unidos a partir de la norma hispánica dominante entre sus hablantes actuales, la norma mexicana; 3) crear una especie de "español unificado o común" que combine rasgos de todas las variantes; 4) dejar que el tiempo aclare la evolución y que al final se asiente lo que sea, con mínima intervención humana; 5) apoyar el contacto entre el español y el inglés y crear una lengua mixta un auténtico *spanglish* o *espanglés,* de momento inexistente como variante unificada o generalizada. Esta suposición no debe confundirse con lo que hoy se llama *fronterizo, pocho, tex-mex, chicano language, habla de frontera* y, por supuesto, entre otras denominaciones más, *spanglish.*

El punto primero, la reconstrucción y la recuperación, parece inviable: no se dispone de los conocimientos suficientes de la especificidad de la lengua en esa etapa y tampoco existe ningún organismo planificador que tenga la fuerza suficiente como para imponer esa reconstrucción. El punto segundo, norma mexicana y el cuarto, unificación natural, están relacionados, puesto que la inmigración mexicana puede marcar el modelo de la lengua. Sin embargo, esto no es siempre así, porque la actividad en favor del 3), el español unificado común o "internacional" es particularmente fuerte en los medios audiovisuales, es decir, en el español de la televisión, sobre todo. Los centros de Nueva York, Washington, Atlanta y Miami están más sometidos a la mezcla de normas, con fuerte presencia caribeña y centroamericana. Nuevo México se reparte entre la defensa a ultranza de la condición "española" tradicional y lo latino general a través del National Hispanic Culture Center. La lengua escrita es más fácil de normalizar: la coherencia entre las variedades del español está en torno al 98%. Esta afirmación es computacionalmente demostrable, mediante sencillos análisis de corpus. En cuanto al 5), el desarrollo de una lengua mixta, parece muy poco deseable. Recuérdese que sus consecuencias totales serían la sustitución tanto del español como del inglés por el *spanglish* en los Estados Unidos. En apoyo de la potencia de los medios audiovisuales y su capacidad de hacer aceptar la variedad puede señalarse la presencia de locutores procedentes de diversas áreas lingüísticas del español y el predominio de algunas de las menos comunes en ciertos programas. Muestra clara de ello es la locución argentina, variante porteña, en la retransmisión de los partidos de fútbol (soccer) internacionales.

Las preguntas, por lo tanto, referidas al modelo lingüístico, para un hispano norteamericano, son tres: ¿En qué lengua hablamos? ¿Qué lengua escribimos? ¿Qué lengua enseñamos? Estas preguntas se formulan desde la perspectiva de un español intercambiable con las otras variedades de la norma hispánica.

La primera pregunta es la de respuesta más sencilla, porque nadie habla una lengua, sino su dialecto particular de esa lengua, dentro del más amplio de su comunidad. Un ejemplo banal: el argentino que llega a San Antonio podrá elegir entre comprar *aguacate* o *avocado;* pero no podrá comprarlo como *palta,* que es como llamaría al fruto en Buenos Aires, porque no lo entendería ningún hablante normal de la región. Adaptamos nuestras variantes de habla en función de la comunidad en la que vivimos. Generalmente hay opciones; pero también una voluntad de adaptación: los hablantes tratan de acomodarse a su medio.

La segunda y la tercera pregunta están imbricadas: la utilidad de enseñar una lengua se refiere a una lengua escrita. Para responderlas hay que regresar a la pregunta inicial y decidir si se quiere seguir o no dentro de la comunidad de hablantes hispanos. En caso afirmativo tiene que haber una participación en la creación de una variante norteamericana que sea compatible con las otras. El papel esencial en la creación de esa variante corresponde a los medios de comunicación y los escritores (literarios y comerciales), dentro y fuera de la escuela. Una norma lingüística es un consenso, no una imposición.

En el camino del español hay varios movimientos en ese sentido: la Academia Norteamericana de la Lengua Española, dentro de la Asociación de Academias, la American Association of Teachers of Spanish and Portuguese y el portal del gobierno norteamericano en español. Es sintomático que los tres organismos estén colaborando desde hace años.

7. La unidad del idioma

Ninguna lengua se mantiene sin cambios. Esos cambios se van acumulando de una manera regular. Tras varios siglos, las estructuras son distintas y pasan a ser lenguas distintas. No importa que conserven el nombre. Un hablante de chino actual no se entendería, hablando, con un chino de hace mil años, aunque la lengua se llame igual. Es natural ser conscientes de las alteraciones que se producen y producirán en el español ahora y en el futuro. La primera desventaja del español nace de uno de los motivos de su importancia: su enorme extensión geográfica, con escasez de comunicaciones entre muchas zonas por razones geográficas: selvas, pantanos, grandes ríos, o políticas. Así, a veces llegan objetos de Buenos Aires a Lima vía Nueva York y no directamente.

La segunda desventaja es el bajo nivel cultural: escasa difusión del libro y del teatro. Las rápidas comunicaciones electrónicas actuales y la colaboración en producciones cinematográficas y televisivas pueden favorecer la unidad, sin embargo.

La tercera es económica y en ella se ha producido un cambio notable: los pueblos que hablan español eran pueblos que pesaban relativamente poco en la economía mundial. Hoy día esa situación ha cambiado y el peso económico de la lengua española en el mundo es muy grande. Por ello deben vigilarse con particular atención los movimientos supuestamente científicos que tienden a fracturar el español, con tesis como la de un supuesto pluricentrismo de la lengua española. Que haya variedades no significa que no haya unidad.

Mucho más grave es la situación lingüística derivada de la escasa cantidad de dinero dedicada a la investigación (siempre menos del 3% del producto interno bruto o PIB aceptable), lo que convierte a los países hispanohablantes en colonias científicas y técnicas y establece grandes diferencias entre ellos.

Puede añadirse también que, sobre todo en España, muchos hablantes se encuentran 'instalados' en la lengua y les parece que todo está permitido y que no es necesario ningún tipo de preocupación por ella. Nadie posee una lengua, simplemente la usa. Esa actitud de propietario de la lengua es inconsciente y peligrosa. Es arriesgado predecir cuál va a ser el futuro del español: lo que no se puede poner en duda es la evolución de la lengua. Para evitar la fragmentación es necesario un esfuerzo consciente, apoyado en la mayor unidad de la lengua escrita.

Acerca del futuro del idioma español se pronunciaron de modo distinto dos autoridades de éste: don Ramón Menéndez Pidal no creía en la futura fragmentación de la Hispanidad, porque encontraba grandes diferencias con el término de la comparación: la fragmentación del latín con la caída del Imperio Romano. No se puede comparar la rapidez y constancia de las comunicaciones actuales con las del mundo románico a fines de la Edad Media. El constante intercambio garantiza la unidad.

Por su parte, Dámaso Alonso veía la situación de modo algo distinto. Dividía el tiempo en dos períodos: en el primero o histórico no se fragmentará el castellano, pero en el segundo, post-historia, se producirá la fragmentación, Alonso creía que en las lenguas hay una tendencia disgregadora cuyo triunfo final es inevitable, mientras que Menéndez Pidal creía de más peso otros aspectos inmediatamente perceptibles.

Los dos lingüistas señalaron, obviamente, que se trataba de especulaciones motivadas por la necesidad de hacer sentir que el peligro de la fragmentación puede convertirse en una realidad que nadie desea, Y que la única solución radica en una conciencia colectiva del problema y una colaboración de todos para solucionarlo.

8. Análisis de textos periodísticos y literarios del español de América

En el análisis de los textos que ofrecemos a continuación, u otros similares, deben tenerse en cuenta unos puntos básicos:

1) Tipo de lenguaje: periodístico, científico o literario.
2) Tipo de mensaje: publicidad, opinión, noticia.
3) Índole del mismo: general, deportiva, cultural, etc.
4) Fenómenos del texto que se dan también en variantes o dialectos españoles y nivel en el que se producen: vulgarismos, dialectalismos específicos, etc.
5) Fenómenos peculiares de dialectos americanos.
6) Fenómenos específicos del dialecto del texto o de su autor.
7) Valoración lingüística del texto, proximidad o lejanía del español estándar.

Texto A. Mensaje de tipo publicitario: noticia de pérdida.

Elementos léxicos: *extravío, carpeta, auto, patente, extraviada.*

Elementos gramaticales: impersonales, artículo, preposición. Otros.

EXTRAVIO

Se gratificará a la persona que encuentre una Carpeta que contiene DOCUMENTACION COMPLETA de un auto, Patente N°: N042952, extraviada en la calle Chile y Humaitá.

Favor devolver a la Administración del HOTEL TRIANA situada en la misma dirección.

Texto B. Noticias y transmisión de opinión.

Mezcla de estilos: directo e indirecto.

Impersonalidad.

En la ocasión.

Proximidad de este texto a otros textos similares españoles.

SOBRE EL NOBEL DE LITERATURA

OPINA BORGES

PARIS, (AFP) - El premio Nobel, recientemente atribuido al poeta español Vicente Aleixandre, "es una distinción muy justa", declaró esta noche aquí el escritor argentino Jorge Luis Borges.

"No conocí personalmente a Aleixandre, pero he leído su obra, que se inició con la de otros poetas de la generación española de 1927, cuando todos éramos jóvenes", agregó Borges, quien asistió esta noche a la inauguración, de la Casa Argentina de París, de una exposición sobre su compatriota Ricardo Guiraldes, de quien se conmemoró hoy el cincuenta aniversario del fallecimiento.

HOMENAJE DE ESCRITORES

El Centro Cultural "Juan de Salazar" ha programado para el martes 25 a las 20 una sesión de homenaje a Vicente Aleixandre, ganador del Nóbel de Literatura de este año. En la ocasión, escritores paraguayos leerán obras del poeta español.

Texto C. Información.

Leerán poemas de
Vicente Aleixandre

En la Sala Goya de Centro Cultural "Juan de Salazar" (Luis A. de Herrera 834), se llevará a cabo hoy a las 20.00 horas el Aula No 5 del primer curso de la Tertulia Literaria. En el mismo se rendirá homenaje al poeta español Vicente Aleixandre, premio Nóbel de Literatura 1977.

Leerán poemas de este autor: César Alonso de las Heras, José Luis Appleyard, José Antonio Bilbao, Nilsa Casariego de Bedoya, Miguel Angel Fernández, Oscar Ferreiro, Carlos Hempel, José María Gómez Sanjurjo, Ricardo Mazo, Emilio Pérez Chávez, Francisco Pérez. Moricevich, Josefina Plá, Jacobo Rauskin, Jesús Ruiz Nostosu, Julio César Troche, Carlos Villagra Marsal y Elsa Wiezell. La entrada a este acto será libre para todas las personas interesadas en el tema.

Impersonalidad en tercera persona del plural.

Presencia y ausencia del artículo.

Acotación marginal: nómina de los principales poetas paraguayos contemporáneos.

Reflexión sobre la inmediata repercusión en el mundo hispánico de un hecho que afecta a la cultura común. (Fecha: 26 de octubre de 1977.)

Los *textos literarios* que se recogen ahora pertenecen a dos zonas americanas. En general, se observa en ellos mezcla de elementos cultos y vulgares, que se pueden separar sin dificultad. Se ha incluido un texto parcialmente en verso para dar una muestra de esa literatura rioplatense peculiar: la gauchesca. El autor, Florencio Sánchez, era uruguayo de nacimiento.

Texto D

DOÑA BÁRBARA. Venezuela

LAS VELADAS DE LA VAQUERIA

Ya era tiempo de proceder a la vaquería general de entrada de aguas. La costumbre, creada por la falta de límites cercados y consagrada por las leyes del llano, establece que los hatos colindantes trabajen la hacienda en comunidad, una o dos veces al año. Consisten estas faenas en una batida de toda la región para recoger los rebaños esparcidos por ella y proceder a la hierra de orejanos, y se van haciendo por turno en las distintas fincas, bajo la dirección de un jefe de vaquerías, que se elige previamente en una asamblea compuesta por las distintas agrupaciones de vaqueros. Duran varios días consecutivos y constituyen verdaderos torneos de llanerías, pues cada hato se esmera en enviar a aquél donde se haga la batida sus peones más diestros y ellos llevan sus bestias más vaqueras, ostentando sus mejores aperos y se esfuerzan en lucir todas sus habilidades de centauros.

Empezaban a menudear los gallos cuando comenzó en Altamira el bullicio de los preparativos. Pasaban de treinta los peones con que contaba ahora el hato y además estaban allí otros vaqueros de Jobero Pando y El Ave María.

Ensillaban de prisa, pues había que caerle al ganado en sus dormideros antes que empezara a disgregarse y, entre tanto, se reclamaban a gritos los trebejos que no encontraran a mano.

– Mi mandador! ¿Dónde está que no lo encuentro? Vaya soltándolo el que lo tenga porque es muy conocido: tiene una jachuela en la punta y si se la pican lo conozco por el cortao.

– ¿Qué hubo del cafecito? -voceaba *Pajarote*. Ya el día viene rompiendo por la punta y nosotros todavía dando vueltas por aquí.

Y a su caballo, mientras le apretaba la cincha:

– Vamos a ver, castaño-lucero, como te portas hoy. Mi soga está más tiesa que pelo e negro; pero no la engraso, porque la nariz de un salenco viejo que vamos a aspear entre los dos en cuanto rompa el levante, me la va a dejar suavecita, que ni pelo e blanco.

– Apuren, muchachos -reclamaba Antonio-. Y los que tengan caballos chucutos crinejeen de una vez, porque vamos a llegar picando.

– Ch'acá el cafecito, señora Casilda -decían, acudiendo a la cocina, los que ya habían ensillado.

Un fuego alegre, de leñas resinosas, chisporroteaba en el fogón entre las negras topias que sostenían la olla. Cantaba dentro de ésta el hervor de la aromática infusión y en las manos de Casilda no descansaba la pichagua con que la trasegaba al colador de bayeta, pendiente del techo por un alambre, mientras las otras mujeres se ocupaban en enjuagar los pocillos y en llenarlos y ofrecérselos a los peones impacientes, y durante un rato reinó en la cocina la animación de las frases maliciosas, de los requiebros crudos y picantes de los hombres, de las risas y réplicas de las mujeres.

Bebido el café -después de lo cual no caería en los estómagos de aquellos hombres, hasta la comida de la tarde al regreso al hato, sino el cacho de agua turbia y la amarga saliva de la mascada de tabaco- partió el escuadrón de vaqueros, con Santos Luzardo a la cabeza, alegres, excitados por las perspectivas de la jornada apasionante, cruzándose chistes y reticencias maliciosas, recordándose mutuamente percances de anteriores vaquerías donde arriesgaron la vida entre las astas de un toro o estuvieron a punto de morir despanzurrados bajo el caballo estimulándose unos a otros con hazañosos desafíos.

Vamos a ver quién se pega conmigo -decía *Pajarote*, He hecho la apuesta de aspear veinte bichos yo solo, y las gandumbas serán la prueba.

Rómulo Gallegos

Fenómenos fonéticos: *-d-* intervocálica. *H* aspirada, *jachuela*, *Ch'acá*.

Léxico rústico del autor y léxico de sus personajes.

Carácter general de la sintaxis del texto.

Diminutivos y otras formas de derivación, en el diálogo y en la narración.

Texto E

LA GRINGA. Río de la Plata

ESCENA XII

Próspero.-¿Qué le han hecho, tata, ellos, pa que los trate así?

Cantalicio. A mí, nada. ¿Y yo qué te he hecho a vos pa que me vengas con esas cosas?

Próspero.-*(Displicente.)* ¡Bah! ... ¡Bah! ... ¡Bah! ... *(Aparte.)* Vale más que me vaya.

Cantalicio. -¿Qué estás rezongando?

Próspero.-Digo que si volvemos a las andadas, vale más que me vaya al trabajo.

Cantalicio.- ¡Te he dicho que esperés! ¡Ahí viene el gringo! ...

Nicola. -*(Con la pipa en la boca.)* ¡Ramón! ¡Ramón! ¡Ah! ... Buen día, ¿cómo va, don Canta ...?

Cantalicio. -*(Alargando la suya con desgano.)* De salud, bien ...

Nicola.-Menos mal. *(Sentencioso.)* En este mundo ... en este mundo la salud es lo primero. Habiéndola, lo demás es.., trabajo ... buenos puños ...

Cantalicio.-*(Aparte.)* Güenas uñas pa robar ...

Nicola.-*(A Próspero.)* ¿Ramón se ha ido ya? ¡Bueno! ... nada. *(A Cantalicio.)* Conque ... hace frío ¿eh?

Cantalicio.- ¡Rigular!

Nicola.-Una helada de la gran siete. Y el tiempo no piensa llover. ¡La tierra más dura! Se rompen los arados ...

Cantalicio.-Así ha de ser.

Nicola.-Está bien. Bueno ... ¿Usted venía por alguna cosa, verdad?

Cantalicio.-Sí, señor.

Nicola: -*(Sacando la ceniza de la pipa.)* ¡Está bueno! ¿Le ha ido bien de negocios?

Cantalicio.- ¡Como el diablo!

Nicola.-Está bien ... *(Se frota las manos.)* Usted viene a hablarme, ¿verdad? Bueno ... Yo voy adentro, a mi cuarto, a buscar los papeles, ¿eh? Usted me disculpará un ratito. Con permiso, ¿eh? *(Vase frotándose las manos.)*

Florencio Sánchez

Rasgos fonéticos vulgares, no específicos: *pa, güena, rigular.*

Voseo: *qué te he hecho a vos, esperés.*

Léxico: escasas voces específicas, *tata, gringo* (aplicado a todo el que no es criollo).

Expresiones y lenguaje afectivo.

Texto F. Manuel Mujica Láinez: *Vida de Aniceto el Gallo (Hilario Ascasubi)*. Argentina.

Este texto nos ofrece la mezcla de varios tipos de lengua, la actual de Mujica Láinez y la decimonónica de los textos citados. En éstos, además, se diferencia el lenguaje gauchesco del estilo formal, retórico, de la carta. El poema acumula rasgos vulgares de todo tipo, con una intención literaria, no de retrato natural de un modelo lingüístico. Tiene así un carácter estereotipado, la ventaja de un muestrario y la pérdida de valor de no ser un texto espontáneo, sino 'fabricado', aunque sea hace más de cien años:

VIDA DE ANICETO EL GALLO

Por ese entonces, estrechó una amistad nueva que debió consolarle en parte, pues le mostraba que el árbol por él plantado daba frutos de lozanía en la obra de otro poeta. Estanislao del Campo había publicado en *Los Debates* de Mitre, con el seudónimo de *Anastasio el Pollo,* unos versos de gauchesca inspiración, y en *El Orden,* que redactaba D. Félix Frías, Aniceto el Gallo incluyó una declaración en la cual dejaba constancia de que él no era el autor de esos *trovos.* Del Campo respondió en seguida, con mucha gracia:

"He visto en un gacetón
que llaman 'El Ordenao'
que usté, aparcero, ha soltao
cuatro letras al botón,
lo digo así, en la ocasión,
porque a mí se me hace al ñudo
que el gaucho que boliar pudo
tan lindo a la tiranía,
salga diciendo: 'No es mía
la letra de un gaucho rudo.'

Velay, su declaración,
a mi modo de entender,
lo mesmito viene a ser
que si dijera, patrón:

'Declaro ante la Nación
que la chispa que ha saltao
a causa de haber golpeao .
un paisano su yesquero,
no es el Sol que Enero a Enero
la campaña ha iluminao.'

Paisano Aniceto el Gallo:
puede sin cuidao vivir
que primero han de decir
que la vizcacha es caballo
y que la gramilla es tallo
y que el ombú es verdolaga
y que es sauce la biznaga
y que son montes los yuyos,
que asigurar que son suyos
los tristes versos que yo haga."

La nueva generación reconocía así al maestro por boca del poeta que, nueve años después, con su *Fausto*, agregaría un título auténtico a nuestro patrimonio literario. Aniceto el Gallo respondió a las décimas del Pollo con una carta elogiosa, disculpándose de no hacerlo en verso, a causa de su abatimiento, y aclarando que, si había publicado ese remitido, había sido para que nadie le creyese ocupado en rimas divertidas, *"cuando estoy con el corazón sumamente lacerado por el fallecimiento de mi querida hija"*. Estableciése entre los dos una amistad sincera. En 1859, ya más serenado el autor de *Paulino Lucero*, cambiaron otras cartas, que *La Tribuna* de los Varela reprodujo. Del Campo termina así la suya del 26 de febrero: *"Antes de cerrar estas líneas, diré a usted, mi querido amigo, que al bajar a la arena de la literatura gauchesca, no llevo otra mira que la de sembrar en el árido desierto de mi inteligencia la semilla que he recogido de sus hermosos trabajos, por ver si consigo colocar, aunque sea una flor, sobre el altar de la Patria."*

Manuel Mujica Láinez

Puede decirse, por tanto, que se trata de tres textos distintos, que ofrecen distintas facetas. El carácter literario del texto gauchesco debe hacerse notar, sin embargo, por los recursos de esta lengua que emplea: símiles, hipérboles, acumulación de léxico rústico.

Conviene detenerse en el carácter retórico de la carta final, a pesar de ser una comunicación entre amigos, y ponerlo en relación con este tipo de lengua también en España, para observar cómo las dos zonas lingüísticas se ven sometidas a movimientos culturales similares, incluso en aspectos menores, como puede ser el intercambio epistolar.

En lo que es propiamente texto de Mujica Láinez pueden observarse algunos restos del lenguaje modernista: *gauchesca inspiración,* con el adjetivo antepuesto, o la mayor fidelidad del español americano a la normativa: después de pausa no se inicia frase con pronombre átono, así *Establecióse,* y no *Se estableció.*

El análisis de los textos presentados, ampliando las breves indicaciones que les hemos incorporado, permite obtener una imagen de distintos tipos de la lengua española en América, en la cual se aprecia fundamentalmente que los elementos comunes con España son muchos más que los diferenciales. Claro es que no hemos buscado textos específicamente distintos, porque se quería mostrar que, con carácter normal, medio o estándar, las diferencias a un lado y otro del Atlántico no son más apreciables que éstas.

9. La norma hispánica

Escribimos en papel normalizado, con teclados normalizados, en computadoras, tabletas o teléfonos normalizados y usamos diccionarios que nos dan significados normalizados de las palabras que buscamos. La norma lingüística está por todas partes. Claro que se puede elegir entre "si pudiera, lo hiciera" o "si pudiera, lo haría", pero nadie deja de entenderse por eso. Ni siquiera porque se escriba "aplicar" en vez de "solicitar" o "calificar" en vez de "tener derecho" o "ameritar". Si somos sinceros, es mucho más difícil entender "viene hasta las siete" como el equivalente mexicano del más general "no viene hasta las siete"; pero todo puede aclararse y solucionarse. Basta con tener voluntad de consenso.

Además de la unidad del español culto, escrito y hablado, hay una unidad incluso de tipo medio, en la cual las diferencias dialectales americanas no suponen más que las diferencias dialectales españolas. La Comisión Permanente de la Asociación de Academias de la Lengua Española, ASALE, vela por la coordinación de la problemática lingüística, pero son los hablantes quienes tienen la última palabra.

En términos generales, cabe decir que el peso del español americano es cada vez mayor en las decisiones lingüísticas. México es el primer país hispanohablante, por número de habitantes, y las grandes ciudades españolas no son los únicos ni los principales focos de cultura de la lengua española, aunque estén entre ellos.

La 'tolerancia' hacia pronunciaciones mayoritarias, como el seseo, o la creciente inclusión de americanismos en el diccionario académico son sólo inicios de un camino por seguir: que todos los hispanohablantes sean conscientes de la riqueza múltiple que supone la unidad lingüística y deseen participar en el esfuerzo común para conservarla. El primer paso es conocer esta lengua, que es de todos, pero no acaba en ninguno.